utb 8724

Eine Arbeitsgemeinschaft der Verlage

Brill | Schöningh – Fink · Paderborn
Brill | Vandenhoeck & Ruprecht · Göttingen – Böhlau · Wien · Köln
Verlag Barbara Budrich · Opladen · Toronto
facultas · Wien
Haupt Verlag · Bern
Verlag Julius Klinkhardt · Bad Heilbrunn
Mohr Siebeck · Tübingen
Narr Francke Attempto Verlag – expert verlag · Tübingen
Psychiatrie Verlag · Köln
Ernst Reinhardt Verlag · München
transcript Verlag · Bielefeld
Verlag Eugen Ulmer · Stuttgart
UVK Verlag · München
Waxmann · Münster · New York
wbv Publikation · Bielefeld
Wochenschau Verlag · Frankfurt am Main

Dr. Thieß Petersen
ist Dozent an der Europa-Universität Viadrina Frankfurt (Oder).

Thieß Petersen

Makroökonomie Schritt für Schritt

4., überarbeitete und erweiterte Auflage

UVK Verlag · München

Umschlagabbildung: © branchecarica · fotolia.com
Autorenbild: © privat

Bibliografische Information der Deutschen Nationalbibliothek
Die Deutsche Nationalbibliothek verzeichnet diese Publikation in der Deutschen Nationalbibliografie; detaillierte bibliografische Daten sind im Internet über http://dnb.dnb.de abrufbar.

4., überarbeitete und erweiterte Auflage 2022
3., überarbeitete Auflage 2019
2., überarbeitete und erweiterte Auflage 2015
1. Auflage 2013 (unter dem Titel „Fit für die Prüfung: Makroökonomie")

DOI: https:doi.org/10.36198/9783838588070

– ein Unternehmen der Narr Francke Attempto Verlag GmbH + Co. KG
Dischingerweg 5 · D-72070 Tübingen

Internet: www.narr.de
eMail: info@narr.de

Einbandgestaltung: Atelier Reichert, Stuttgart
CPI books GmbH, Leck

utb-Nr. 8724
ISBN 978-3-8252-8807-5 (Print)
ISBN 978-3-8385-8807-0 (ePDF)
ISBN 978-3-8463-8807-5 (ePub)

Über das Buch

In der Makroökonomie geht es um die Frage, wie es auf zentralen Märkten (Gütermarkt, Geldmarkt, Devisenmarkt, Arbeitsmarkt) zu einem Ausgleich von angebotenen und nachgefragten Mengen kommt und welche Wechselwirkungen zwischen den Märkten bestehen. Der vorliegende Text bietet einen Einblick in die theoretischen Grundlagen dieser Interdependenzen zwischen Märkten. Er wendet sich an Leser, die sich mit den Grundlagen der makroökonomischen Theorie vertraut machen möchten. Ökonomische Vorkenntnisse sind für das Verständnis nicht erforderlich, alle relevanten Begriffe und Zusammenhänge werden sukzessive erklärt. Auch der Anspruch an die mathematischen Vorkenntnisse ist gering, lediglich einige grundlegende Zusammenhänge zum Umgang mit Funktionen und zur Bildung der ersten Ableitung einer Funktion sollten vorhanden sein. Der Text ist bewusst knapp gehalten, um sich auf die wesentlichen ökonomischen Zusammenhänge zu konzentrieren. Die Herleitung formaler Zusammenhänge wird auf das notwendige Minimum beschränkt. Stattdessen werden die Ausführungen mit zahlreichen Grafiken unterstützt. Da es sich in diesem Text um grundlegende ökonomische Zusammenhänge handelt, die in der Zunft der Ökonomen als bekannt anzusehen sind, wird auf die Angabe von Literaturquellen verzichtet. Ich möchte jedoch ausdrücklich darauf hinweisen, dass ich mich bei diesem Text sehr stark an einem meiner wichtigsten akademischen Lehrer, Herrn Professor Dr. Hans-Werner Wohltmann, und dessen Lehrbuch „Grundzüge der makroökonomischen Theorie“ orientiert habe.

Ziel dieses einführenden Textes ist es, die grundlegenden Konzepte der makroökonomischen Theorie zu erklären. Im **ersten Kapitel** werden zentrale Begriffe und Konzepte der Makroökonomie kurz erläutert. Das **zweite Kapitel** behandelt den Gütermarkt. In diesem Kapitel wird gezeigt, wie es in einer Volkswirtschaft zu einem Gütermarktgleichgewicht kommt und wie sich dieses Gleichgewicht verändert, wenn beispielsweise die Staatsausgaben erhöht werden oder der Zinssatz sinkt. Das **dritte Kapitel** beschäftigt sich mit dem Geldmarkt. Hier wird untersucht, welche ökonomischen Größen die Höhe der Geldnachfrage und des Geldangebots beeinflussen und wie es auf diesem Markt zu einem Gleichgewicht kommt. Nachdem der Gütermarkt und der Geldmarkt zunächst isoliert voneinander betrachtet wurden, kommt es im **vierten Kapitel** zu einer gemeinsamen Betrachtung beider Märkte. Es wird gezeigt, wie sich auf dem Güter- und dem Geldmarkt ein simultanes Gleichgewicht einstellt. Zudem wird untersucht, welche Konsequenzen sich für das Volkseinkommen ergeben, wenn die Geldmenge in einer Volkswirtschaft erhöht wird oder wenn der Staat seine Ausgaben für Güter erhöht.

Während das zweite bis vierte Kapitel eine geschlossene Volkswirtschaft, d. h. eine Volkswirtschaft ohne außenwirtschaftliche Beziehungen, behandeln, untersucht das **fünfte Kapitel** Volkswirtschaften, die mit dem Ausland Handel treiben. Der Wechselkurs hat dabei eine entscheidende Bedeutung für das Volumen des grenzüberschreitenden Handels. In diesem Kapitel wird gezeigt, wie sich der Wechselkurs auf dem Devisenmarkt bildet, welche Auswirkungen Wechselkursänderungen auf den grenzüberschreitenden Handel haben und welche Bedingungen erfüllt sein müssen, damit es ein außenwirtschaftliches Gleichgewicht gibt.

Das **sechste Kapitel** untersucht, wie es in einer offenen Volkswirtschaft zu einem simultanen Gleichgewicht auf dem Gütermarkt, dem Geldmarkt und dem Devisenmarkt kommt. Hier wird auch analysiert, welche Konsequenzen sich aus einer Erhöhung der Geldmenge durch die Zentralbank und einer Steigerung der staatlichen Ausgaben für Güter und Dienstleistungen ergeben. Dabei wird jeweils zwischen den Konsequenzen im Fall fester Wechselkurse und im Fall flexibler Wechselkurse unterschieden.

Das **siebte Kapitel** beschäftigt sich mit dem Arbeitsmarkt. Hier wird untersucht, wie es durch das Zusammenspiel von Arbeitsangebot und Arbeitsnachfrage zu einem Arbeitsmarktgleichgewicht kommt. Betrachtet wird dabei neben dem Fall vollkommen flexibler Nominallöhne auch die Möglichkeit, dass der nominale Lohnsatz ein einmal erreichtes Niveau nicht mehr unterschreitet. Während in den ersten sechs Kapiteln von einem konstanten gesamtwirtschaftlichen Preisniveau ausgegangen wurde, wird hier mit einem flexiblen Preisniveau gearbeitet. Im **achten Kapitel** wird dann untersucht, wie sich in einer geschlossenen Volkswirtschaft mit einem flexiblen Preisniveau ein gemeinsames Gleichgewicht auf dem Gütermarkt, dem Geldmarkt und dem Arbeitsmarkt einstellt. Anschließend wird analysiert, welche Auswirkungen eine expansive Geldpolitik und eine expansive Fiskalpolitik auf das Volkseinkommen und den Arbeitsmarkt haben. Im **neunten Kapitel** werden die grundlegenden Unterschiede zwischen den beiden großen makroökonomischen Denkschulen – dem Keynesianismus und dem Monetarismus – dargestellt sowie die damit verbundenen unterschiedlichen wirtschaftspolitischen Überzeugungen skizziert. Zudem wird kurz auf die Grundzüge der Neuen Politischen Ökonomie eingegangen, die politische Prozesse mit Hilfe eines nutzenmaximierenden Verhaltens von Politikern, Wählern, Bürokraten und Interessengruppen erklärt.

Den Abschluss bilden ein kurzes Fazit, ein Glossar mit den wichtigsten makroökonomischen Begriffen und eine kurze Übersicht über die wichtigsten deutschsprachigen makroökonomischen Lehrbücher.

Inhaltsübersicht

Inhaltsverzeichnis

Abkürzungs- und Symbolverzeichnis

A	gesamtwirtschaftliches Beschäftigungsniveau
A^d	Arbeitsnachfrage („d" für demand)
A^s	Arbeitsangebot („s" für supply)
AB	realer Außenbeitrag (Differenz zwischen EX und IM)
AK	ausländische Komponente der Zentralbankmenge
AÜ	Angebotsüberschuss
B	Basiskonsum
c	marginale Konsumneigung
C	reale Konsumgüternachfrage des Haushaltssektors
e	Wechselkurs („e" für exchange rate)
$E^{erw.}$	erwarteter Ertrag aus dem Kauf eines festverzinsten Wertpapiers
EX	Exporte bzw. Exportgüternachfrage
G	reale Ausgaben des Staates für Güter und Dienstleistungen („G" für government)
GDB	Gold- und Devisenbilanz
HK	heimische Komponente der Zentralbankmenge
i	Zinssatz („i" für interest rate), gleichzeitig effektive Verzinsung von Wertpapieren
i_a	ausländischer Zinssatz
I	reale Investitionen bzw. Investitionsgüternachfrage
I^a	reale autonome (bzw. zinsunabhängige) Investitionen
IM	reale Importe bzw. Importgüternachfrage
IS	IS-Gerade (i-Y-Kombinationen, die zu einem Gütermarktgleichgewicht führen)
K	gesamtwirtschaftlicher Kapitalstock
K^{EX}	Kapitalexport
K^{IM}	Kapitalimport
K^{IM}_{net}	Nettokapitalimport (Differenz zwischen K^{IM} und K^{EX})
KW	Kurswert eines festverzinsten Wertpapiers

LM	LM-Kurve (i-Y-Kombinationen, die zu einem Geldmarktgleichgewicht führen)
L	gesamtwirtschaftliche Geldnachfrage
L_S	Spekulationskasse
L_T	Transaktionskasse
M	gesamtwirtschaftliches nominales Geldangebot bzw. Zentralbankgeldmenge
NÜ	Nachfrageüberhang
P	gesamtwirtschaftliches Preisniveau
P_a	ausländisches gesamtwirtschaftliches Preisniveau
s	marginale Sparquote
S	reale gesamtwirtschaftliche Ersparnisse
t	Steuersatz („t" für taxes), ausgedrückt in Prozent des Volkseinkommens
T	Staatseinnahmen („T" für taxes)
Vollb.	Vollbeschäftigung
w	Nominallohnsatz („w" für wage)
WP	Wertpapier(e)
Y	reales Volkseinkommen bzw. Inlandsprodukt
Y^d	reale gesamtwirtschaftliche Güternachfrage („d" für demand)
Y^s	reales gesamtwirtschaftliches Güterangebot („s" für supply)
Y^v	reales verfügbares Einkommen
Z	Z-Gerade (i-Y-Kombinationen, die zu einem Devisenmarktgleichgewicht führen)
ZB	Zentralbank
ZE	Zinseinkommen
$\$^A$	Devisenangebot
$\$^N$	Devisennachfrage

Schritt 1:

Grundlegende Begriffe

Lernhinweise

Was erwartet mich in diesem Kapitel?

Zu Beginn erläutern wir einige wenige grundlegende inhaltliche und methodische Begriffe der Makroökonomie, die du kennen musst, und geben einen kurzen dogmenhistorischen Überblick über die wesentlichen Theorien der Makroökonomie.

Welche Schlagwörter lerne ich kennen?

▪ Haushaltssektor ▪ Unternehmenssektor ▪ Staat ▪ Ausland ▪ offene Volkswirtschaft ▪ geschlossene Volkswirtschaft ▪ Markt ▪ Gütermarkt ▪ Geldmarkt ▪ Wertpapiermarkt ▪ Arbeitsmarkt ▪ Devisenmarkt ▪ theoretisches Gleichgewicht ▪ methodisches Gleichgewicht ▪ Volkseinkommen ▪ Bruttoinlandsprodukt ▪ Bruttonationaleinkommen ▪ Nettoinlandsprodukt ▪ Nettonationaleinkommen ▪ Volkseinkommen ▪ Realgröße ▪ Nominalgröße ▪ Modell ▪ Verhaltensgleichung ▪ Definitionsgleichung ▪ Gleichgewichtsbedingung ▪ Funktion ▪ Konstante ▪ Variable ▪ endogene Größe ▪ exogene Größe ▪ statische Analyse ▪ dynamische Analyse ▪ komparativ-statische Analyse ▪ Partialanalyse ▪ Totalanalyse ▪ klassische Theorie ▪ neoklassische Theorie ▪ Keynessche Theorie ▪ (Neo-)Keynesianische Theorie ▪ Monetarismus

Wofür benötige ich dieses Wissen?

In den folgenden Kapiteln begegnen dir die hier vorgestellten Begriffe immer wieder. Zum ökonomischen Argumentieren in der Prüfung musst du diese Begriffe sicher beherrschen, um sie richtig zu verwenden.

Zu Beginn sollen einige wenige grundlegende inhaltliche und methodische Begriffe und Konzepte der Makroökonomie skizziert werden. Alle spezielleren Begriffe werden in den dafür relevanten Abschnitten erläutert.

In der Mikroökonomie geht es um die Frage, wie einzelne wirtschaftliche Akteure (Konsumenten und Unternehmen) auf verschiedenen Märkten agieren. Ziel ist die Erklärung der Preisbildung auf einzelnen Märkten. In der Makroökonomie geht es nicht mehr um einzelne Gütermärkte, sondern nur noch um einen Gütermarkt, auf dem ein Universalgut gehandelt wird. Es geht auch nicht um das Verhalten von individuellen Wirtschaftsakteuren, sondern um das Verhalten von Aggregaten. Für die Makroökonomie sind vier Aggregate bzw. Sektoren relevant:

- Der **Haushaltssektor** umfasst alle privaten Haushalte. Private Haushalte sind an erster Stelle private Konsumeinheiten. Zudem bieten private Haushalte ihre Produktionsfaktoren – vor allem Arbeit, aber auch Sachkapital und Boden – an und erzielen damit ein Faktoreinkommen (Lohn, Zinsen, Dividenden etc.), das gegebenenfalls noch durch staatliche Transferleistungen ergänzt wird. Dieses Einkommen wird entweder für Konsumausgaben verwendet oder gespart.
- Der **Unternehmenssektor** umfasst alle privaten Unternehmen. Unternehmen sind Produktionseinheiten, die ihren Gewinn maximieren wollen. Sie fragen die Produktionsfaktoren der Haushalte nach und stellen mit ihnen Güter her, die sie anschließend zum Verkauf anbieten. Der Unternehmenssektor ist daher für das Güterangebot in einer Volkswirtschaft verantwortlich.
- Der **Staat** umfasst neben den Gebietskörperschaften (in Deutschland sind dies der Bund, die Bundesländer und die Kommunen) auch die Träger der sozialen Sicherung. Der Staat bietet Sachgüter und Dienstleistungen an, die vom Unternehmenssektor erworben werden. Zudem leistet der Staat Subventionen an den Unternehmenssektor und Transferzahlungen an den Haushaltssektor. Finanziert werden die Staatsausgaben durch Steuern, Sozialbeiträge oder durch eine Kreditaufnahme. Zum Staat gehört in den makroökonomischen Modellen auch die Zentralbank, die die Volkswirtschaft mit Geld versorgt.
- Das **Ausland** umfasst schließlich alle natürlichen und juristischen Wirtschaftseinheiten, die ihren Wohnsitz bzw. ihren Unternehmensstandort nicht im Inland haben. Entscheidend für die Zuordnung zum Inland oder zum Ausland ist nicht die Nationalität, sondern ausschließlich der Wohn- bzw. Standort. Die für die Makroökonomie relevanten wirtschaftlichen Aktivitäten des Auslands sind ökonomische Transaktionen mit dem Inland, also vor allem der Export und der Import von Sachgütern und Dienstleistungen. Wenn eine Volkswirtschaft mit dem Ausland Güter und Produktionsfaktoren austauscht, handelt es sich um eine **offene Volkswirtschaft**. Wenn derartige grenzüber-

schreitende Aktivitäten nicht stattfinden, liegt eine **geschlossene Volkswirtschaft** vor.

Die Aktivitäten dieser vier Sektoren werden auf Märkten koordiniert. Der **Markt** ist der Ort, an dem sich Angebot und Nachfrage eines Gutes treffen. Dabei bezeichnet das Angebot die Bereitschaft eines wirtschaftlichen Akteurs, eine bestimmte Menge eines Gutes zu einem bestimmten Preis zu verkaufen. Die Nachfrage bezeichnet hingegen die Bereitschaft eines wirtschaftlichen Akteurs, eine bestimmte Menge eines Gutes zu einem bestimmten Preis zu kaufen. In der Makroökonomie werden fünf Märkte behandelt:

- Der **Gütermarkt** betrifft den Austausch von Sachgütern und Dienstleistungen. In der Makroökonomie wird mit nur einem Gütermarkt gearbeitet. Folglich gibt es auch nur ein einziges Gut. Dieses Universalgut kann sowohl für Konsumzwecke als auch für Investitionszwecke verwendet werden.
- Der **Geldmarkt** ist ein Markt, der lediglich aus theoretischen Gründen eingeführt wird, denn in der Realität wird Geld nicht auf einem eigenständigen Markt gehandelt. Angeboten wird das Geld von der Zentralbank und den Geschäftsbanken. Nachgefragt wird das Geld von allen Nichtbanken. Sie benötigen das Geld vor allem zur Abwicklung von ökonomischen Aktivitäten, d. h. zur Bezahlung von Konsum- und Investitionsaktivitäten.
- Der **Wertpapiermarkt** betrifft den Austausch von zinstragenden Vermögenstiteln. Angeboten werden zinstragende Wertpapiere von den Wirtschaftseinheiten, die durch ihre ökonomischen Aktivitäten weniger Geld einnehmen als sie für den Erwerb von Gütern ausgeben. Das damit auftretende Finanzierungsdefizit wird gedeckt, indem der fehlende Geldbetrag von einer Wirtschaftseinheit mit einem Finanzierungsüberschuss geliehen wird. Der so erhaltene Kredit wird zu einem späteren Zeitpunkt zurückgezahlt, d. h. getilgt. Zudem muss der Kreditnehmer jährliche Zinsen zahlen.
- Der **Arbeitsmarkt** betrifft den Produktionsfaktor Arbeit. Angeboten wird Arbeit vom Haushaltssektor, nachgefragt wird sie vom Unternehmenssektor. In der Makroökonomie ist der Arbeitsmarkt der einzige relevante Faktormarkt, weil der Kapitalbestand in der makroökonomischen Analyse als eine kurzfristig nicht veränderbare Größe angesehen wird. Erst in der langen Frist ist der Kapitalbestand veränderbar. Die Analyse der damit verknüpften Phänomene erfolgt nicht mehr in der kurzfristigen Makroökonomie, sondern in der Wachstumstheorie.
- Der **Devisenmarkt** betrifft ausländische Währungen. Devisen sind ausländische Währungseinheiten, aus Sicht der Europäer z. B. US-Dollar. Der Wechselkurs ist der Preis für eine Devise. Er wird auf dem Devisenmarkt bestimmt.

Auf jedem dieser verschiedenen Märkte stellt sich in der Regel ein Gleichgewicht ein. Hierbei ist zwischen einem theoretischen und einem methodischen Gleichgewicht zu unterscheiden. In der Volkswirtschaftslehre wird von einem **theoretischen Gleichgewicht** gesprochen, wenn das Marktangebot mit der Marktnachfrage übereinstimmt und der betreffende Markt geräumt ist. Ein **methodisches Gleichgewicht** beschreibt hingegen einen zeitlichen Ruhestand. Mit Blick auf einen Markt bedeutet dies, dass sich die relevanten Größen auf dem Markt (angebotene Menge, nachgefragte Menge, Gleichgewichtspreis) im Zeitablauf nicht ändern, sondern konstant bleiben. In der Volkswirtschaftslehre ist normalerweise ein methodisches Gleichgewicht immer auch ein theoretisches Gleichgewicht und umgekehrt. Ein theoretisches Ungleichgewicht – also z. B. ein Angebotsüberschuss auf dem Gütermarkt – führt auf Seiten der Anbieter zu einer Preissenkung, um so eine größere Gütermenge verkaufen zu können. Erst wenn angebotene und nachgefragte Menge übereinstimmen, hat kein Marktteilnehmer mehr einen Anlass, sein Verhalten zu ändern, sodass sich der Markt dann auch in einem methodischen Gleichgewicht befindet. Die auf Keynes zurückgehenden makroökonomischen Untersuchungen kommen hingegen zu dem Ergebnis, dass ein theoretisches Marktungleichgewicht (z. B. ein Angebotsüberschuss auf dem Arbeitsmarkt, also Arbeitslosigkeit) durchaus dauerhaft sein kann. Fehlende Markträumung und ein methodisches Marktgleichgewicht können daher gemeinsam auftreten.

Ein zentrales Untersuchungsobjekt der Makroökonomie ist das **Volkseinkommen**, d. h. die Summe der gesamten Wertschöpfung aller Inländer (also aller natürlichen und juristischen Wirtschaftseinheiten, die ihren Wohnsitz bzw. ihren Unternehmensstandort im Inland haben). Ausgangspunkt zur Berechnung des Volkseinkommens ist das Bruttoinlandsprodukt (BIP). Dieses entspricht dem Wert aller Sachgüter und Dienstleistungen, die von den Inländern innerhalb eines Jahres hergestellt werden. Werden zum BIP die Einkommen hinzugezählt, die die Inländer aus dem Ausland beziehen (also z. B. das Arbeitseinkommen, das eine Person erhält, die in Deutschland wohnt, aber in Dänemark arbeitet) und die Einkommen, die das Inland an Ausländer zahlt (also z. B. das Arbeitseinkommen, das eine Person verdient, die in Dänemark wohnt, aber in Deutschland arbeitet) abgezogen, so stellt diese Größe das Bruttonationaleinkommen (BNE) dar. Früher wurde das Bruttonationaleinkommen „Bruttosozialprodukt" genannt. Werden vom BIP bzw. vom BNE die Abschreibungen abgezogen, also der durch die Produktion hervorgerufene Wertverlust des Sachkapitals, so stellen die so berechneten Größen das Nettoinlandsprodukt (NIP) bzw. das Nettonationaleinkommen (NNE) dar. Wenn anschließend die Differenz zwischen den indirekten Steuern und den vom Staat geleisteten Subventionen vom NIP bzw. vom NNE abgezogen werden, resultieren daraus das Nettoinlandsprodukt zu Faktorkosten bzw. das Nettonationaleinkommen zu Faktorkosten. Das Nettonationaleinkommen zu Faktorkosten wird schließlich auch **Volkseinkommen** genannt. Die Zusammenhänge zwischen den verschiedenen Einkommenskonzepten sind in Abb. 1.1 dargestellt.

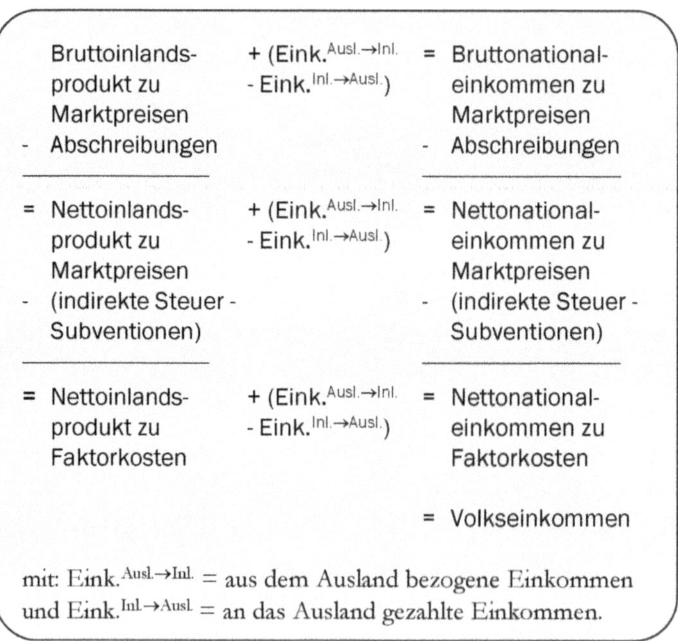

Abb. 1.1: Schematische Darstellung der Zusammenhänge verschiedener Einkommenskonzepte

Die Verwendung dieser sechs Einkommensgrößen würde die Analyse außerordentlich kompliziert werden lassen. Da jedoch in der Realität der Unterschied zwischen der Höhe des BIP und des BNE sehr gering ist, entfällt diese Unterscheidung in der makroökonomischen Analyse. Bei der Beschreibung des Arbeitsmarktes wurde darauf hingewiesen, dass der Kapitalbestand als konstant angesehen wird. Damit gibt es auch keine Abschreibungen, sodass die Unterscheidung zwischen Bruttogrößen und Nettogrößen entfällt. Schließlich wird in den nachfolgenden Ausführungen davon ausgegangen, dass es weder indirekte Steuern (dies sind vor allem Verbrauchssteuern, wie z. B. die Umsatzsteuer) noch Subventionen gibt. Dies hat die Konsequenz, dass alle im vorangehenden Absatz genannten Einkommensgrößen identisch sind.

> Die Begriffe Volkseinkommen, Inlandsprodukt oder Nationaleinkommen sind daher allesamt gleichbedeutend und werden hier synonym verwendet. Im Folgenden wird für alle diese Größen das Symbol Y verwendet.

Die Untersuchung ökonomischer Größen kann sich auf reale oder auf nominale Größen beziehen. **Reale Größen** beziehen sich auf Mengengrößen, z. B. auf die Menge der Güter und Dienstleistungen, die innerhalb eines Jahres in einer Volkswirtschaft produziert werden. Diese Größe ist das reale Bruttoinlandsprodukt. **Nominale Größen** sind hingegen das Produkt aus Mengeneinheiten und den dazu gehörenden Preisen. Ein Beispiel dafür ist das nominale Bruttoinlandsprodukt. Hier werden die Mengen an Gütern und Dienstleistungen mit ihren Preisen multipliziert und die daraus resultierenden Geldbeträge aufaddiert. Während reale Größen also in Mengeneinheiten ausgedrückt werden, werden Nominalgrößen in Geldeinheiten (z. B. in Euro) ausgedrückt. Werden bei der Analyse von ökonomischen Phänomenen Nominalgrößen verwendet, hat dies einen entscheidenden Nachteil: Wird beispielsweise ein Anstieg des nominalen Bruttoinlandsprodukts festgestellt, so ist dabei nicht bekannt, ob dieser Anstieg aus einer Erhöhung der Gütermenge resultiert oder aus einem Anstieg des Preisniveaus. Für analytische Zwecke ist die Verwendung von realen Größen deshalb sinnvoller. Die Umrechnung von nominalen in reale Größen erfolgt über das Preisniveau. So ergibt beispielsweise die Division des nominalen Bruttoinlandsprodukts durch das gesamtgesellschaftliche Preisniveau das reale Bruttoinlandsprodukt. Wird das gesamtgesellschaftliche Preisniveau dann noch auf eins gesetzt und konstant gehalten, stimmen die nominalen und die realen Größen vom Wert her überein, sie unterscheiden sich aber nach wie vor bezüglich ihrer Dimensionen (Mengeneinheiten versus Geldeinheiten). In den nachfolgenden Ausführungen wird bis zum Kapitel sechs davon ausgegangen, dass das gesamtwirtschaftliche Preisniveau konstant ist und zudem auf eins normiert ist. Alle verwendeten Größen, die sich auf den Gütermarkt beziehen, sind **reale Größen**, also z. B. das reale Volkseinkommen (Y), die realen Exporte (EX) oder der reale Konsum (C). Aus Platzgründen wird dabei auf den Zusatz ‚real' verzichtet.

In der Makroökonomie wird mit Modellen gearbeitet.

> Ein **Modell** ist eine vereinfachte Abbildung der Realität. Es bildet vermutete Zusammenhänge zwischen einzelnen ökonomischen Phänomenen ab, vor allem vermutete Ursache-Wirkungs-Zusammenhänge.

Mit Hilfe dieser Zusammenhänge lassen sich sozio-ökonomische Phänomene, z. B. eine hohe Arbeitslosigkeit, erklären. Zudem können auf Basis der unterstellten Wirkungszusammenhänge Prognosen über die zukünftige gesellschaftliche Entwicklung erstellt werden. Laufen die erwarteten Entwicklungen nicht in die gesamtgesellschaftlich gewünschte Richtung, können schließlich politische Maßnahmen empfohlen werden, um die gewünschte Entwicklung herbeizuführen. In der makroökonomischen Modellbildung werden diese Zusammenhänge durch Modellgleichungen abgebildet. Drei Arten von Gleichungen werden dabei verwendet:

- **Verhaltensgleichungen**: Sie bilden die vermutete Reaktion eines Sektors auf eine ökonomische Größe ab. Wird z. B. vermutet, dass der Haushaltssektor bei jedem beliebigen Volkseinkommen (Y) 80 Prozent dieses Einkommens für Konsumzwecke (C) verwendet, so lautet die damit einhergehende Verhaltensgleichung: $C = 0{,}8 \cdot Y$.
- **Definitionsgleichung**: Sie stellt einen definitorischen Zusammenhang zwischen makroökonomischen Größen dar. Wird beispielsweise festgelegt, dass

das gesamtgesellschaftliche Volkseinkommen (Y) entweder für Konsumzwecke (C) verwendet oder gespart werden kann (S), so ergibt sich daraus die Definitionsgleichung Y = C + S.

- **Gleichgewichtsbedingung**: Diese Art von Gleichungen gibt an, welche Bedingung erfüllt sein muss, damit ein bestimmter Markt im Gleichgewicht ist, d. h. damit dieser Markt geräumt ist. Auf dem Gütermarkt herrscht z. B. ein Gleichgewicht, wenn die angebotene Gütermenge (Y^s) mit der nachgefragten Gütermenge (Y^d) übereinstimmt. Die entsprechende Gleichgewichtsbedingung lautet: $Y^s = Y^d$.

Ein weiteres Element von Modellen sind Funktionen. Eine **Funktion** stellt einen eindeutigen Zusammenhang zwischen einer unabhängigen Variablen und einer abhängigen Variablen dar. Wird beispielsweise davon ausgegangen, dass die Höhe des Konsums des Haushaltssektors (C) von der Höhe des Volkseinkommens (Y) abhängt, so lautet die Konsumfunktion C = f(Y). Das f steht dabei für die Zuordnungsvorschrift, die jeder Einkommenshöhe Y einen bestimmten Wert der Konsumhöhe zuordnet. Alternativ lässt sich diese Funktion auch durch C = C(Y) ausdrücken. Wenn der Haushaltssektor – wie oben bereits angenommen – stets 80 Prozent des Volkseinkommens für Konsumzwecke verwendet, so lautet die Konsumfunktion: $C = C(Y) = 0{,}8 \cdot Y$. Sofern der konkrete Prozentsatz nicht bekannt ist, aber dennoch vermutet wird, dass der Haushaltssektor unabhängig von der Höhe des Volkseinkommens immer den identischen Prozentsatz des Einkommens für Konsumzwecke verwendet, so lautet die Konsumfunktion: $C = c \cdot Y$. Das kleine c steht dabei für den unbekannten Prozentsatz und wird auch marginale Konsumneigung genannt. Mit Hilfe dieser Konsumfunktion lassen sich einige weitere modelltheoretische Begriffe erläutern:

- Konstante und variable Größen: In der Konsumfunktion $C = c \cdot Y$ ist das kleine c eine konstante Größe. Dies bedeutet, dass sich der numerische Wert nicht verändert. Die Höhe des Volkseinkommens Y und des daraus resultierenden Konsums C sind jedoch variabel. Das Volkseinkommen kann beliebige Werte zwischen Null und unendlich annehmen, gleiches gilt dann auch für die Höhe des Konsums.
- Endogene und exogene Größen: Eine endogene Größe ist eine Größe, die durch das betrachtete Modell erklärt wird. Eine exogene Größe ist hingegen eine Größe, die nicht durch das betrachtete Modell erklärt wird, sondern vorgegeben wird.

Zur Verdeutlichung des Unterschieds zwischen exogenen und endogenen Größen lässt sich ein einfaches Modell heranziehen: Die gesamtwirtschaftliche Güternachfrage (Y^d) resultiert aus der Konsumnachfrage des Haushaltssektors (C) und aus der Nachfrage des Unternehmenssektors nach Investitionsgütern (I). Damit gilt folgende Definitionsgleichung: $Y^d = C + I$. Für den Konsum wird die Verhaltensgleichung $C = 0{,}8 \cdot Y$ angenommen. Ein Marktgleichgewicht verlangt schließlich, dass die nachgefragte Gütermenge mit der angebotenen Gütermenge (Y^s)

und mit dem Volkseinkommen (Y) übereinstimmen muss. Es muss also gelten: $Y^d = Y^s = Y$. Die Höhe der Investitionen ist schließlich vorgegeben und beträgt annahmegemäß 100 Euro. Um die Höhe des Volkseinkommens zu berechnen, bei dem der Gütermarkt im Gleichgewicht ist, muss die Konsumfunktion in die Definitionsgleichung $Y^d = C + I$ mit $I = 100$ eingesetzt werden. Daraus ergibt sich $Y^d = 0{,}8 \cdot Y + 100$. Wegen der Gleichgewichtsbedingung ($Y^d = Y^s = Y$) lässt sich dies auch schreiben als $Y = 0{,}8 \cdot Y + 100$. Aufgelöst nach Y ergibt sich daraus $0{,}2 \cdot Y = 100$ bzw. $Y = 500$. Mit einem Volkseinkommen in Höhe von 500 Euro ist dann ein Konsum in Höhe von $C = 0{,}8 \cdot Y = 0{,}8 \cdot 500 = 400$ verbunden. Für die Unterscheidung in exogene und endogene Größen lässt sich Folgendes festhalten: **Exogene Größen** sind die Investitionen und der Wert von 0,8 für die marginale Konsumneigung. **Endogene Größen** sind die Werte für Y und C, weil diese Werte aus dem Modell heraus bestimmt werden.

Die **erste Ableitung** einer Funktion gibt an, wie sich der Wert der zu erklärenden Größe (Wirkung) verändert, wenn sich der Wert der erklärenden Größe (Ursache) um eine Einheit verändert. Bei der oben verwendeten Konsumfunktion $C = C(Y) = 0{,}8 \cdot Y$ lautet die erste Ableitung dieser Funktion nach dem Volkseinkommen Y wie folgt: $\frac{dC}{dY} = 0{,}8$. Dies bedeutet: Wenn das Volkseinkommen Y um eine Einheit steigt (also z. B. um einen Euro), dann steigt der gesamtwirtschaftliche Konsum C um 0,8 Einheiten (also z. B. um 0,80 Euro).

Bei modelltheoretischen Untersuchungen ist zwischen statischen und dynamischen Analysen zu unterscheiden. Bei einer **statischen** bzw. kurzfristigen Analyse beziehen sich alle Größen auf eine einzige Periode, also z. B. auf das Jahr 2010. Eine **dynamische** bzw. langfristige Analyse bezieht sich hingegen auf mehrere Perioden, also beispielsweise auf den Zeitraum von 2000 bis 2010. Dynamische Untersuchungen werden in der makroökonomischen Analyse nicht durchgeführt, sie sind beispielsweise ein zentrales Thema der Wachstumstheorie. Schließlich gibt es noch die **komparativ-statische** Analyse. Hier werden verschiedene Marktgleichgewichte miteinander verglichen, die das Resultat unterschiedlicher exogener Variablen sind. In dem eben errechneten Marktgleichgewicht könnte z. B. ein zweites Gleichgewicht bestimmt werden, bei dem die exogen vorgegebenen Investitionen nicht 100, sondern 500 Euro betragen. Der Vergleich der daraus resultierenden Unterschiede bezüglich der Höhe des gleichgewichtigen Volkseinkommens und des Konsums wäre ein Beispiel für eine komparativ-statische Analyse.

Eine weitere methodische Klärung betrifft die Unterscheidung zwischen der Partialanalyse und der Totalanalyse. In den nachfolgenden Kapiteln wird zunächst ein **partialanalytisches Vorgehen** angewendet. Dies bedeutet, dass die einzelnen Märkte isoliert voneinander untersucht werden. Die Analyse des Gütermarktes erlaubt Aussagen über die Höhe des gesamtwirtschaftlichen Güterangebots und der gesamtwirtschaftlichen Güternachfrage. Die Partialanalyse des Geldmarktes führt zu der Bestimmung des gleichgewichtigen Zinssatzes. Die Partialanalyse des Arbeitsmarktes erlaubt Aussagen über die Höhe des Gleichgewichtslohns und das Beschäftigungsniveau, und die Beschäftigung mit dem Devisenmarkt führt zur Bestimmung des gleichgewichtigen Wechselkurses. In der **makroökonomischen Totalanalyse** werden hingegen mehrere Märkte sowie die zwischen ihnen bestehenden Interdependenzen und Wechselwirkungen gleichzeitig betrachtet.

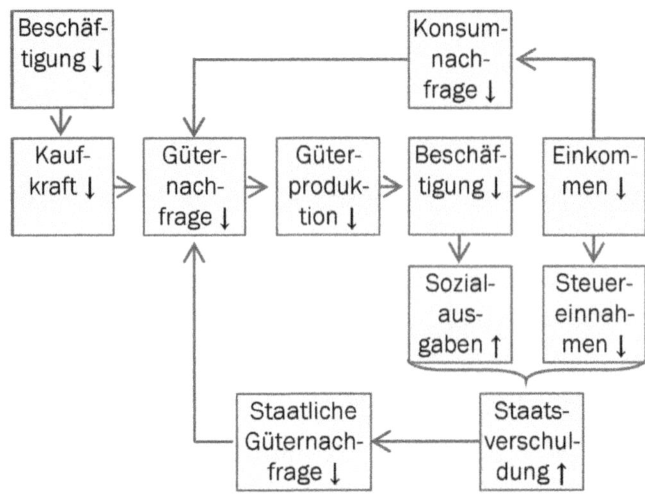

Abb. 1.2: Schematische Darstellung möglicher Interdependenzen zwischen verschiedenen Märkten

Ein Beispiel für derartige Marktinterdependenzen sind der Arbeits- und der Gütermarkt. Wenn beispielsweise die Beschäftigung zurückgeht, bewirkt dies einen Einkommensverlust, also einen Rückgang des verfügbaren Einkommens. Daraus resultiert eine Verringerung der Nachfrage nach Gütern und Dienstleistungen. Die Unternehmen reagieren darauf mit einer Reduzierung der Produktion. Sie benötigen daher auch weniger Arbeitskräfte, was einen Rückgang der Nachfrage nach Arbeitskräften bedeutet und damit eine Rückwirkung auf den Arbeitsmarkt hat. Die Verringerung der Produktion und der Beschäftigung haben für den Staat sinkende Staatseinnahmen zur Folge. Gleichzeitig hat der Staat höhere Ausgaben im Bereich des Arbeitslosengeldes. Sinkende Staatseinnahmen und steigende Staatsausgaben haben zur Folge, dass die staatlichen Handlungsspielräume zum Erwerb von Gütern und Dienstleistungen kleiner werden, was eine weitere Rückwirkung auf den Gütermarkt bedeutet. Exemplarisch sind derartige Wechselwirkungen in Abb. 1.2 dargestellt. Aus dieser Form der gleichzeitigen Analyse mehrerer Märkte ergibt sich ein simultanes Gleichgewicht auf allen betrachteten Märkten. In den Kapiteln sechs und acht wird so eine makroökonomische Totalanalyse behandelt.

Eine letzte begriffliche Klärung betrifft die verschiedenen dogmenhistorischen Theorien der Makroökonomie. Die bekanntesten Theorien sind die (neo-)klassische Theorie, die Keynessche Theorie bzw. deren Weiterentwicklung in Form der Keynesianischen Theorie und der Monetarismus:

- Die **klassische** und die ihr zeitlich folgende **neoklassische** Theorie prägen die volkswirtschaftlichen Analysen in dem Zeitraum von Adam Smith (1723–1790) bis zum Ausbruch der Weltwirtschaftskrise 1929. Untersuchungsziel sind vor allem einzelne Märkte und weniger Marktinterdependenzen. Die Vertreter der klassischen und der neoklassischen Theorie sind von den Selbstheilungskräften des Marktes und des Wettbewerbs überzeugt: Bei nach oben und unten flexiblen Preisen kommt es automatisch zu einem Ausgleich von Angebot und Nachfrage, sodass alle Märkte preisgeräumt sind. Zentrales Ziel dieser Theorien ist die Beantwortung der Frage, wie durch eine optimale Nutzung der knappen Produktionsfaktoren Arbeit, Boden und Kapital das Wirtschaftswachstum gefördert werden kann und so die Wohlfahrt der Bürger erhöht wird. Die Überzeugung, dass Märkte automatisch zu einem Gleichgewicht tendieren, ist verbunden mit der Ansicht, dass staatliche Eingriffe in die Wirtschaft störend wirken und daher weitestgehend zu unterlassen sind. Wichtige Vertreter der klassischen Theorie sind – neben dem schon erwähnten Adam Smith – Jean-Baptiste Say (1767–1832) und David Ricardo (1771–1823). Zu den Neoklassikern zählen u. a. Leon Walras (1834–1910), Alfred Marshall (1842–1924), Vilfredo Pareto (1848–1923), Irving Fisher (1867–1847) und Arthur C. Pigou (1877–1959).
- Die **Keynessche Theorie** geht auf das 1936 erschienene Buch „The General Theory of Employment, Interest and Money" von John Maynard Keynes (1883–1946) zurück. Die Erfahrungen der 1929 ausgebrochenen Weltwirtschaftskrise – also der weltweite Einbruch der Güterproduktion und die damit verbundene Massenarbeitslosigkeit – ließen ihn an den Selbstheilungskräften des Marktes zweifeln. Die Feststellung, dass Preise in der Realität nicht vollkommen flexibel sind – d. h. vor allem, dass sowohl Güterpreise als auch Faktorpreise nach unten hin starr sein können – und dass zudem pessimistische Erwartungen negative Einflüsse auf das Investitionsverhalten der Unternehmen haben können, brachten ihn zu der Überzeugung, dass in bestimmten ökonomischen Situationen staatliche Eingriffe in das Wirtschaftsleben erforderlich sind. Keynes war dabei der Ansicht, dass in vielen ökonomischen Problemlagen eine Erhöhung der staatlichen Ausgaben für Güter und Dienstleistungen wesentlich besser zur Ankurbelung der Wirtschaft geeignet ist als eine Reduzierung der Zinsen durch eine Ausweitung der Geldmenge. In einer wirtschaftlichen Abschwungsphase sollte der Staat deshalb seine Ausgaben erhöhen, dafür aber in einer wirtschaftlichen Aufschwungsphase wieder reduzieren (antizyklische Wirtschaftspolitik). Die Überlegungen von Keynes wurden von seinen

Nachfolgern weiterentwickelt zur **Keynesianischen** bzw. **Neokeynesianischen** Theorie. Wichtige Vertreter dieser Weiterentwicklungen sind John R. Hicks (1904–1989), Paul A. Samuelson (1915–2009), Alvin H. Hansen (1887–1975) und Edmond Malinvaud (1923–2015).

- Die Antwort auf die Überlegungen zu antizyklischen wirtschaftspolitischen Maßnahmen lieferten die **Monetaristen**, deren prominentester Vertreter Milton Friedman (1912–2006) ist. Der Monetarismus geht – so wie die klassische und neoklassische Theorie – davon aus, dass Märkte stabil sind. Geldpolitische Maßnahmen haben bestenfalls einen kurzfristigen Erfolg, weil sich die Preise sehr schnell an eine größere nominale Geldmenge anpassen. Eine Erhöhung der Geldmenge führt daher nur zu inflationären Tendenzen. Die Geldpolitik sollte deshalb ausschließlich das Ziel der Preisniveaustabilität verfolgen, aber nicht zur Steigerung der Beschäftigung oder des Volkseinkommens eingesetzt werden. Weitere Vertreter des Monetarismus sind Karl Brunner (1916–1989), Allan H. Meltzer (1928–2017) und Edmund S. Phelps (geb. 1933).

Lernfragen

In der Makroökonomie besteht die wichtigste ökonomische Aktivität von privaten Haushalten darin, ...

- ☐ Wertpapiere zu kaufen.
- ☐ Konsumgüter zu erwerben.
- ☐ Investitionen zu tätigen.

In der Volkswirtschaftslehre zeichnet sich ein theoretisches Gleichgewicht dadurch aus, dass ...

- ☐ es in der Realität niemals erreicht werden kann.
- ☐ es die Veränderungen im Zeitablauf beschreibt.
- ☐ Marktangebot und Marktnachfrage übereinstimmen.

Welche der folgenden Größen ist entscheidend für den Unterschied zwischen Bruttoinlandsprodukt und Bruttonationaleinkommen?

- ☐ Aus dem Ausland bezogene Einkommenszahlungen.
- ☐ Die vom Staat geleisteten Subventionen.
- ☐ Die gesamtwirtschaftlichen Abschreibungen.

Welche Dimension haben reale Größen?

- ☐ Mengeneinheiten.
- ☐ Geldeinheiten pro Mengeneinheit.
- ☐ Geldeinheiten.

Die Gleichung $S = 0{,}25 \cdot Y$ mit S = Ersparnisse und Y = Volkseinkommen ist eine ...

- ☐ Definitionsgleichung.
- ☐ Verhaltensgleichung.
- ☐ alternative Formulierung für die gesamtwirtschaftliche Investitionsnachfrage.

Eine exogene Größe ist eine Größe, die von dem betrachteten Modell ...

- ☐ erklärt wird.
- ☐ nicht erklärt wird.
- ☐ nur erklärt wird, wenn das Modell ein Gleichgewicht im methodischen Sinne besitzt.

Eine komparativ-statische Analyse vergleicht Marktgleichgewichte ...

- ☐ zu unterschiedlichen Zeitpunkten.
- ☐ in unterschiedlichen Volkswirtschaften.
- ☐ mit unterschiedlichen exogenen Variablen.

Monetaristen sind davon überzeugt, dass eine Erhöhung der Geldmenge ...

- ☐ das Preisniveau erhöht.
- ☐ die Beschäftigung erhöht.
- ☐ die Steuerbelastung verringert.

Prüfungstipp

Zentrales Untersuchungsobjekt der Makroökonomie ist das Volkseinkommen. Wegen der hier vorgenommenen Annahmen stimmt das Volkseinkommen mit einer Reihe ähnlicher Konzepte – Bruttoinlandsprodukt, Bruttonationaleinkommen, Nettoinlandsprodukt, Nettonationaleinkommen und Nationaleinkommen –

überein. Diese Annahmen werden getroffen, um die nachfolgenden Analysen nicht unnötig zu erschweren. In anderen ökonomischen Kontexten sind die Unterschiede zwischen diesen Konzepten jedoch durchaus relevant. Eine intensivere Auseinandersetzung mit den Unterschieden und Zusammenhängen zwischen diesen verschiedenen Konzepten erfolgt im Rahmen der Volkswirtschaftlichen Gesamtrechnung (VGR). Wer sich hierfür interessiert, sollte sich die entsprechenden Lehrbücher zur VGR anschauen.

Schritt 2:

Der Gütermarkt

Lernhinweise

Was erwartet mich in diesem Kapitel?

Dieses Kapitel stellt die einzelnen Komponenten der gesamtwirtschaftlichen Güternachfrage dar und erläutert, wie sich das Güterangebot des Unternehmenssektors an die Güternachfrage anpasst. Aus Gründen der Vereinfachung wird hier zunächst nur eine geschlossene Volkswirtschaft betrachtet, also eine Volkswirtschaft, die keinen Außenhandel betreibt.

Welche Schlagwörter lerne ich kennen?

■ Universalgut ■ Fixpreisannahme ■ gesamtwirtschaftliches Güterangebot ■ gesamtwirtschaftliche Güternachfrage ■ Konsumnachfrage ■ Basiskonsum ■ marginale Konsumneigung ■ fundamental psychologisches Gesetz ■ marginale Sparquote ■ Investitionsnachfrage ■ autonome Investitionen ■ Gleichgewichtseinkommen ■ Gütermarktgleichgewicht ■ Lagerinvestitionen ■ Nachfrageausfall ■ I=S-Bedingung ■ Multiplikatoranalyse ■ Investitionsmultiplikator ■ Primäreffekt ■ Sekundäreffekt ■ Erstrundeneffekt ■ Zweitrundeneffekt ■ Staatsausgabenmultiplikator ■ zinsabhängige Investitionsnachfrage ■ Einkommenseffekt ■ Kapazitätseffekt ■ Renditeerwartung ■ IS-Gerade ■ Investitionsfalle

Wofür benötige ich dieses Wissen?

Die Untersuchung des Gütermarktes gibt einen ersten Einblick in die Wechselwirkungen, die zwischen einzelnen ökonomischen Entscheidungen bzw. volkswirtschaftlichen Variablen bestehen. Diese Wechselwirkungen sind entscheidend für das Verständnis makroökonomischer Zusammenhänge. Im weiteren Verlauf der Argumentation kommen zusätzliche volkswirtschaftliche Variablen hinzu, die weitere Wechselwirkungen zur Folge haben. Um in der zunehmend komplexer werdenden Modellwelt nicht den Überblick zu verlieren, ist es wichtig, schon am Anfang ein sicheres Gefühl für das Zusammenspiel verschiedener ökonomischer Größen zu bekommen.

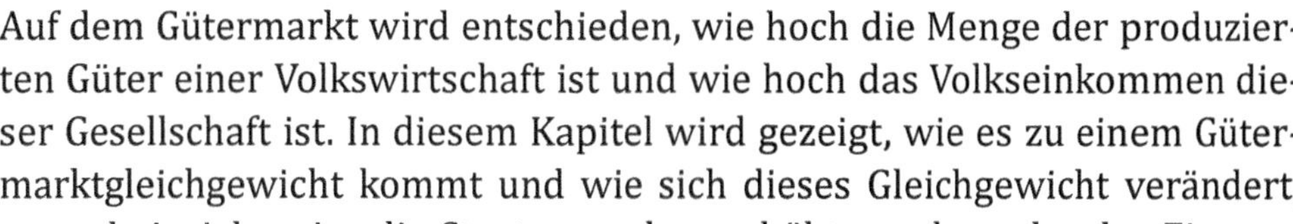
Auf dem Gütermarkt wird entschieden, wie hoch die Menge der produzierten Güter einer Volkswirtschaft ist und wie hoch das Volkseinkommen dieser Gesellschaft ist. In diesem Kapitel wird gezeigt, wie es zu einem Gütermarktgleichgewicht kommt und wie sich dieses Gleichgewicht verändert, wenn beispielsweise die Staatsausgaben erhöht werden oder der Zinssatz sinkt.

Das Gütermarktgleichgewicht

Auf dem Gütermarkt wird ein Universalgut gehandelt, das sowohl für Konsum- als auch für Investitionszwecke verwendet werden kann. Anders als in der Mikroökonomie wird in der Makroökonomie angenommen, dass die Preise – bzw. genauer das gesamtwirtschaftliche Preisniveau (P) – **kurzfristig** konstant sind. Diese Annahme lässt sich rechtfertigen, denn in der Realität erweisen sich die Preise in der kurzen Frist als relativ fix. Anpassungen an Marktungleichgewichte erfolgen daher nicht über Preisänderungen, sondern über Mengenanpassungen. Die **Fixpreisannahme** hat den Vorteil, dass die Änderung einer nominalen Größe immer auch eine gleichgerichtete Änderung einer realen Größe darstellt. Wird das Preisniveau zudem noch auf eins normiert, stimmen reale und nominale Größen – also beispielsweise das reale und das nominale Inlandsprodukt – wertmäßig überein. Wenn also in den nachfolgenden Ausführungen von Konsum, Volkseinkommen etc. gesprochen wird, ist stets der Zusatz ‚real' mitzudenken.

Mit Blick auf das gesamtwirtschaftliche Güterangebot spielen drei Größen eine zentrale Rolle: Das realisierte Inlandsprodukt (Y), das gesamtwirtschaftliche Güterangebot (Y^s) und die gesamtwirtschaftliche Güternachfrage (Y^d). Die Menge an Sachgütern und Dienstleistungen, die der Gesellschaft zur Verfügung steht (also das Inlandsprodukt Y), wird bestimmt durch die Menge an Gütern, die der Unternehmenssektor produziert (also das gesamtwirtschaftliche Güterangebot Y^s). Damit gilt die Definitionsgleichung $Y = Y^s$. Der Unternehmenssektor produziert die Gütermenge, von der er erwartet, dass genau diese Menge von den Konsumenten nachgefragt wird. Damit gilt die Verhaltensgleichung $Y^s = Y^{d,erw.}$ (mit erw. = erwartet). Nur wenn die Unternehmen die Güternachfrage korrekt vorhersagen, produzieren sie genau die Menge, die sie am Markt absetzen können. Sofern die Erwartungen korrekt sind ($Y^{d,erw.} = Y^d$), produziert der Unternehmenssektor auch die Gütermenge, die in der Volkswirtschaft nachgefragt wird ($Y^d = Y^s$).

Werden diese Gleichungen zusammengefasst, so lässt sich das Gütermarktgleichgewicht durch die Gleichgewichtsbedingung $Y = Y^s = Y^d$ beschreiben. Im Fall eines Gütermarktungleichgewichts passen sich die Unternehmen an die gesamtwirtschaftliche Nachfrage an und ändern ihr Güterangebot. Im Fall von $Y = Y^s > Y^d$ stellen die Unternehmen fest, dass sie zu viel produziert haben. Folglich werden sie das Güterangebot (und damit auch das Inlandsprodukt) reduzieren.

> In der Makroökonomie passt sich also das gesamtwirtschaftliche Güterangebot an die gesamtwirtschaftliche Nachfrage an.

Die makroökonomische Herangehensweise unterscheidet sich damit fundamental von der mikroökonomischen Herangehensweise. In der Mikroökonomie erfolgt die Beseitigung eines Marktungleichgewichts durch eine Preisänderung, auf die dann sowohl die Nachfrager als auch die Anbieter reagieren.

Die gesamtwirtschaftliche Güternachfrage hat verschiedene Komponenten. In einem ersten einfachen Modell wird angenommen, dass es lediglich zwei Nachfragekomponenten gibt: die Konsumnachfrage der privaten Haushalte (C) und die Investitionen der Unternehmen (I).

Die **Konsumnachfrage** hängt vom gesamtwirtschaftlich verfügbaren Einkommen ab, also vom Inlandsprodukt. Daher gilt: $C = C(Y)$. Die gesamtwirtschaftliche Konsumnachfrage setzt sich annahmegemäß wiederum aus zwei Komponenten zusammen. Zum einen gibt es einen **Basiskonsum**, der unabhängig von der Höhe des Inlandsprodukts besteht. Der Basiskonsum, der auch autonomer Konsum genannt wird, kann als eine Art physisches und kulturelles Existenzminimum angesehen werden. Dieser Konsum wird selbst bei einem Volkseinkommen in Höhe von Null getätigt. Daneben gibt es eine zweite Konsumnachfragekomponente, die in positiver Weise von der Höhe des Volkseinkommens abhängt. Eine Steigerung des Volkseinkommens führt jedoch nur zu einer unterproportionalen Steigerung der Konsumnachfrage. Dies bedeutet, dass die Konsumenten nicht mehr das gesamte Einkommen für Konsumzwecke ausgeben, sondern nur einen prozentualen Anteil dieses Einkommens. Wird dieser Anteil mit c bezeichnet und der Basiskonsum mit B, so resultiert daraus folgende Verhaltensgleichung zum gesamtwirtschaftlichen Konsum: $C = B + c \cdot Y$ mit $0 < c < 1$. Werden beispielsweise nur 80 Prozent der Einkommenszuwächse für Konsumausgaben verwendet, so hat c den Wert 0,8. Formal ist c daher die erste Ableitung der Konsumfunktion nach dem Volkseinkommen bzw. Inlandsprodukt, d. h. es gilt: $\frac{dC}{dY} = c$. Dieser Ausdruck – und damit auch das c – wird **marginale Konsumneigung** bzw. marginale Konsumquote genannt.

> Der Umstand, dass eine Erhöhung des Einkommens nur zu einer unterproportionalen Erhöhung der Konsumausgaben führt und die marginale Konsum-

neigung somit kleiner als eins ist, wird als das **fundamental psychologische Gesetz** bezeichnet.

Diese Annahme zum Konsumverhalten geht auf John Maynard Keynes zurück. Die nachfolgenden Ausführungen werden zeigen, dass sich aus dieser empirisch belegbaren Annahme weit reichende ökonomische Konsequenzen ergeben. Eine dieser Konsequenzen ist der Umstand, dass es zur Bildung von privaten Ersparnissen (S) im Haushaltssektor kommt. Da Ersparnisse die Differenz zwischen dem verfügbaren Einkommen und den Konsumausgaben sind, gilt folgender Zusammenhang: $S = Y - C$ bzw. $S = Y - (B + c \cdot Y)$ bzw. $S = -B + (1 - c) \cdot Y$. Der Ausdruck $(1 - c)$ ist die **marginale Sparquote** und wird im Folgenden mit s bezeichnet. Weil bei der Spezifizierung der Konsumfunktion die Annahme $0 < c < 1$ getroffen wurde, gilt auch $0 < (1 - c) < 1$ bzw. $0 < s < 1$.

Die zweite Nachfragekomponente in dem einfachen Gütermarktmodell sind die Investitionen (I). Investitionen, also eine Erhöhung des Bestands an Produktionsmitteln und damit eine Vergrößerung des Produktionsapparates, werden vom Unternehmenssektor getätigt. Sie bedeuten eine Investitionsgüternachfrage bzw. kürzer: eine Investitionsnachfrage. Da annahmegemäß keine Abschreibungen stattfinden, sind sämtliche Investitionen Nettoinvestitionen. Bezüglich der Höhe der Investitionen wird in einem ersten Schritt vereinfachend angenommen, dass die Nettoinvestitionen der Unternehmen eine exogene Größe sind. Die Annahme von **autonomen Investitionen** (I^a) dient der Vereinfachung und wird im weiteren Verlauf der Analysen aufgegeben. Autonom bedeutet dabei, dass die betreffenden makroökonomischen Größen – hier also der Basiskonsum und die Investitionen – nicht von anderen Größen des vorliegenden Modells abhängen. Die autonomen Größen können durchaus von anderen ökonomischen Größen beeinflusst werden. Diese Größen spielen aber in dem verwendeten Modell keine Rolle. Auf der Basis dieser Überlegungen lässt sich folgendes einfaches Gütermarktmodell erstellen:

(2.1) $Y^d = Y^s = Y$ (Gleichgewichtsbedingung für Gütermarkt)

(2.2) $Y^d = C + I$ (Definitionsgleichung für Güternachfrage)

(2.3) $C = B + c \cdot Y$ (Verhaltensgleichung für Konsumverhalten)

(2.4) $I = I^a$ (Verhaltensgleichung für Investitionsverhalten)

Werden die Gleichungen zusammengefasst, so ergibt sich daraus $Y = B + c \cdot Y + I^a$ bzw. $Y - c \cdot Y = B + I^a$ bzw. $Y \cdot (1 - c) = B + I^a$. Aufgelöst nach Y ergibt sich daraus die Bestimmungsgleichung zur Berechnung des **gleichgewichtigen Inlandsprodukts** Y^*:

(2.5) $Y^* = \frac{1}{1-c} \cdot (B + I^a)$

Das Inlandsprodukt bzw. Volkseinkommen, das unter den getroffenen Modellannahmen zu einem Gleichgewicht auf dem Gütermarkt führt, wird also durch die exogenen Größen I^a, B und c bestimmt. Wenn beispielsweise der Basiskonsum bei 400 liegt (wegen der getroffenen Annahme eines konstanten und auf eins normierten Preisniveaus hat dieser Basiskonsum sowohl die Dimension ‚Mengeneinheiten an Gütern' als auch die Dimension ‚Geldeinheiten', sodass im Folgenden auf die Nennung der Dimension verzichtet wird), die autonomen Investitionen eine Höhe von 100 haben und die marginale Konsumneigung bei 80 Prozent liegt, so resultiert daraus ein gleichgewichtiges Inlandsprodukt in Höhe von $Y^* = \frac{1}{1-c} \cdot (B + I^a) = \frac{1}{1-0{,}8} \cdot (400 + 100) = \frac{1}{0{,}2} \cdot 500 = 2.500$. Der Konsum hat dabei eine Höhe von $C = B + c \cdot Y = 400 + 0{,}8 \cdot 2.500 = 400 + 2.000 = 2.400$. Zusammen mit den autonomen Investitionen in Höhe von 100 resultiert daraus eine gesamtwirtschaftliche Nachfrage in Höhe von 2.500, die mit der angebotenen Gütermenge übereinstimmt.

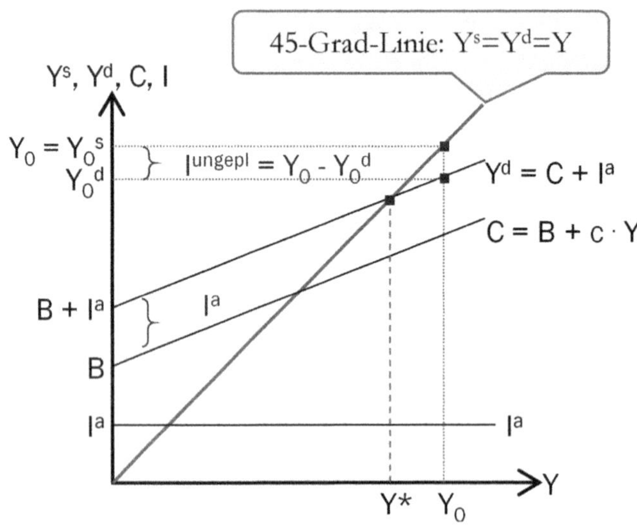

Abb. 2.1: Gütermarktgleichgewicht mit exogenen Investitionen

Das Gütermarktgleichgewicht lässt sich auch grafisch bestimmen (siehe Abb. 2.1). Hierzu wird in einem Diagramm auf der Abszisse das Inlandsprodukt Y abgebildet. Die Größen Y^s, Y^d, C und I werden auf der Ordinate abgebildet. Das Gütermarktgleichgewicht verlangt die Identität von Y^s und Y^d. Diese Identität wird durch die 45-Grad-Linie dargestellt ($Y^s = Y^d$). Die autonomen Investitionen sind eine Parallele zur Abszisse: Unabhängig von der Höhe des Inlandsprodukts Y werden stets Investitionen in Höhe von I^a durchgeführt. Die Konsumfunktion beginnt auf der Ordinate in Höhe des Basiskonsums B, denn auch bei einem Inlandsprodukt von Null wird diese Menge an Konsumgütern nachgefragt, um die Existenz der Haushalte zu sichern. Anschließend führt eine Erhöhung des Inlandsprodukts bzw. des Volkseinkommens zu einer unterproportionalen Steigerung der Konsumnachfrage. Die Steigerung der Konsumnachfragegeraden wird durch die marginale Konsumneigung c festgelegt. Dabei gilt: Je größer der Wert der marginalen Konsumneigung ist, desto steiler verläuft die Konsumnachfragegeraden. Die gesamtwirtschaftliche Güternachfragegerade Y^d ergibt sich aus der Addition von Konsum und Investitionen. Grafisch bedeutet dies eine Parallelverschiebung der Konsumgerade nach oben. Der Abstand zwischen der gesamtwirtschaftlichen Güternachfragegeraden und der Konsumnachfragegeraden entspricht der Höhe der autonomen Investitionen. Das Gütermarktgleichgewicht ergibt sich aus dem Schnittpunkt der gesamtwirtschaftlichen Güternachfragegeraden (Y^d-Grade) und der 45-Grad-Linie. Das so gefundene Inlandsprodukt bzw. Volkseinkommen Y^* ist das Inlandsprodukt, bei dem die gesamtwirtschaftliche Güternachfrage mit dem gesamtwirtschaftlichen Güterangebot übereinstimmt und der Gütermarkt geräumt ist.

Bei jedem anderen Inlandsprodukt als Y^* liegt ein Gütermarktungleichgewicht vor. Würde das Inlandsprodukt in Abb. 2.1 beispielsweise den Wert Y_0 annehmen, so wäre das damit verbundene Güterangebot (Y_0^s) größer als die Güternachfrage (Y_0^d): $Y_0^s > Y_0^d$. Die Unternehmen müssten feststellen, dass sie nicht alle produzierten Güter verkaufen können. Da ein Abbau dieses Angebotsüberschusses über eine Preissenkung annahmegemäß ausgeschlossen ist, bleibt den Unternehmen nur eine Reduzierung der angebotenen Gütermenge. Weil die Güter in dem betrachteten Jahr jedoch bereits produziert sind ($Y^s = Y$), das Inlandsprodukt also größer ist als die nachgefragte Gütermenge, äußert sich dieses Ungleichgewicht in Form von **ungeplanten Investitionen** (I^{ungepl}). Hierbei handelt es sich um so genannte **Lagerinvestitionen**, d. h. die nicht verkauften Güter erhöhen den Lagerbestand der Unternehmen. Die Höhe dieser nicht geplanten Investitionen entspricht der Differenz zwischen dem realisierten Inlandsprodukt (Y_0) und der nachgefragten Gütermenge (Y_0^d): $I^{ungepl} = Y_0 - Y_0^d$. Die Anpassung des Unternehmenssektors an die geringere gesamtwirtschaftliche Nachfrage erfolgt also erst im Folgejahr. Wie weiter oben bereits erläutert, passt sich das Güterangebot an die Güternachfrage an.

Für das Gütermarktgleichgewicht gibt es neben der „$Y^s = Y^d$-Bedingung" noch eine alternative bzw. äquivalente Gleichgewichtsbedingung, die sich wie folgt herleiten lässt: Wegen der hier getroffenen Annahmen ist das Inlandsprodukt mit dem Volkseinkommen identisch. Das **Inlandsprodukt** lässt sich für Konsumzwecke und Investitionszwecke verwenden: $Y = C + I$. Das **Volkseinkommen** kann entweder für Konsumzwecke verwendet oder gespart werden: $Y = C + S$. Da Volkseinkommen und Inlandsprodukt identisch sind, gilt also: $C + I = C + S$ bzw. $I = S$. Dies bedeutet: Wenn die Ersparnisse des Haushaltssektors mit den geplanten Investitionen des Unternehmenssektors übereinstimmen, liegt ein Gütermarktgleichgewicht vor. Dies lässt sich wie folgt erklären: Ersparnisse bedeuten den Verzicht auf Konsum. Ersparnisse führen also aus Sicht der Unternehmen zu einem

Nachfrageausfall. Wenn die Höhe des Nachfrageausfalls auf Seiten der Konsumenten durch eine zusätzliche Güternachfrage auf Seiten der Unternehmen ausgeglichen wird, kompensiert diese Investitionsgüternachfrage den Konsumgüternachfrageausfall und der Gütermarkt ist geräumt. Da auf dem Gütermarkt annahmegemäß nur ein universell verwendbares Gut gehandelt wird, ist dieses Gut auch problemlos für Konsum- oder Investitionszwecke verwendbar. Würde in dem Modell hingegen mit zwei Gütern, also einem Konsumgut und einem Investitionsgut gearbeitet werden, so wäre eine Kompensation einer geringeren Konsumnachfrage durch eine höhere Investitionsnachfrage nicht ohne weiteres möglich. Sobald die Ersparnisse größer oder kleiner als die geplanten Investitionen sind, kommt es zu einem Ungleichgewicht auf dem Gütermarkt:

- $S > I$: Der Nachfrageausfall der Konsumenten ist größer als die zusätzliche Güternachfrage der Unternehmen für Investitionszwecke. Per Saldo werden weniger Güter nachgefragt als angeboten ($Y^d < Y^s$). Die Unternehmen müssen ungeplante Investitionen in Form einer Lagerbestanderhöhung tätigen, weil sie gemessen an der tatsächlichen Güternachfrage zu viele Güter produziert haben.
- $S < I$: Der Nachfrageausfall der Konsumenten ist geringer als die zusätzliche Güternachfrage der Unternehmen für Investitionszwecke. Per Saldo werden mehr Güter nachgefragt als angeboten ($Y^d > Y^s$). Die Unternehmen können nicht alle geplanten Investitionen durchführen bzw. sie müssen ihre Lagerbestände stärker als geplant reduzieren.

> Die I=S-Bedingung ist folglich eine alternative bzw. gleichwertige Formulierung für ein Gütermarktgleichgewicht ($Y^d = Y^s$).

Der Investitionsmultiplikator

Im Rahmen der so genannten Multiplikatoranalyse geht es um die Frage, wie sich ein gleichgewichtiges Inlandsprodukt Y verändert, wenn es bei den autonomen Nachfragekomponenten zu einer Änderung kommt. Konkret geht es also beispielsweise um die Frage, wie sich ein Gütermarktgleichgewicht verändert, wenn die autonomen Investitionen um einen bestimmten Betrag zunehmen. Um die Auswirkungen einer Investitionserhöhung zu berechnen, muss Gleichung (2.5), also die Gleichung zur Bestimmung des gleichgewichtigen Inlandsprodukts, nach I^a abgeleitet werden.

(2.5') $$\frac{dY}{dI^a} = \frac{1}{1-c}$$

Der Ausdruck $\frac{1}{1-c}$ ist der **Investitionsmultiplikator**. Er gibt an, wie sich das Inlandsprodukt Y verändert, wenn die Investitionsnachfrage um einen bestimmten

Betrag steigt. Bei einer marginalen Konsumneigung von 80 Prozent ($c = 0{,}8$) nimmt der Investitionsmultiplikator den Wert 5 an. Dies bedeutet: Eine Erhöhung der autonomen Investitionen um 10 Einheiten führt dazu, dass das gleichgewichtige Inlandsprodukt bzw. Volkseinkommen um 50 Einheiten steigt. Da die marginale Konsumneigung annahmegemäß zwischen Null und eins liegt, ist der Investitionsmultiplikator stets größer als eins. Dies bedeutet wiederum, dass die Erhöhung einer autonomen Nachfragekomponente – neben den autonomen Investitionen kann dies auch der Basiskonsum sein oder der später noch hinzukommende Staatskonsum – zu einer Einkommenserhöhung führt, die ein Mehrfaches der ursprünglichen Nachfrageerhöhung ausmacht. Dies lässt sich wie folgt erklären:

- Zunächst einmal führt die Erhöhung der autonomen Investitionen um 10 Einheiten dazu, dass die gesamtwirtschaftliche Güternachfrage um 10 Einheiten steigt ($\Delta Y^d = \Delta I^a = 10$, das Symbol Δ steht hier für die absolute Veränderung einer Größe). Da sich die Unternehmen mit ihrem Angebot an die gesamtwirtschaftliche Nachfrage anpassen, steigt auch das Güterangebot Y^s und damit das Inlandsprodukt bzw. Volkseinkommen Y um 10 Einheiten ($\Delta Y^d = \Delta Y = \Delta I^a = 10$). Dieser Effekt auf das Volkseinkommen ist der **primäre Einkommenseffekt**. Er erfolgt im gleichen Jahr, in dem auch die Erhöhung der Investitionen stattfindet.
- Die Erhöhung des Volkseinkommens um 10 Einheiten hat zur Folge, dass nun auch die einkommensabhängige Konsumnachfrage steigt. Da die marginale Konsumneigung kleiner als eins ist, führt ein Anstieg des Volkseinkommens um 10 Einheiten zu einer Konsumsteigerung, die kleiner als 10 ist. Im Fall einer marginalen Konsumneigung von 80 Prozent ($c = 0{,}8$) steigt die Konsumnachfrage um 8 Einheiten ($\Delta C = 0{,}8 \cdot \Delta Y = 0{,}8 \cdot 10 = 8$). Die Unternehmen passen sich an diese Nachfragesteigerung annahmegemäß an und erhöhen das Inlandsprodukt bzw. Volkseinkommen Y um 8 Einheiten ($\Delta Y^d = \Delta Y = \Delta C = 8$). Dieser Effekt auf das Volkseinkommen ist ein induzierter bzw. ein **sekundärer Einkommenseffekt**. Dieser Effekt erfolgt im Jahr nach der Investitionserhöhung, denn im Jahr der Investitionserhöhung selbst orientieren sich die Konsumenten noch am alten Volkseinkommen. Eine Erhöhung des Volkseinkommens im Jahr $t=0$ führt also erst im Folgejahr $t=1$ zu einer erhöhten Konsumnachfrage.
- Die konsumbedingte Erhöhung des Volkseinkommens im Jahr $t=1$ führt wiederum dazu, dass die Konsumenten im Folgejahr $t=2$ ihre Konsumnachfrage nochmals erhöhen. Sie orientieren sich bei ihrer Konsumplanung für das Jahr $t=2$ an dem Volkseinkommen des Jahres $t=1$. Dies bedeutet, dass die Konsumnachfrage im Jahr $t=2$ nun um 6,4 Einheiten steigt ($\Delta C_{t=2} = 0{,}8 \cdot \Delta Y_{t=1} = 0{,}8 \cdot 8 = 6{,}4$). Die Unternehmen reagieren darauf wiederum mit einer entsprechenden Angebotserhöhung, aus der dann erneut ein höheres Volkseinkommen resultiert.

- Die Zuwächse der Konsumnachfrage werden von Jahr zu Jahr geringer, weil ein Teil der Einkommenszuwächse gespart wird. Irgendwann konvergieren die Konsumzuwächse gegen Null und die Volkswirtschaft hat ihr neues Gütermarktgleichgewicht erreicht. Dieses zeichnet sich dadurch aus, dass die gesamtwirtschaftliche Nachfrage und mit ihr das Volkseinkommen um 50 Einheiten gestiegen ist. Diese Steigerung setzt sich zusammen aus dem primären Einkommenseffekt (er wird auch **Erstrundeneffekt** genannt) in Höhe der Investitionserhöhung um 10 Einheiten und der Summe aller sekundären Einkommenseffekte (diese werden auch **Zweitrundeneffekte** genannt). Die konsumindizierten Einkommenseffekte summieren sich zu einem Wert von 40 Einheiten auf.

Im Fall einer geringeren marginalen Konsumneigung von beispielsweise nur 75 Prozent hat der Investitionsmultiplikator mit $\frac{dY}{dI^a} = \frac{1}{1-c} = \frac{1}{1-0{,}75} = \frac{1}{0{,}25} = 4$ einen geringeren Wert. Eine Erhöhung der autonomen Investitionen um 10 Einheiten führt dann auch nur zu einer Einkommenserhöhung von insgesamt 40 Einheiten. Verantwortlich dafür ist der Umstand, dass die geringere Konsumneigung zu geringeren Zuwächsen der Konsumnachfrage führt. Daher sind auch die konsuminduzierten Zweitrundeneffekte der Investitionserhöhung geringer.

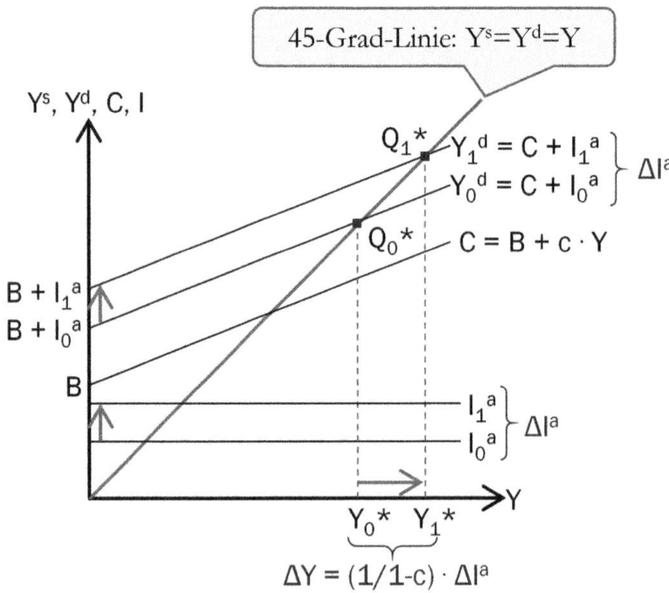

Abb. 2.2: Gütermarktgleichgewicht bei einer Erhöhung der autonomen Investitionen (ΔIa > 0)

Die Konsequenzen einer Erhöhung der autonomen Investitionen lassen sich wiederum grafisch analysieren (siehe Abb. 2.2). Ausgehend von einem gleichgewichtigen Inlandsprodukt bzw. Volkseinkommen Y_0* führt eine Erhöhung der autonomen Investitionen von I_0^a auf I_1^a zu einem neuen gleichgewichtigen Volkseinkommen Y_1^*. Die Differenz zwischen den alten und den neuen Investitionen ($I_1^a - I_0^a = \Delta I^a$) ist wegen des Investitionsmultiplikators, der größer als eins ist, kleiner als die Differenz zwischen dem alten und dem neuen Volkseinkommen. Es gilt also: $(Y_1^* - Y_0^*) > (I_1^a - I_0^a)$.

Wie beschrieben, dauert die Anpassung an das neue Gütermarktgleichgewicht mehrere Runden. Da es hier jedoch lediglich um eine **komparativ-statische** Analyse geht, die verschiedene Gleichgewichte miteinander vergleicht, werden die zeitlichen Anpassungsprozesse an dieser Stelle und auch im weiteren Verlauf der Argumentation vernachlässigt.

Berücksichtigung staatlicher Aktivitäten

In der Makroökonomie werden dem Staat verschiedene Aktivitäten zugeordnet. Zum einen fragt der Staat Sachgüter und Dienstleistungen nach, die er selbst nicht produziert, sondern vom Unternehmenssektor bezieht. Die damit verbundenen Staatsausgaben werden mit G bezeichnet (G für „government"). Der Staat finanziert seine Ausgaben durch die Erhebung von Steuern und Sozialbeiträgen. Zudem zahlt er Transferleistungen an private Haushalte. Zur Vereinfachung werden diese Transferleistungen mit den staatlichen Einnahmen verrechnet. Die Staatseinnahmen (T für „taxes") sind daher wie folgt definiert: Staatseinnahmen = T = Steuern + Sozialversicherungsbeiträge – Transferleistungen. Vereinfachend wird – wie in Schritt 1 bereits erwähnt – von indirekten Steuern abgesehen, d. h. es gibt nur einkommensbezogene Steuern. Die Steuereinnahmen sind daher direkt proportional zum Volkseinkommen Y, der Steuersatz (t) ist dabei konstant. Folglich gilt: $T = t \cdot Y$ mit $0 < t < 1$.

Für das einfache Gütermarktmodell mit den Gleichungen (2.1) bis (2.4) ergeben sich daraus zwei Modifikationen. Zum einen kommt bei der gesamtwirtschaftlichen Güternachfrage Y^d mit der Staatsnachfrage G eine zusätzliche Nachfragekomponente hinzu. Zum anderen hängt die Konsumnachfrage nicht mehr vom Volkseinkommen ab, sondern vom verfügbaren Einkommen ($Y^v = Y - T = Y - t \cdot Y = (1 - t) \cdot Y$). Für die Konsumnachfrage bedeutet dies: $C = B + c \cdot Y^v = B + c \cdot (1 - t) \cdot Y$. Auf der Basis dieser Überlegungen lässt sich folgendes modifizierte Gütermarktmodell erstellen:

(2.1a) $Y^d = Y^s = Y$ (Gleichgewichtsbedingung für Gütermarkt)

(2.2a) $Y^d = C + I + G$ (Definitionsgleichung für Güternachfrage)

(2.3a) $C = B + c \cdot (1 - t) \cdot Y$ (Verhaltensgleichung für Konsumverhalten)

(2.4a) $I = I^a$ (Verhaltensgleichung für Investitionsverhalten)

Werden die Gleichungen zusammengefasst, so ergibt sich daraus $Y = B + c \cdot (1 - t) \cdot Y + I^a + G$ bzw. $Y - c \cdot (1 - t) \cdot Y = B + I^a + G$ bzw. $Y \cdot (1 - c \cdot (1 - t)) = B + I^a + G$. Aufgelöst nach Y ergibt sich daraus die Bestimmungsgleichung zur Berechnung des gleichgewichtigen Inlandsprodukts Y*:

$$(2.5a)\ Y^* = \frac{1}{1-c \cdot (1-t)} \cdot (B + I^a + G)$$

Aus der Gleichung (2.5a) lässt sich wiederum der Investitionsmultiplikator bzw. nun auch der **Staatsausgabenmultiplikator** berechnen. Die Gleichung muss dafür nach I^a oder nach G abgeleitet werden. Der Zahlenwert des Multiplikators ist dabei in beiden Fällen identisch:

$$(2.5a')\ \frac{dY}{dI^a} = \frac{dY}{dG} = \frac{1}{1-c \cdot (1-t)}$$

Der Vergleich mit Gleichung (2.5') zeigt, dass der Investitionsmultiplikator unter Berücksichtigung des Staates und der damit verbundenen Steuern geringer ist als im Gütermarktmodell ohne Staat. Der Grund dafür ist einfach: Wenn der Staat Steuern erhebt, reduziert er dadurch das verfügbare Einkommen der Konsumenten. Eine Erhöhung des Volkseinkommens führt daher zu einem geringeren Konsumnachfragezuwachs. Bei einer marginalen Konsumneigung von 80 Prozent und einem Steuersatz von 25 Prozent lässt sich der Unterschied zwischen der Höhe der Investitionsmultiplikatoren mit und ohne Staat wie folgt berechnen:

$$(2.6)\ \frac{dY}{dI^a} = \frac{1}{1-c} = \frac{1}{1-0{,}8} = \frac{1}{0{,}2} = 5$$

$$> \frac{1}{1-c \cdot (1-t)} = \frac{1}{1-0{,}8 \cdot 0{,}75} = \frac{1}{0{,}4} = 2{,}5$$

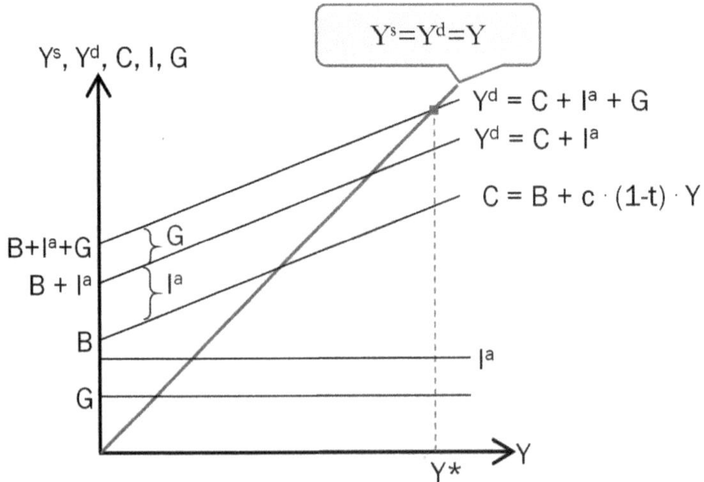

Abb. 2.3: Gütermarktgleichgewicht mit autonomen Investitionen und staatlichen Aktivitäten

Das Gütermarktgleichgewicht lässt sich wiederum grafisch bestimmen (siehe Abb. 2.3). Im Vergleich zur Situation ohne den Staat (siehe Abb. 2.1) ergeben sich zwei Modifikationen. Erstens verläuft die Konsumnachfragegerade flacher als ohne staatliche Aktivitäten, weil die Steigung der Konsumnachfragegeraden nun nicht mehr den Wert c hat, sondern den Wert $c \cdot (1 - t)$. Weil der Steuersatz t kleiner als eins ist, gilt: $c > c \cdot (1 - t)$. Zweitens gibt es jetzt durch die Staatsnachfrage (G) noch eine zusätzliche Güternachfragekomponente. Die Staatsnachfrage wird dabei nicht notwendigerweise durch die Höhe der Steuereinnahmen begrenzt, denn der Staat kann durch kreditfinanzierte Ausgaben höhere Staatsausgaben tätigen, als er an Steuern einnimmt.

Schließlich führt die Berücksichtigung des Staates in makroökonomischen Modellen zu einer Modifikation der **I=S-Bedingung** als äquivalente Gleichgewichtsbedingung für den Gütermarkt. Das Inlandsprodukt lässt sich im Fall staatlicher Aktivitäten für Konsumzwecke, Investitionszwecke und für Staatsausgaben verwenden: $Y = C + I + G$. Das Volkseinkommen wird vom Haushaltssektor für die Zahlung der Steuern und für Konsumzwecke verwendet oder gespart: $Y = C + S + T$. Da Volkseinkommen und Inlandsprodukt nach wie vor identisch sind, gilt: $C + I + G = C + S + T$ bzw. $I + G = S + T$. Durch die Berücksichtigung des Staates wird die Güternachfrage verringert, weil die Haushalte ihre Konsummöglichkeiten nicht nur durch die Bildung von Ersparnissen verringern, sondern auch durch die erzwungenen Steuerzahlungen. Die Nachfrageausfälle bestehen folglich aus Ersparnissen und Steuern $(S + T)$. Kompensiert werden diese Nachfrageausfälle durch die Investitionsnachfrage der Unternehmen und die Ausgaben des Staates für Sachgüter und Dienstleistungen $(I + G)$. Eine äquivalente Formulierung des Gütermarktgleichgewichts lautet daher: $I + G = S + T$.

Berücksichtigung zinsabhängiger Investitionen

Bisher wurde von autonomen Investitionen ausgegangen. Diese Annahme wird nun aufgehoben und durch eine zinsabhängige Investitionsnachfrage ersetzt. Investitionen werden als eine Erhöhung des Kapitalbestands angesehen, also als eine Vergrößerung der Produktionsanlagen (im Wesentlichen Maschinen und Gebäude). Da, wie weiter oben bereits erwähnt, von Abschreibungen abgesehen wird, stellt jede Investition eine Erhöhung des Kapitalbestands dar. Eine Unterscheidung zwischen Brutto- und Nettoinvestitionen ist daher nicht erforderlich. Investitionen haben zwei Effekte. Zum einen sind sie Teil der gesamtwirtschaftlichen Güternachfrage. Eine Erhöhung der Investitionen führt zu einer Steigerung von Inlandsprodukt und Volkseinkommen. Dies ist der **Einkommenseffekt** der Investitionen. Zum anderen bewirkt die Erhöhung des Kapitalbestands eine Vergrößerung der Produktionskapazitäten. Dies ist der **Kapazitätseffekt** der Investitionen. In der kurzfristigen makroökonomischen Analyse, die hier durchgeführt wird, wird nur der Einkommenseffekt betrachtet. Bezüglich des Kapazitätseffekts wird angenommen, dass Investitionen erst im Jahr nach ihrer Fertigstellung kapazitätswirksam werden und der Kapitalbestand somit kurzfristig trotz der Investitionen konstant ist. Die Kapazitätseffekte von Investitionen werden in der Wachstumstheorie betrachtet.

Um zu einer zinsabhängigen Investitionsnachfrage zu gelangen, wird folgendes Investitionsverhalten angenommen: Es gibt in jedem Jahr eine Reihe von Investitionsprojekten, die unterschiedliche **erwartete Renditen** abwerfen. Die Höhe der Rendite hängt von zwei zentralen Größen ab: Zum einen von der Technologie und der damit verbundenen Produktivität und zum anderen von den Absatzerwartungen der Unternehmen. Unter der Berücksichtigung der technologischen Gegebenheiten und der Absatzerwartungen können die verschiedenen Investitionsobjekte entsprechend ihrer erwarteten Rendite – beginnend mit dem Objekt der höchsten Renditeerwartung – angeordnet werden. Ein Beispiel dafür ist Abb. 2.4 zu entnehmen.

Investitionsprojekt	Volumen des Projekts	erwartete Rendite
1.	5.000,- Euro	9,0 %
2.	8.000,- Euro	8,0 %
3.	2.000,- Euro	7,5 %
4.	12.000,- Euro	6,0 %
5.	6.000,- Euro	5,0 %

Abb. 2.4: Investitionsobjekte und erwartete Rendite

Die Entscheidung, welche dieser möglichen Investitionsprojekte tatsächlich durchgeführt werden, hängt vom herrschenden Marktzinssatz ab. Vereinfachend wird davon ausgegangen, dass der Zinssatz für Kredite bzw. Verbindlichkeiten mit dem Zinssatz für Guthaben bzw. Forderungen identisch ist. Daher gibt es nur einen Marktzinssatz bzw. kürzer nur einen Zinssatz (i) in diesem Modell. Um zu entscheiden, ob das erste Investitionsprojekt durchgeführt werden soll oder nicht, vergleicht der potenzielle Investor den Zinssatz mit der erwarteten Rendite. Wenn der Zinssatz geringer ist als die erwartete Rendite, ist das Investitionsprojekt lohnend und wird daher durchgeführt. Bei einem Zinssatz, der höher ist als die erwartete Rendite, lohnt sich die Investition nicht. Stimmt die erwartete Rendite mit dem Zinssatz überein, ist der Investor indifferent. In diesem Fall wird die Annahme getroffen, dass das Projekt durchgeführt wird. Diese Überlegungen gelten unabhängig davon, ob der Investor das Projekt mit Eigenkapital oder Fremdkapital finanziert: Wenn der Investor über die 5.000,- Euro für das erste Investitionsprojekt verfügt und der Zinssatz bei 8 % liegt, ist die Durchführung der Investition lohnend, denn das damit verbundene jährliche Einkommen beträgt 450,- Euro (9 % auf 5.000,- Euro). Eine Geldanlage führt hingegen nur zu einem jährlichen Zinseinkommen in Höhe von 400,- Euro. Auch wenn der Investor nicht über die 5.000,- Euro für das erste Investitionsprojekt verfügt, ist diese Investition bei einem Zinssatz von 8 % lohnend: Der Investor leiht sich das Geld zur Finanzierung des Investitionsprojekts und muss dafür jährlich 400,- Euro Zinsen zahlen. Er erzielt jedoch jedes Jahr eine Rendite in Höhe von 450,- Euro, was ihm einen Nettoertrag in Höhe von 50,- Euro bringt.

Die Höhe der gesamtwirtschaftlichen Investitionsnachfrage hängt somit von der Höhe des Zinssatzes ab. Bei einem Zinssatz von 9 % wird lediglich das erste Investitionsprojekt durchgeführt, sodass die gesamtwirtschaftliche Investitionsnachfrage 5.000 beträgt. Sinkt der Zinssatz auf 8 %, so wird auch das zweite Investitionsprojekt lohnend. Die gesamtwirtschaftliche Investitionsnachfrage liegt dann bei 5.000 + 8.000 = 13.000. Generell gilt daher:

> Eine Verringerung des Zinssatzes führt zu einem Anstieg der Investitionsnachfrage.

Die zinsabhängige Investitionsnachfragefunktion lautet daher $I = I(i)$. Die erste Ableitung dieser Investitionsfunktion nach dem Zinssatz i ist negativ, d. h. ein Anstieg des Zinssatzes führt zu einem Rückgang der Investitionsnachfrage.

Die bisherigen Überlegungen lassen sich wiederum zu einem modifizierten Gütermarktmodell zusammenfassen, das nun sowohl staatliche Aktivitäten als auch eine zinsabhängige Investitionsnachfrage enthält:

(2.1b) $Y^d = Y^s = Y$ (Gleichgewichtsbedingung für Gütermarkt)

(2.2b) $Y^d = C + I(i) + G$ (Definitionsgleichung für Güternachfrage)

(2.3b) $C = B + c \cdot (1 - t) \cdot Y$ (Verhaltensgleichung für Konsumverhalten)

(2.4b) $I = I(i)$ (Verhaltensgleichung für Investitionsverhalten)

Die daraus abgeleitete Bestimmungsgleichung zur Berechnung des gleichgewichtigen Inlandsprodukts Y^* lautet:

(2.5b) $$Y^* = \frac{1}{1 - c \cdot (1-t)} \cdot (B + I(i) + G)$$

Diese Gleichung unterscheidet sich zwar nur marginal von der Gleichung (2.5a), denn hier steht $I(i)$ anstatt I^a. Aus diesem Unterschied ergeben sich jedoch weit reichende Konsequenzen. Gleichung (2.5a) hat lediglich eine unbekannte Größe, nämlich Y. Alle anderen Größen sind exogen vorgegeben und daher bekannt. In

Gleichung (2.5b) ist hingegen neben dem Y auch der Wert für die Investitionsnachfrage unbekannt. Da die Höhe der Investitionen vom Zinssatz abhängt, hat Gleichung (2.5b) zwei Unbekannte: Y und i. Eine Gleichung mit zwei Unbekannten lässt sich jedoch nicht lösen. Dies bedeutet: Gleichung (2.5b) gibt nicht eine eindeutige Lösung für den Gütermarkt an, sondern viele Kombinationen von Zinssatz und Inlandsprodukt, bei denen der Gütermarkt geräumt ist. Unter Vernachlässigung staatlicher Aktivitäten gelten folgende Zusammenhänge:

- Wenn der Zinssatz hoch ist (i_0, siehe Abb. 2.5), sind die zinsabhängigen Investitionen gering. Damit ist auch die gesamtwirtschaftliche Güternachfrage gering. Ein Gütermarktgleichgewicht verlangt nach der I=S-Bedingung, dass die Ersparnisse bei geringen Investitionen ebenfalls gering sind. Da die Höhe der Ersparnisse in positiver Weise von der Höhe des Volkseinkommens abhängt, sind die Ersparnisse nur dann gering, wenn auch das Volkseinkommen gering ist. Für ein Gleichgewicht auf dem Gütermarkt muss deshalb bei einem hohen Zinssatz (i_0) das Volkseinkommen bzw. Inlandsprodukt gering sein (Y_0).
- Wenn der Zinssatz hingegen gering ist (i_1), ist die Investitionsnachfrage hoch. Hohe Investitionen verlangen nach der I=S-Bedingung hohe Ersparnisse. Hohe Ersparnisse setzen wiederum ein hohes Volkseinkommen voraus. Bei einem niedrigen Zinssatz (i_1) muss das Volkseinkommen daher hoch sein (Y_1) um ein Gleichgewicht auf dem Gütermarkt zu erreichen.
- Die Kombination aus einem hohen Zinssatz (i_0) und einem hohen Volkseinkommen (Y_1), also der Punkt Q‘ in Abb. 2.5, führt auf dem Gütermarkt zu einem **Angebotsüberschuss** ($Y^s > Y^d$): Ein hohes Volkseinkommen hat hohe Ersparnisse zur Folge. Hohe Ersparnisse bedeuten hohe Nachfragausfälle. Zur Kompensation dieser Nachfrageausfälle müsste die Investitionsnachfrage ebenfalls hoch sein. Bei einem hohen Zinssatz sind die zinsabhängigen Investitionen jedoch gering. Die Konsumnachfrageausfälle infolge der hohen Ersparnisse sind folglich größer als die zusätzliche Güternachfrage in Form von Investitionen, sodass das Inlandsprodukt – und damit auch die angebotene Gütermenge – größer ist als die Güternachfrage. Um auf dem Gütermarkt ein Gleichgewicht zu erreichen, müsste entweder bei einem unveränderten Volkseinkommen der Zins sinken, damit es höhere Investitionen gibt, oder bei einem unveränderten Zinssatz müsste das Volkseinkommen sinken, damit es geringere Ersparnisse gibt.
- Die Kombination aus einem geringen Zinssatz (i_1) und einem geringen Volkseinkommen (Y_0), also der Punkt Q“, führt auf dem Gütermarkt zu einem **Nachfrageüberhang** ($Y^d > Y^s$): Ein geringer Zinssatz hat hohe Investitionen zur Folge, also eine hohe Güternachfrage. Um auf dem Gütermarkt ein Gleichgewicht zu erreichen, wäre ein hoher Nachfrageausfall seitens der Konsumenten erforderlich, also hohe Ersparnisse. Hohe Ersparnisse setzen jedoch ein hohes Volkseinkommen voraus. Dies ist bei Y_0 nicht der Fall. Der Nachfrageausfall ist

angesichts der hohen Investitionen also zu gering, sodass ein Nachfrageüberhang auf dem Gütermarkt auftritt. Um einen Ausgleich von Güterangebot und Güternachfrage zu erreichen, müssten für ein unverändertes Volkseinkommen entweder die Investitionen zurückgehen (also der Zinssatz steigen) oder die Ersparnisse größer werden (also das Volkseinkommen steigen).

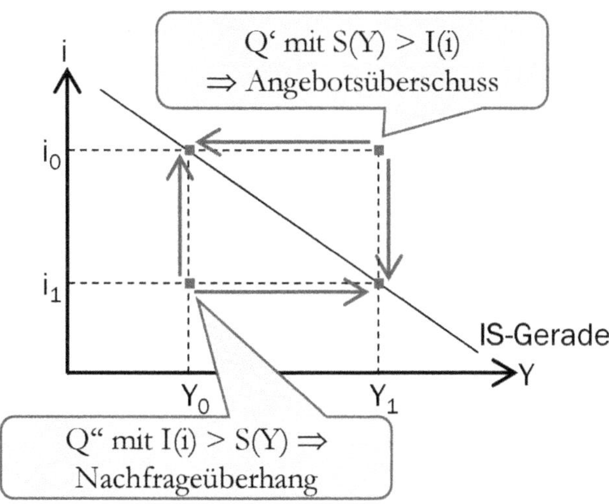

Abb. 2.5: IS-Gerade als Gleichgewichtsbedingung für den Gütermarkt

Zusammenfassend lässt sich somit festhalten: Bei einer zinsabhängigen Investitionsnachfrage gibt es nicht nur ein gleichgewichtiges Volkseinkommen, sondern eine ganze Reihe von Zinssatz-Volkseinkommen-Kombinationen, die zu einem Gütermarktgleichgewicht führen. In einem Zins-Volkseinkommen-Diagramm (im Folgenden i-Y-Diagramm) lassen sich diese Kombinationen durch eine Gerade, die so genannte IS-Gerade (Kurzform für I=S-Gerade) darstellen (siehe Abb. 2.5).

> Die IS-Gerade stellt daher alle Kombinationen von Volkseinkommen Y und Zinssätzen i dar, die auf dem Gütermarkt für ein Gleichgewicht sorgen. Jede Kombination über der IS-Geraden führt zu einem Angebotsüberschuss auf dem Gütermarkt. Jede Kombination unter der IS-Geraden ist mit einem Nachfrageüberhang auf dem Gütermarkt verbunden.

Die IS-Gerade stellt keine funktionalen Zusammenhänge dar, d. h. sie besagt nicht, dass ein hoher Zinssatz kausal mit einem geringeren Volkseinkommen verbunden ist. Sie ist stattdessen eine Gleichgewichtskurve, die aussagt, wie hoch der Zinssatz bei einem bestimmten Volkseinkommen sein muss, damit die gesamtwirtschaftliche Güternachfrage mit dem gesamtwirtschaftlichen Güterangebot übereinstimmt und der Gütermarkt somit geräumt ist.

Der Verlauf der IS-Geraden hängt auch von den unternehmerischen Erwartungen ab. Wenn die Unternehmen optimistisch in die Zukunft blicken und glauben, dass die Konsumenten eine höhere Gütermenge nachfragen, führt schon eine geringe Zinssenkung zu einer großen Zunahme der Investitionen. Die IS-Gerade verläuft daher sehr flach. Wenn die Unternehmen hingegen pessimistisch sind und befürchten, dass sie eine größere Gütermenge nur schwer auf dem Markt verkaufen können, werden sie wenige Investitionsvorhaben realisieren. Eine Zinssenkung hat daher nur einen geringen Anstieg der Investitionen zur Folge. Die IS-Gerade verläuft daher relativ steil. Im Extremfall verläuft die IS-Gerade vollkommen zinsunelastisch, d. h. die Unternehmen reagieren überhaupt nicht auf eine Zinssenkung. Die Ursache für dieses Verhalten ist darin zu sehen, dass die Unternehmen extrem pessimistisch sind und befürchten, dass die Konsumenten nicht bereit sind, eine größere Gütermenge nachzufragen. In diesem Fall verläuft die IS-Gerade parallel zur Zinsachse. Die Volkswirtschaft befindet sich in der so genannten **Investitionsfalle**.

Die Lage der IS-Geraden verändert sich, wenn sich die autonomen Komponenten der gesamtwirtschaftlichen Güternachfrage ändern. Wenn z. B. zusätzlich zu den Investitionen noch die Staatsausgaben betrachtet werden, führt eine Erhöhung der Staatsausgaben zu einer Verschiebung der IS-Geraden nach rechts (siehe Abb. 2.6).

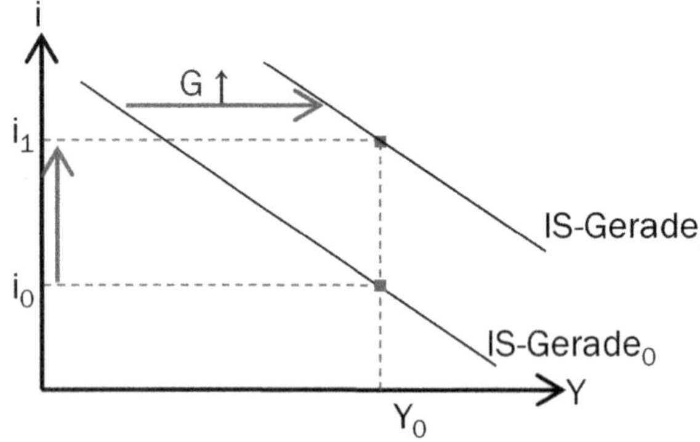

Abb. 2.6: Veränderung der Lage der IS-Geraden bei einer Staatsausgabenerhöhung (G↑)

Ausgehend von der IS-Geraden$_0$ lässt sich diese Verschiebung wie folgt erklären: Die Zinssatz-Volkseinkommen-Kombination i_0-Y_0 stellt ein mögliches Gütermarktgleichgewicht dar. Wenn nun die exogenen Staatsausgaben erhöht werden, bedeutet dies unter sonst gleichen Bedingungen eine höhere Güternachfrage. Damit kommt es zu einem Nachfrageüberhang auf dem Gütermarkt. Zum Ausgleich dieses Ungleichgewichts muss eine andere Güternachfragekomponente geringer werden. Dies kann bei unverändertem Volkseinkommen ($Y=Y_0$) – und damit einer unveränderter Konsumnachfrage – nur durch eine Reduzierung der Investitionsnachfrage geschehen. Eine Reduzierung der Investitionsnachfrage verlangt im Fall zinsabhängiger Investitionen einen Anstieg der Zinsen, weil steigende Zinsen zu sinkenden Investitionen führen. Denkbar wäre beispielsweise, dass der Zinssatz auf $i=i_1$ steigen muss, damit die Investitionen so weit zurückgehen, dass der Gütermarkt wieder ausgeglichen ist. Die Erhöhung der Staatsausgaben hat also zur Folge, dass nun die Kombination i_1-Y_0 ein Gütermarktgleichgewicht darstellt. Generell verschieben sich alle i-Y-Kombinationen, die ein Gütermarktgleichgewicht implizieren, in dieser Weise. Die Staatsausgabenerhöhung bewirkt so eine Rechtsverschiebung der IS-Geraden in einem i-Y-Diagramm. Auch andere Steigerungen von Nachfragekomponenten – also z. B. dem autonomen Konsum oder den später noch zu berücksichtigenden Exporten – haben eine Verschiebung der IS-Geraden nach rechts zur Folge. Umgekehrt führen Nachfragereduzierungen bei den Staatsausgaben oder den Exporten zu einer Linksverschiebung der IS-Geraden.

Lernfragen

In der Makroökonomie passt sich ...

- ☐ die gesamtwirtschaftliche Güternachfrage an das gesamtwirtschaftliche Güterangebot an.
- ☐ das gesamtwirtschaftliche Güterangebot an die gesamtwirtschaftliche Güternachfrage an.

Der Basiskonsum ist eine ...

- ☐ exogene Größe.
- ☐ endogene Größe.

Das fundamental psychologische Gesetz von Keynes besagt, dass eine Einkommenssteigerung zu einer ...

- ☐ proportionalen Erhöhung der Konsumausgaben führt.
- ☐ unterproportionalen Erhöhung der Konsumausgaben führt.
- ☐ überproportionalen Erhöhung der Konsumausgaben führt.

Bei einer gesamtwirtschaftlichen marginalen Konsumneigung von 0,75 führt eine Erhöhung des Volkseinkommens um 100 Euro dazu, dass ...

- ☐ die Investitionen um 75 Euro steigen.
- ☐ die gesamtwirtschaftliche Güternachfrage um 75 Euro steigt.
- ☐ die Ersparnisse um 25 Euro steigen.

Wenn die gesamtwirtschaftliche Güternachfrage geringer ist als das gesamtwirtschaftliche Güterangebot, kommt es zu ...

☐ ungeplanten Ersparnissen.

☐ ungeplanten Investitionen.

☐ ungeplanten Steuermindereinnahmen.

In einer geschlossenen Volkswirtschaft ohne staatliche Aktivitäten lässt sich ein Gütermarktgleichgewicht durch folgende Bedingung beschreiben:

☐ Investitionen = Ersparnisse.

☐ Investitionen = Basiskonsum + einkommensabhängiger Konsum.

☐ Exporte = Importe.

Bei einer marginalen Konsumneigung von 50 Prozent hat der Investitionsmultiplikator in einer geschlossenen Volkswirtschaft ohne staatliche Aktivitäten folgenden Wert:

☐ 1,5

☐ 2,0

☐ 4,0

Wenn der Staat Steuern erhebt, wirkt dies wie ...

☐ eine zusätzliche Nachfragesteigerung.

☐ ein zusätzlicher Nachfrageausfall.

In einer geschlossenen Volkswirtschaft mit staatlichen Aktivitäten führt eine kreditfinanzierte Staatsausgabenerhöhung um 100 Euro zu einer gesamtwirtschaftlichen Güternachfragesteigerung von ...

☐ weniger als 100 Euro.

☐ genau 100 Euro.

☐ mehr als 100 Euro.

Bei zinsabhängigen Investitionen führt eine Erhöhung des Zinssatzes zu einer ...

☐ Erhöhung der Investitionsnachfrage.

☐ Verringerung der Investitionsnachfrage.

Wenn der Zinssatz steigt, verlangt ein Gütermarktgleichgewicht, dass ...

☐ das Volkseinkommen geringer wird.

☐ das Volkseinkommen größer wird.

In einem Zins-Volkseinkommen-Diagramm bedeutet ein Punkt über der IS-Geraden einen ...

☐ Angebotsüberschuss auf dem Gütermarkt.

☐ Nachfrageüberhang auf dem Gütermarkt.

Wenn sich eine Volkswirtschaft in der Investitionsfalle befindet, verläuft die IS-Gerade in einem Zins-Volkseinkommen-Diagramm ...

☐ parallel zur Zins-Achse.

☐ parallel zur Volkseinkommens-Achse.

Eine Verringerung der Staatsausgaben führt in einem Zins-Volkseinkommen-Diagramm dazu, dass die IS-Gerade ...

☐ nach links verschoben wird.

☐ nach rechts verschoben wird.

☐ unverändert bleibt, weil der Zinssatz unverändert ist.

Prüfungstipp

Die hier vorgestellten Modellzusammenhänge und Multiplikatoren wirken auf den ersten Blick sehr abstrakt. Um ein besseres Gefühl für die Zusammenhänge zu erhalten, solltest du ein bis zwei Zahlenbeispiele selbst entwickeln und die entsprechenden Gleichgewichte berechnen. Anschließend empfiehlt es sich, die von dir entwickelten Beispiele auch in eine Grafik einzuzeichnen und so zu überprüfen, ob die berechneten Gleichgewichtseinkommen korrekt sind.

Schritt 3:
Der Geldmarkt

Lernhinweise

Was erwartet mich in diesem Kapitel?

Dieses Kapitel stellt die wichtigsten Motive für die Nachfrage nach Geld dar. Anschließend wird gezeigt, wie sich aus der Geldnachfrage in Kombination mit dem Geldangebot der Zentralbank ein gleichgewichtiger Zinssatz auf dem Geldmarkt ergibt. Zudem wird der Begriff der Liquiditätsfalle erläutert.

Welche Schlagwörter lerne ich kennen?

■ Geldangebot ■ Geldnachfrage ■ Geldmenge ■ Transaktionskasse ■ Spekulationskasse ■ effektive Verzinsung ■ kritischer Zinssatz ■ Zinsuntergrenze ■ Liquiditätsfalle ■ Geldmarktgleichgewicht ■ LM-Kurve ■ Kryptowährungen ■ Modern Monetary Theory

Wofür benötige ich dieses Wissen?

In diesem Kapitel wird gezeigt, wie sich auf dem Geldmarkt ein gleichgewichtiger Zinssatz ergibt. Zudem wird dargestellt, wie sich der Zinssatz durch geldpolitische Maßnahmen – z. B. eine Erhöhung der Geldmenge durch die Zentralbank – verändern lässt. Die Kenntnisse dieser Zusammenhänge sind notwendig, um im weiteren Verlauf dieses Buches zu verstehen, wie der Staat durch eine Erhöhung der Geldmenge das Volkseinkommen und die Beschäftigung steigern kann.

In jeder Gesellschaft benötigen die Menschen Geld, um die Käufe von Gütern oder Vermögenswerten, wie z. B. festverzinsten Wertpapieren, zu finanzieren. In diesem Kapitel wird gezeigt, wie sich auf dem Geldmarkt einer Volkswirtschaft ein Gleichgewicht ergibt.

Geldangebot und Geldnachfrage

Geld wird in einer Volkswirtschaft vor allem für den Kauf von Gütern und Dienstleistungen sowie Vermögensgegenständen (Aktien, Wertpapieren etc.) verwendet. Ein Markt, auf dem Geld angeboten und nachgefragt wird, gibt es in der Realität nicht, es handelt sich beim Geldmarkt daher um ein Hilfskonstrukt. Eine Betrachtung des Geldmarktes macht dennoch Sinn, weil sich damit die Höhe des Zinssatzes in einer Volkswirtschaft erklären lässt. Der Zinssatz ergibt sich dabei aus dem Zusammenspiel von Geldangebot und Geldnachfrage.

Geld erfüllt in einer Gesellschaft drei grundlegende Funktionen. Erstens ist Geld ein allgemein akzeptiertes Tauschmittel, das den Austausch von Gütern und Vermögensgegenständen erheblich erleichtert. Zweitens ist Geld eine Recheneinheit, die eine einheitliche Bewertung aller Güter und Vermögensgegenstände ermöglicht. Drittens hat Geld eine Wertaufbewahrungsfunktion, die es erlaubt, zwischen dem Einkommenserwerb und der Verausgabung dieses Einkommens einen gewissen Zeitraum verstreichen zu lassen und so z. B. Vermögen aufzubauen. Jedes Objekt, das diese drei Funktionen erfüllt, ist im ökonomischen Sinne Geld.

Angeboten wird Geld in der makroökonomischen Theorie von der Zentralbank. Der Prozess der Geldschöpfung ist ein relativ komplizierter Prozess, bei dem neben der Zentralbank auch die Geschäftsbanken eine Rolle spielen, und bei dem es verschiedene Geldmengenkonzepte gibt. Diese Aspekte werden in der Geldtheorie behandelt. In der Makroökonomie wird vereinfachend davon ausgegangen, dass das gesamtwirtschaftliche Geldangebot von der Zentralbank direkt kontrolliert und bestimmt werden kann. Das gesamtwirtschaftliche **Geldangebot** (M) wird daher im Folgenden als eine **exogene Größe** angesehen, die von der Zentralbank vollkommen gesteuert werden kann. Neben der nominalen Geldmenge (M) spielt später auch die reale Geldmenge $\left(\frac{M}{P}\right)$ eine Rolle.

Für die Nachfrage nach Geld gibt es in der Makroökonomie zwei zentrale Gründe: Das Transaktionsmotiv und das Spekulationsmotiv. Beim Transaktionsmotiv fragen Wirtschaftssubjekte Geld nach, weil sie das Geld zur Abwicklung von Güterkäufen benötigen. Die Höhe der für diese Transaktionszwecke benötigten Geldmittel hängt letztendlich von dem Gütervolumen ab, das die Gesellschaft bewegen muss. Das Gütervolumen entspricht vereinfachend dem Inlandsprodukt Y. Die

Geldmenge, die für die Abwicklung der Güterkäufe benötigt wird und von den Wirtschaftssubjekten nachgefragt wird, heißt **Transaktionskasse** (L_T). Dabei wird ein proportionaler Zusammenhang zwischen dem Inlandsprodukt und der Transaktionskasse angenommen. Die Höhe der Geldnachfrage für Transaktionszwecke lässt sich wie folgt ausdrücken: $L_T = \lambda \cdot Y$ mit $\lambda > 0$.

Das Spekulationsmotiv der Geldnachfrage hängt mit dem Kauf von Wertpapieren zusammen. Ausgangspunkt ist die Überlegung, dass Wirtschaftssubjekte einen Teil ihres Einkommens sparen, um damit Vermögen zu bilden. In der makroökonomischen Analyse wird davon ausgegangen, dass es zwei Handlungsalternativen für die Sparer gibt: Entweder kann das gesparte Geld für den Kauf von festverzinsten Wertpapieren (WP) verwendet werden oder die Sparer halten Geld. Der Erwerb von Wertpapieren ist mit Zinseinnahmen (ZE) verbunden. Gleichzeitig besteht aber auch die Gefahr, dass es infolge von Kursschwankungen zu Kursverlusten kommen kann. Wird stattdessen Geld gehalten, verzichtet das Wirtschaftssubjekt auf Zinseinkünfte. Gleichzeitig wird aber auch die Gefahr von Kursverlusten verhindert. Ob ein Wirtschaftssubjekt sich für den Kauf eines Wertpapiers entscheidet, hängt von der erwarteten Kursentwicklung ab. Wenn der Kurs eines Wertpapiers zu Beginn einer Anlageperiode – beispielsweise am Anfang eines Jahres – den Wert KW_0 hat, der Anleger am Ende der Anlageperiode den Kurswert $KW_1^{erw.}$ erwartet und der Zinsbetrag, der innerhalb des Jahres eingenommen wird, die Höhe ZE hat, lässt sich mit dem Kauf eines Wertpapiers der folgende erwartete Ertrag ($E^{erw.}$) erzielen:

(3.1) $E^{erw.} = KW_1^{erw.} - KW_0 + ZE$

Wenn Gleichung 3.1 positiv ist ($KW_1^{erw.} - KW_0 + ZE > 0$), lohnt sich der Kauf des Wertpapiers. Ein Sparer mit dieser Erwartungshaltung wird sein gesamtes erspartes Geld für den Kauf von Wertpapieren verwenden und kein Geld halten. Seine so genannte **Spekulationskasse** (L_s) ist gleich Null. Sofern der erwartete Ertrag eines Wertpapierkaufs hingegen negativ ist ($KW_1^{erw.} - KW_0 + ZE < 0$), lohnt sich der Kauf des Wertpapiers nicht, weil der erwartete Kursverlust nicht mehr durch die Zinseinkünfte kompensiert werden kann. In diesem Fall ist es sinnvoll, die Ersparnisse nicht für den Kauf von Wertpapieren zu verwenden. Stattdessen ist es rational, das Ersparte in Form von Geld zu halten und auf fallende Wertpapierkurse zu hoffen, um dann Wertpapiere zu erwerben. Die Frage, ob eine Person ihr Geld für den Kauf von Wertpapieren ausgibt oder Geld in Form einer Spekulationskasse hält, ist folglich eine Alles-oder-Nichts-Entscheidung.

Die Entscheidung für oder gegen das Halten einer Spekulationskasse lässt sich nicht nur in Abhängigkeit vom Kurswert fällen, sondern alternativ auch in Abhängigkeit vom herrschenden Marktzins. Hierzu ist auf den definitorischen Zusammenhang zwischen dem Kurswert eines festverzinsten Wertpapiers und dem Zinssatz (i) zu achten: Angenommen, der Nominalwert eines Wertpapiers beträgt 100,- Euro und die in dem Wertpapier festgelegte jährliche Verzinsung beträgt 5 %, also 5,- Euro. Unabhängig vom schwankenden Kurswert des Wertpapiers werden dem Eigentümer dieses Papiers also jedes Jahr exakt 5,- Euro Zinsen gezahlt. Die Rendite bzw. die **effektive Verzinsung** des Wertpapiers hängt jedoch vom jeweiligen Kurswert ab. Wenn der Kurs des Wertpapiers auf 50,- Euro sinkt, ergibt sich aus der unveränderten Zinszahlung in Höhe von 5,- Euro eine effektive Verzinsung von 10 %. Bei einem Kurswert von 200,- Euro erzielt der Halter dieses Papiers hingegen nur eine Rendite von 2,5 %. Die effektive Verzinsung eines Wertpapiers (i) ergibt sich folglich aus der Division der festen Zinszahlung in Euro (ZE) durch den Kurswert (KW): $i = \frac{ZE}{KW}$. Ein Anstieg des Kurswerts (KW↑) ist folglich mit einem Zinsrückgang (i↓) verbunden.

Wird nun davon ausgegangen, dass es in der Volkswirtschaft nur einen einheitlichen Zinssatz (i) gibt, so stimmt die effektive Verzinsung der Wertpapiere mit diesem Zinssatz überein. Die Annahme eines einheitlichen Zinssatzes für Wertpapiere und Spareinlagen lässt sich damit erklären, dass es im Fall von Zinsunterschieden zu Umschichtungen der Geldanlagen kommen würde. Würden die Sparer beispielsweise für eine Spareinlage bei ihrer Bank 4 % Zinsen erhalten, während sie für eine festverzinste Staatsanleihe 5 % erhalten, würden die Sparer ihr Geld vom Sparbuch abziehen und dafür Wertpapiere kaufen. Die Nachfrage nach Wertpapieren würde steigen, sodass auch der Kurs des Wertpapiers steigen würde. Dies hätte eine Verringerung der effektiven Verzinsung zur Folge. Erst wenn Sparzinsen und Wertpapierrendite identisch sind, würden derartige Umschichtungsprozesse zum Erliegen kommen. Die Frage, ob ein Wirtschaftssubjekt sich für den Kauf eines Wertpapiers entscheidet oder lieber Geld hält, hängt, so betrachtet, vom zukünftigen erwarteten Zinssatz und vom tatsächlichen Zinssatz ab:

- Wenn die Person glaubt, dass der Kurs des Wertpapiers gegenwärtig relativ niedrig ist und daher in der Zukunft Kursgewinne zu erwarten sind, die für den Kauf eines Wertpapiers sprechen, bedeutet dies gleichzeitig: Die Person glaubt, dass der gegenwärtige Zinssatz relativ hoch ist und zukünftig sinken wird. Das bedeutet: Bei einem relativ hohen Zinssatz entscheidet sich die Person für den Kauf des Wertpapiers, sodass die Spekulationskasse gleich Null ist ($L_S = 0$). Dies gilt sowohl für einzelne Wirtschaftssubjekte als auch für die Gesellschaft als Ganzes.
- Wenn die Person hingegen einen Kursrückgang erwartet, der so hoch ist, dass die Kursverluste größer sind als die Zinszahlung, entscheidet sich die Person gegen den Kauf des Wertpapiers. Die Person ist also der Ansicht, dass der aktuelle Wertpapierkurs relativ hoch ist. Der aktuelle Zinssatz ist daher relativ niedrig, sodass für die Zukunft Zinssteigerungen erwartet werden. Bei einem relativ niedrigen Zinssatz entscheidet sich die Person daher für das Halten von Spekulationskasse. Dies gilt dann auch für die gesamte Gesellschaft: Wenn der

Zinssatz niedrig ist, erwarten viele Wirtschaftssubjekte einen Zinsanstieg – und damit einen Kursrückgang der auf dem Wertpapiermarkt gehandelten Papiere. Viele Wirtschaftssubjekte verzichten aus Angst vor Kursverlusten auf den Kauf von Wertpapieren. Die gesamtgesellschaftliche Spekulationskasse ist daher groß.

- Aus beiden Zusammenhängen ergibt sich ein weiterer Zusammenhang: Wenn der Zinssatz sinkt, nimmt die Nachfrage nach Spekulationskasse zu.
- Schließlich gibt es noch einen Kurswert, bei dem der erwartete Ertrag, der sich aus dem Kauf eines Wertpapiers ergibt, gleich Null ist ($E^{erw.} = KW_1^{erw.} - KW_0 + ZE = 0$). Damit gibt es zugleich einen aktuellen Zinssatz, bei dem dieser Ertrag gleich Null ist. Der aktuelle Zinssatz, bei dem der erwartete Ertrag aus dem Kauf eines Wertpapiers den Wert Null annimmt, ist der so genannte **kritische Zinssatz**.

Da Erwartungshaltungen von persönlichen Meinungen abhängen, haben alle Wirtschaftssubjekte unterschiedliche Vorstellungen davon, welche Kursänderungen möglich sind. Damit haben die Wirtschaftssubjekte auch unterschiedliche kritische Zinssätze. Der geringste kritische Zinssatz, der in einer Volkswirtschaft anzutreffen ist, ist die **Zinsuntergrenze** dieser Gesellschaft. Diese Zinsuntergrenze kann nicht mehr unterschritten werden, weil die Wertpapierkurse bereits so hoch sind, dass kein Wirtschaftssubjekt bereit ist, einen höheren Kurs zu bezahlen. Ohne einen Anstieg des Wertpapierkurses ist jedoch eine Reduzierung der effektiven Verzinsung – also des Zinssatzes – nicht möglich. Dieser Bereich wird Keynessche Liquiditätsfalle bzw. kurz **Liquiditätsfalle** genannt.

Das Geldmarktgleichgewicht

Aus den bisher skizzierten Zusammenhängen lässt sich nun die gesamtgesellschaftliche Geldnachfrage in Abhängigkeit vom Inlandsprodukt und vom Zinssatz ableiten. Die gesamtwirtschaftliche Geldnachfrage (L) setzt sich zusammen aus der vom Inlandsprodukt abhängigen Transaktionskasse ($L_T = \lambda \cdot Y$) und der zinsabhängigen Spekulationskasse ($L_S = L_S(i)$). Ein Anstieg des Volkseinkommens hat eine Zunahme der Geldnachfrage zur Folge. Ein Anstieg des Zinssatzes hat hingegen einen Rückgang der Geldnachfrage zur Folge.

(3.2) $L = L(Y,i) = \lambda \cdot Y + L_S(i)$ mit $\frac{dL_T}{dY} = \lambda > 0$ und $\frac{dL_S}{di} < 0$.

In Kombination mit dem exogen vorgegebenen Geldangebot (M) lässt sich der Geldmarkt in Abhängigkeit vom Zinssatz in einer Grafik abbilden. Die Geldnachfrage aus Transaktionsgründen ist zinsunabhängig und fest an die Höhe des Inlandsprodukts gekoppelt. Bei einem sehr hohen Zinssatz ist die zusätzliche Geldnachfrage in Form der Spekulationskasse gleich Null: Ein hoher Zins impliziert niedrige Wertpapierkurse, d. h. alle Wirtschaftssubjekte erwarten Kursanstiege, die einen Wertpapierkauf lohnend machen, sodass alle Wirtschaftssubjekte Wertpapiere an Stelle von Geld halten ($L_S = 0$). Mit sinkendem Zins steigt die Nachfrage nach Spekulationskasse ($i\downarrow \Rightarrow L_s\uparrow \Rightarrow L\uparrow$). Wenn die Zinsuntergrenze (i_u) erreicht ist, befindet sich die Volkswirtschaft in der Liquiditätsfalle und eine weitere Verringerung des Zinssatzes ist nicht mehr möglich. Die gesamtwirtschaftliche Geldnachfragekurve hat somit drei Teile: einen ersten zinsunabhängigen Teil (Geldnachfrage ausschließlich in Form von Transaktionskassen, d. h. die Geldnachfragekurve verläuft parallel zur i-Achse), einen zweiten zinsunabhängigen Teil (die Geldnachfragekurve verläuft parallel zur M,L-Achse, die Volkswirtschaft befindet sich in der Liquiditätsfalle) und dazwischen einen zinsabhängigen Teil (siehe Abb. 3.1).

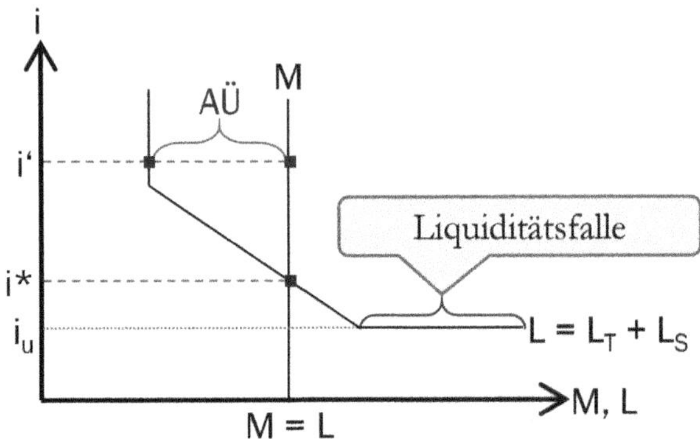

Abb. 3.1: Geldmarktgleichgewicht bei exogenem Geldangebot

Wird das exogene – und damit zinsunabhängige – Geldangebot hinzugenommen, ergibt sich aus dem Schnittpunkt beider Geraden das Geldmarktgleichgewicht. Entscheidend für dieses Gleichgewicht ist der gleichgewichtige Zinssatz i*. Bei einem höheren Zinssatz ($i' > i^*$) gibt es auf dem Geldmarkt einen Angebotsüberschuss (AÜ). Dies lässt sich wie folgt erklären: Ein hoher Zinssatz impliziert einen geringen Wertpapierkurs. Bei einem geringen Wertpapierkurs erwarten viele Wirtschaftssubjekte Kursanstiege, die einen Wertpapierkauf attraktiv machen. Die Nachfrage nach Spekulationskasse ist daher gering. Damit ist die gesamte Geldnachfrage gering, sodass das Geldangebot größer ist als die Geldnachfrage ($M > L_T + L_s$).

Wenn nun das Inlandsprodukt steigt, nimmt die Nachfrage nach Transaktionskasse zu. Grafisch bedeutet dies eine Verschiebung der Geldnachfragekurve nach rechts (von L_0 nach L_1 in Abb. 3.2). Der Geldmarkt ist bei einem höheren Inlandsprodukt nur im Gleichgewicht, wenn der Zinssatz steigt. Dies lässt sich wie folgt begründen: Ein höheres Inlandsprodukt bewirkt eine höhere Nachfrage nach

Transaktionskasse (L_T↑). Da das Geldangebot unverändert geblieben ist, muss die Nachfrage nach Spekulationskasse sinken. Dies geschieht bei sinkenden Wertpapierkursen, weil dann die Nachfrage nach Wertpapieren steigt und die Nachfrage nach Spekulationskasse zurückgeht. Die sinkenden Wertpapierkurse gehen mit einem steigenden Zinssatz einher.

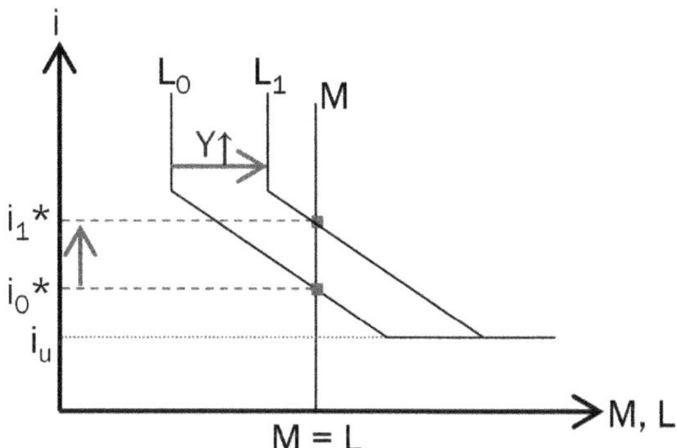

Abb. 3.2: Geldmarktgleichgewicht bei einer Erhöhung des Inlandsprodukts (Y↑)

Werden nun die Kombinationen aus den Zinssätzen und Inlandsprodukten identifiziert, bei denen die Geldnachfrage mit dem Geldangebot übereinstimmt, stellt dies die Geldmarktgleichgewichte der Volkswirtschaft dar. So wie auf dem Gütermarkt gibt es auch auf dem Geldmarkt nicht nur eine einzige Zinssatz-Volkseinkommen-Kombination, die zu einem Geldmarktgleichgewicht führt, sondern eine ganze Reihe von Zinssatz-Volkseinkommen-Kombinationen, denn die Gleichung zur Bestimmung des Geldmarktgleichgewichts (Gleichung 3.2) hat zwei Unbekannte: i und Y. In einem i-Y-Diagramm lassen sich diese Kombinationen durch eine Kurve, die so genannte LM-Kurve (Kurzform für L=M-Kurve) darstellen. Der Verlauf dieser Kurve ist in Abb. 3.3 dargestellt. Die LM-Kurve hat erneut drei Bereiche:

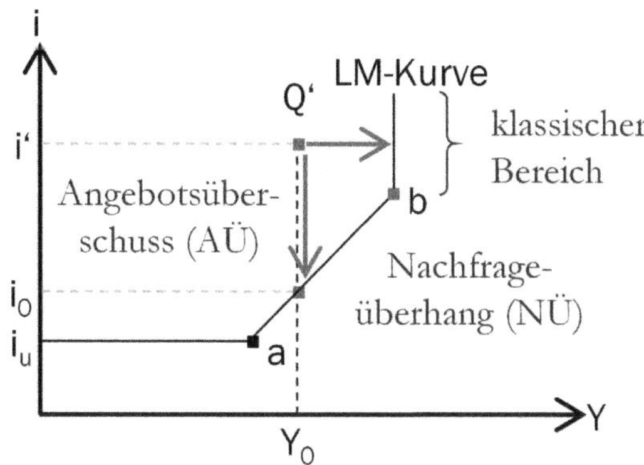

Abb. 3.3: LM-Kurve als Gleichgewichtsbedingung für den Geldmarkt

- In dem Bereich zwischen den Punkten a und b verlangt ein steigendes Inlandsprodukt einen steigenden Zinssatz, um einen Ausgleich von Geldangebot und Geldnachfrage zu erreichen. Das steigende Inlandsprodukt impliziert eine steigende Nachfrage nach Transaktionskasse. Die Nachfrage nach Spekulationskasse muss zurückgehen, um bei dem unveränderten Geldangebot ein Geldmarktgleichgewicht zu erreichen. Eine sinkende Nachfrage nach Spekulationskasse verlangt sinkende Wertpapierkurse, damit das Geld für den Kauf von Wertpapieren verwendet wird. Ein sinkender Wertpapierkurs hat einen Anstieg der effektiven Verzinsung zur Folge, also auch einen Anstieg des Zinssatzes.
- Ab dem Punkt b wird die gesamte Geldmenge für die Finanzierung der Güterkäufe benötigt. Die Spekulationskasse ist gleich Null und die Transaktionskasse stimmt mit dem Geldangebot überein ($L_T = M$). Ein höheres Inlandsprodukt kann wegen der konstanten Geldmenge nicht realisiert werden. Dieser Bereich ist der so genannte **klassische Bereich** der LM-Kurve.
- Der Bereich i_u bis a entspricht der Liquiditätsfalle. Eine Reduzierung des Zinses unter den geringsten kritischen Zinssatz ist nicht mehr möglich: Eine Zinssenkung ist unter den getroffenen Modellannahmen nur möglich, wenn der Wertpapierkurs steigt. Da der Wertpapierkurs aber bereits so hoch ist, dass alle Wirtschaftssubjekte Kursrückgänge erwarten, ist kein Wirtschaftssubjekt bereit, einen höheren Kurs zu bezahlen. Ohne eine Erhöhung des Wertpapierkurses findet jedoch auch keine Zinssenkung statt. Die Volkswirtschaft kann den Zins also nicht unter das Niveau von i_u absenken.

Oberhalb der LM-Kurve (z. B. im Punkt Q') herrscht auf dem Geldmarkt ein **Angebotsüberschuss**. Dieser lässt sich wie folgt erklären: Bei einem Inlandsprodukt in Höhe von Y_0 ergibt sich ein Geldmarktgleichgewicht, wenn der Zinssatz bei i_0 liegt. In Q' ist der Zinssatz jedoch höher ($i' > i_0$). Ein hoher Zinssatz impliziert geringe Wertpapierkurse. Bei einem geringen Wertpapierkurs erwarten viele Anleger Kurssteigerungen, sodass sich der Kauf des Wertpapiers für sie lohnt. Die Nachfrage nach Spekulationskasse ist daher gering. Damit ist auch die gesamte Geldnachfrage für ein Geldmarktgleichgewicht zu gering ($L_T + L_S < M$), d. h. das Geldangebot ist größer als die Geldnachfrage. Für ein Geldmarktgleichgewicht müsste daher entweder bei einem unveränderten Zinssatz das Volkseinkommen steigen, damit die Nachfrage nach Transaktionskasse größer wird, oder bei einem unveränderten Volkseinkommen der Zinssatz sinken, damit die Nachfrage nach Spekulationskasse größer wird.

> Die LM-Kurve stellt folglich alle Kombinationen von Volkseinkommen Y und Zinssätzen i dar, die auf dem Geldmarkt für ein Gleichgewicht sorgen. Jede Kombination über der LM-Geraden stellt einen Angebotsüberschuss auf dem Geldmarkt dar. Jede Kombination unter der LM-Geraden bedeutet einen Nachfrageüberhang.

Auch die LM-Kurve stellt keine funktionalen Zusammenhänge dar. Sie ist stattdessen eine Gleichgewichtskurve, die aussagt, wie hoch der Zinssatz bei einem bestimmten Volkseinkommen sein muss, damit die gesamtwirtschaftliche Geldnachfrage mit dem gesamtwirtschaftlichen Geldangebot übereinstimmt.

Die Lage der LM-Kurve verändert sich, wenn sich die Höhe des Geldangebots ändert. Eine Erhöhung des Geldangebots durch die Zentralbank führt zu einer Verschiebung der LM-Kurve nach rechts. Der Bereich der Liquiditätsfalle der LM-Kurve bleibt dabei unverändert (siehe Abb. 3.4). Dies lässt sich wie folgt erklären: Wenn das Geldangebot erhöht wird und der Zinssatz unverändert bleibt, ändert sich die Höhe der Nachfrage nach Spekulationskasse nicht. Damit das überschüssige Geldangebot nachgefragt wird, muss das Volkseinkommen steigen, denn nur dann kommt es über eine Steigerung der Nachfrage nach Transaktionskasse zu einer höheren Geldnachfrage, die das höhere Geldangebot aufnimmt.

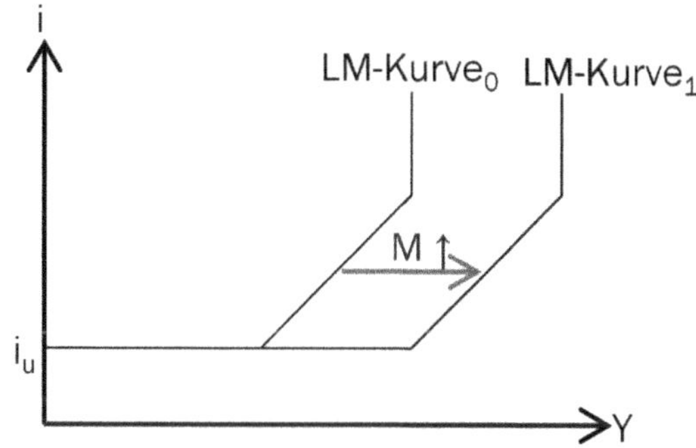

Abb. 3.4: Auswirkungen einer Geldmengenerhöhung (M↑) auf die Lage der LM-Kurve

Exkurs: Kryptowährungen und Modern Monetary Theory

Eine Grundannahme der bisherigen Ausführungen zum Geldmarkt ist, dass die Zentralbank das Geldangebot der Volkswirtschaft steuern kann. An dieser Annahme wird in den nachfolgenden Ausführungen dieses Buches festgehalten. Dennoch soll kurz auf zwei alternative Annahmen zur Steuerung der gesamtwirtschaftlichen Geldmenge eingegangen werden.

Eine Alternative zum Konzept des Zentralbankgeldes sind virtuelle Währungen bzw. **Kryptowährungen** wie der Bitcoin. Einzelne Stimmen sehen darin eine Alternative zum traditionellen Geldsystem, das dieses perspektivisch sogar ersetzen könnte. Kryptowährungen basieren darauf, dass Guthaben in Form eines Computercodes von einem Teilnehmer an einen anderen transferiert werden. Die Transaktionen werden mit Hilfe zahlreicher Computer gespeichert und sind daher schwer manipulierbar. Die Schöpfung dieses digitalen Geldes erfolgt durch private Wirtschaftsakteure. Banken und Behörden sind daran nicht beteiligt. Daher entzieht sich die Steuerung der Menge an digitalen Währungseinheiten der Zentralbank.

Auch wenn das Interesse an virtuellen Währungen relativ groß ist, ist es sehr unwahrscheinlich, dass Kryptowährungen bestehende Währungen ablösen. Hierfür gibt es drei zentrale Gründe. Sie hängen alle damit zusammen, dass eine Kryptowährung, wie der Bitcoin, die zu Beginn dieses Kapitels genannten Eigenschaften von Geld nicht erfüllt: Der Wert eines Bitcoins, der momentan bekanntesten virtuellen Währung, ist hohen Schwankungen unterworfen. Dies macht diese Währung eher zu einem Spekulationsobjekt als zu einer wertstabilen Anlage. Eine der zentralen Funktionen von Geld – die Wertaufbewahrungsfunktion – wird damit nicht erfüllt. Auch als Zahlungsmittel sind virtuelle Währungen gegenwärtig nicht geeignet. Dies liegt nicht nur an der komplizierten technischen Aufbewahrung und den teuren Transaktionen, sondern auch an der geringen Akzeptanz und dem in weiten Teilen der Bevölkerung fehlenden Vertrauen in diese Währungen. Zudem fehlt es an der gesetzlichen Anerkennung virtueller Währungen als gesetzliches Zahlungsmittel. Selbst als Recheneinheit sind Kryptowährungen wenig geeignet. Damit Menschen Preise tatsächlich in Bitcoin ausdrücken, müssen sie Euro-Preise in Bitcoin-Preise umrechnen. Wie schwer dies den Menschen fällt, zeigte sich bei der Ablösung der DM durch den Euro. Zudem erschweren die bereits erwähnten hohen Kursschwankungen bei virtuellen Währungen diese Umrechnung.

Selbst wenn sich viele der genannten Kritikpunkte in den nächsten Jahren und Jahrzehnten entschärfen dürften, ist auch auf Dauer nicht davon auszugehen, dass Kryptowährungen die bestehenden Währungen ablösen und ersetzen können. Virtuelle Währungen sind eher ein Spekulationsobjekt als eine Währung.

Eine zweite Alternative zum traditionellen Geldangebot durch die Zentralbank ist der Geldschöpfungsprozess im Rahmen der **Modern Monetary Theory** (die nachfolgenden Ausführungen basieren auf Ehnts und Paetz 2021). Sie geht auf Warren Mosler zurückgeht und wurde von ihm in den 1990er Jahren publiziert. Ein zentraler Baustein dieser Theorie ist, dass ein Staat seine Ausgaben stets mit Hilfe der Zentralbank finanzieren kann, ohne dass er dafür vorab eine Finanzierung in Form von Steuereinnahmen oder einer Kreditaufnahme benötigt. Der Staat muss also nicht erst finanzielle Mittel ansammeln, wenn er Ausgaben tätigen will. Die Geldschöpfung findet dabei wie folgt statt: Wenn der Staat für eine Milliarde Euro Computer für Schulen und die staatliche Verwaltung erwirbt, weist er die Zentralbank an, dieses Geld zu überweisen. Die Zentralbank belastet das Konto des Staates. Der Staat gleicht diesen Betrag später durch seine Einnahmen aus. Dazu gehören Steuereinnahmen, erhobene Gebühren und auch Einnahmen aus dem Verkauf von Staatsanleihen. Die gesamtwirtschaftliche Geldmenge wird somit nicht von der Zentralbank bestimmt, sondern vom Staat: Er sorgt mit seinen Ausgaben dafür, das neues Geld geschöpft wird. Je höher diese Ausgaben sind, desto mehr Geld wird von der Zentralbank in das Wirtschaftssystem gepumpt.

Das hat weitgehende Konsequenzen für die Wirtschaftspolitik. Besonders relevant ist dabei, dass der Staat keine Einnahmen benötigt, um Staatsausgaben zu tätigen. Solange die Zentralbank die vom Staat gewünschten Überweisungen ausführt, kann der Staat seine Ausgaben tätigen. Es gibt also keine staatlichen Finanzierungsprobleme – wenn sich die Zentralbank kooperativ verhält, kann der Staat nicht zahlungsunfähig werden. Auch die Steuerung der Inflationsrate liegt dann maßgeblich in der Hand des Staates und seiner Ausgabenpolitik. Wenn die gesamtwirtschaftliche Güternachfrage sehr hoch ist und die Produktionskapazitäten der Volkswirtschaft ausgelastet sind, würde eine staatliche Nachfrage nach Gütern zu einem gesamtwirtschaftlichen Nachfrageüberhang führen, der die Güterpreise steigen lässt. Der Staat kann diesen Inflationsdruck abmildern, indem er seine Ausgaben zurückschraubt.

Die Modern Monetary Theory stellt somit sowohl die traditionelle Sichtweise der Geldschöpfung als auch die der Staatsfinanzierung infrage. Vor allem die These, dass Staaten ohne Rücksicht auf ihren Schuldenstand Ausgaben tätigen können, ist hoch umstritten. Mehr zu dieser Theorie ist in dem Werk „Modern Monetary Theory and European Macroeconomics" von Dirk Ehnts nachzulesen.

Lernfragen

Bei der Geldnachfrage aus Transaktionszwecken besteht zwischen dem Inlandsprodukt und der Transaktionskasse ein ...

- ☐ proportionaler Zusammenhang.
- ☐ unterproportionaler Zusammenhang.
- ☐ überproportionaler Zusammenhang.

Wenn der Zinssatz steigt, hat dies für die gesamtwirtschaftliche Geldnachfrage aus Spekulationszwecken im Normalfall folgende Konsequenz: Die Nachfrage nach Spekulationskasse ...

- ☐ geht zurück.
- ☐ bleibt konstant.
- ☐ nimmt zu.

Wenn der Wertpapierkurs steigt, hat dies für die gesamtwirtschaftliche Geldnachfrage aus Spekulationszwecken im Normalfall folgende Konsequenz: Die Nachfrage nach Spekulationskasse ...

- ☐ geht zurück.
- ☐ bleibt konstant.
- ☐ nimmt zu.

Eine Volkswirtschaft befindet sich in der Liquiditätsfalle, wenn der Zinssatz ...

- ☐ besonders niedrig ist.
- ☐ besonders hoch ist.

Wenn der Zinssatz steigt, verlangt ein Geldmarktgleichgewicht, dass ...

- ☐ das Volkseinkommen geringer wird.
- ☐ das Volkseinkommen größer wird.

In einem Zins-Volkseinkommen-Diagramm bedeutet ein Punkt über der LM-Geraden einen ...

- ☐ Angebotsüberschuss auf dem Geldmarkt.
- ☐ Nachfrageüberhang auf dem Geldmarkt.

Wenn sich eine Volkswirtschaft in der Liquiditätsfalle befindet, verläuft die LM-Gerade in einem Zins-Volkseinkommen-Diagramm ...

- ☐ parallel zur Zins-Achse.
- ☐ parallel zur Volkseinkommens-Achse.

Eine Verringerung der Geldmenge führt in einem Zins-Volkseinkommen-Diagramm dazu, dass die LM-Gerade ...

- ☐ nach links verschoben wird.
- ☐ nach rechts verschoben wird.
- ☐ unverändert bleibt, weil der Zinssatz unverändert ist.

Nach der Modern Monetary Theory wird Geld dadurch geschaffen, dass ...

- ☐ ein Sparer eine Staatsanleihe erwirbt.
- ☐ die Zentralbank ihren Leitzins reduziert.
- ☐ der Staat eine Ausgabe tätigt und diese durch eine Überweisung der Zentralbank bezahlt.

Prüfungstipp

Der Begriff der Liquiditätsfalle ist ein entscheidender Aspekt des Geldmarktes in makroökonomischen Modellen und der gesamten makroökonomischen Theorie. Für das Verständnis der Liquiditätsfalle und des Geldmarktes ist es wichtig, den Zusammenhang zwischen dem flexiblen Kurs der Wertpapiere, der festen Nominalverzinsung und der daraus resultierenden effektiven Verzinsung der Wertpapiere zu verstehen. Du solltest daher die Ausführungen zu diesen Zusammenhängen besonders intensiv studieren.

Schritt 4:

Wirtschaftspolitik in einer geschlossenen Volkswirtschaft mit festem Preisniveau (IS-LM-Modell)

Lernhinweise

Was erwartet mich in diesem Kapitel?

Dieses Kapitel stellt dar, wie der Staat durch eine expansive Geldpolitik (d. h. eine Erhöhung der Geldmenge) oder durch eine expansive Fiskalpolitik (d. h. eine Steigerung der staatlichen Ausgaben für Güter und Dienstleistungen) das Volkseinkommen in einer geschlossenen Volkswirtschaft erhöhen kann. Dabei werden auch die Grenzen der Geldpolitik deutlich, denn es gibt bestimmte gesamtwirtschaftliche Konstellationen, in denen eine Erhöhung der Geldmenge nicht in der Lage ist, die gesamtwirtschaftliche Güternachfrage und mit ihr das Volkseinkommen zu steigern.

Welche Schlagwörter lerne ich kennen?

■ IS-LM-Modell ■ Multiplikatoreffekt ■ expansive Geldpolitik ■ expansive Fiskalpolitik ■ kreditfinanzierte Staatsausgabenerhöhung ■ Crowding-out-Effekt ■ totales Crowding-out

Wofür benötige ich dieses Wissen?

Die hier vorgestellten Auswirkungen einer expansiven Geld- bzw. Fiskalpolitik sind die Grundlage jeder Wirtschaftspolitik, die versucht, über eine Steigerung der Güternachfrage das Volkseinkommen und die Beschäftigung zu erhöhen. Für das Verständnis der politischen und wissenschaftlichen Diskussionen über die Möglichkeiten und Grenzen derartiger wirtschaftspolitischer Maßnahmen ist es zwingend notwendig, die genauen Wirkungsmechanismen einer expansiven Geld- und Fiskalpolitik zu kennen.

Während bisher der Gütermarkt und der Geldmarkt isoliert voneinander betrachtet wurden, kommt es jetzt zu einer gemeinsamen Betrachtung beider Märkte. Dieses Kapitel zeigt, wie sich auf dem Güter- und dem Geldmarkt ein simultanes Gleichgewicht einstellt. Zudem wird untersucht, welche Konsequenzen sich ergeben, wenn die Geldmenge in einer Volkswirtschaft erhöht wird oder wenn der Staat seine Ausgaben für Güter erhöht.

Simultanes Gleichgewicht auf dem Geld- und Gütermarkt

Um auf dem Gütermarkt und dem Geldmarkt gleichzeitig ein Gleichgewicht zu erreichen, müssen die Überlegungen der beiden vorangegangenen Schritte zusammengefasst werden. Grafisch ergibt sich das simultane Güter- und Geldmarktgleichgewicht, indem die IS-Gerade und die LM-Kurve in ein i-Y-Diagramm eingezeichnet werden (siehe Abb. 4.1).

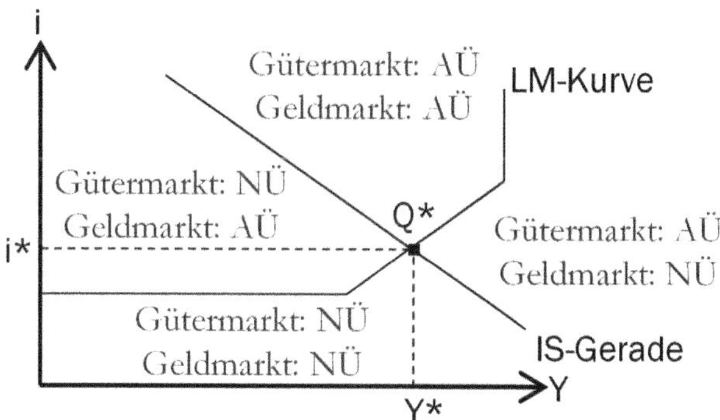

Abb. 4.1: Simultanes Gütermarkt- und Geldmarktgleichgewicht (Q*)

Der Schnittpunkt beider Kurven ergibt die Zins-Volkseinkommen-Kombination, die sowohl ein Gütermarktgleichgewicht hervorruft als auch ein Geldmarktgleichgewicht. Jede andere Kombination führt auf mindestens einem der beiden Märkte zu einem Ungleichgewicht. Eine Zins-Volkseinkommen-Kombination, die beispielsweise sowohl oberhalb der IS-Geraden als auch oberhalb der LM-Kurve liegt, ist mit einem Angebotsüberschuss auf beiden Märkten verbunden. Sollte sich die Volkswirtschaft jedoch in einer Situation mit Ungleichgewichten auf einem oder beiden Märkten befinden, gibt es Anpassungskräfte, die die Volkswirtschaft zu einem Güter- und Geldmarktgleichgewicht führen.

Dabei wird im Folgenden davon ausgegangen, dass der Geldmarkt schneller reagiert als der Gütermarkt. Es kommt daher zunächst zu einer Änderung des Zinssatzes. Auf diese Zinsänderung reagieren die Investitionsnachfrage und die damit verbundenen Multiplikatoreffekte, also der Gütermarkt.

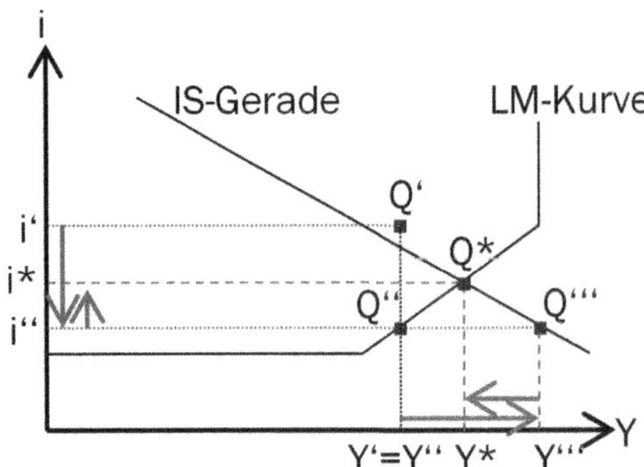

Abb. 4.2: Anpassung an das simultane Gütermarkt- und Geldmarktgleichgewicht

Bei einem Zins i', der größer ist als der gleichgewichtige Zinssatz i* (i' > i*), und einem Inlandsprodukt Y', das kleiner ist als das gleichgewichtige Inlandsprodukt Y* (Y' < Y*) – also einer Kombination, die in Abb. 4.2. durch den Punkt Q' beschrieben wird – ergeben sich folgende Anpassungsprozesse:

- Auf dem Geldmarkt gibt es im Punkt Q' einen Angebotsüberschuss. Das überschüssige Geld wird für den Kauf von Wertpapieren verwendet. Die steigende Wertpapiernachfrage führt zu einem Kursanstieg bei den Wertpapieren und damit zu einem Rückgang der effektiven Verzinsung, also zu einem **Zinsrückgang** (Bewegung von Q' nach Q").
- Der Zinsrückgang führt zu einer steigenden Investitionsnachfrage, also zu einer steigenden Güternachfrage. Die steigende Investitionsnachfrage bewirkt zudem über die bereits beschriebenen Multiplikatoreffekte eine weitere Steigerung der Güternachfrage. Die Unternehmen passen sich an die höhere Güternachfrage an, d. h. das Inlandsprodukt und das Volkseinkommen steigen (Bewegung von Q" nach Q"').
- Das steigende Inlandsprodukt erhöht die Nachfrage nach Transaktionskasse, um das mit einer größeren Gütermenge gestiegenen Transaktionsvolumen finanzieren zu können. Der größere Bedarf an Transaktionskasse führt dazu, dass die Wirtschaftssubjekte Wertpapiere verkaufen, um das mit dem Verkaufserlös erzielte Geld zur Finanzierung der Güterkäufe zu verwenden. Der Verkauf der Wertpapiere bewirkt einen Kursrückgang und damit einen Zinsanstieg. Der Zinsanstieg führt zu einem Rückgang der Investitionsnachfrage und damit der gesamtwirtschaftlichen Güternachfrage (von Y"' nach Y*). Beides führt zu einer Bewegung von Q"' nach Q*, sodass die Volkswirtschaft ihr Güter- und Geldmarktgleichgewicht erreicht.

Analoge Anpassungsprozesse ergeben sich auch bei anderen Marktungleichgewichten, sodass die Volkswirtschaft stets ein simultanes Güter- und Geldmarktgleichgewicht realisieren kann.

Wirkungen einer expansiven Geldpolitik

Eine expansive Geldpolitik, also eine Erhöhung der nominalen Geldmenge (M) durch die Zentralbank, hat in einem i-Y-Diagramm eine Rechtsverschiebung der LM-Kurve zur Folge.

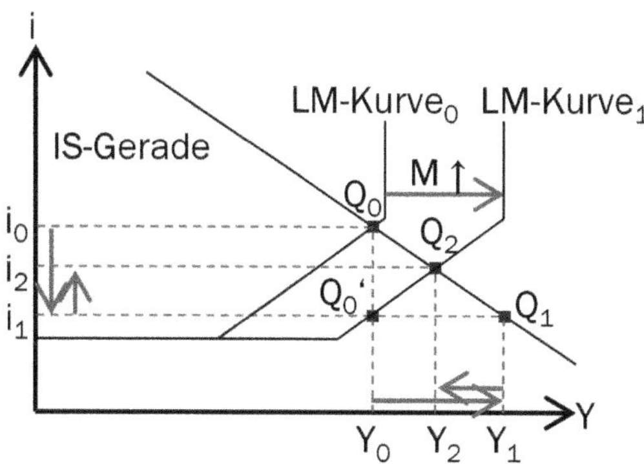

Abb. 4.3: Konsequenzen einer expansiven Geldpolitik (M↑)

Wie in Abb. 4.3 zu erkennen ist, bewirkt dies eine Erhöhung des Volkseinkommens (von Y_0 auf Y_2) und eine Verringerung des Zinssatzes (von i_0 auf i_2). Der Anpassungsprozess vom alten Gleichgewicht Q_0 zum neuen Gleichgewicht Q_2 lässt sich wie folgt erklären: Die Erhöhung der Geldmenge hat zur Folge, dass die Wirtschaftssubjekte nun zu viel Geld halten. Das überschüssige Geld wird für den Kauf von Wertpapieren (WP) verwendet. Damit steigt die Nachfrage nach Wertpapieren, was einen Anstieg der Wertpapierkurse und einen sinkenden Zins zur Folge hat (Bewegung von Q_0 nach Q_0'). Der sinkende Zins bewirkt einen Anstieg der Investitionsnachfrage. Die höhere Investitionsnachfrage und die mit dem Investitionsmultiplikator verbundenen Nachfrageeffekte führen zu einem Anstieg der gesamtwirtschaftlichen Güternachfrage. Der Unternehmenssektor passt sich daran an, sodass das Inlandsprodukt bzw. das Volkseinkommen steigt (Bewegung von Y_0 nach Y_1). Das steigende Inlandsprodukt hat wiederum die Konsequenz, dass das Geldvolumen zur Abwicklung der Güterkäufe steigt. Der Bedarf an Transaktionskasse nimmt zu. Die Wirtschaftssubjekte verkaufen nun Wertpapiere, um das benötigte Geld zu erhalten. Das steigende Wertpapierangebot führt zu einem Rückgang der Wertpapierkurse, was einen Zinsanstieg zur Folge hat (Bewegung von i_1 auf i_2). Der Zinsanstieg bewirkt schließlich eine Verringerung der Investitionen. Der Investitionsrückgang führt zu einer Verringerung der gesamtwirtschaftlichen Güternachfrage, woraus dann auch eine Verringerung des Inlandsprodukts resultiert (Bewegung von Y_1 nach Y_2). Mit Hilfe der bisher verwendeten Abkürzungen lassen sich diese Wirkungszusammenhänge überblicksartig wie in Abb. 4.4 darstellen.

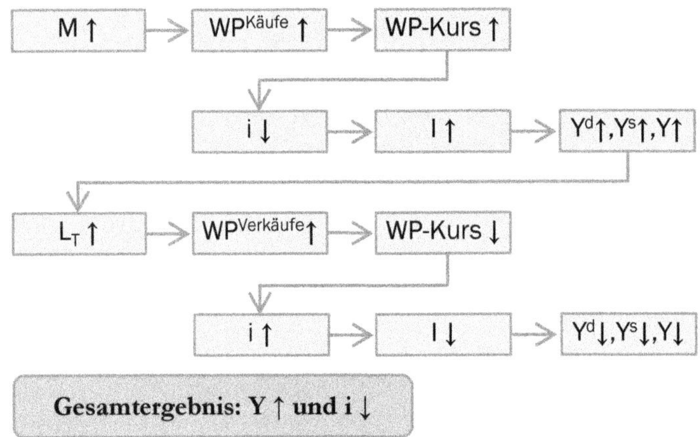

Abb. 4.4: Schematische Darstellung der Wirkungsweise einer expansiven Geldpolitik (M↑)

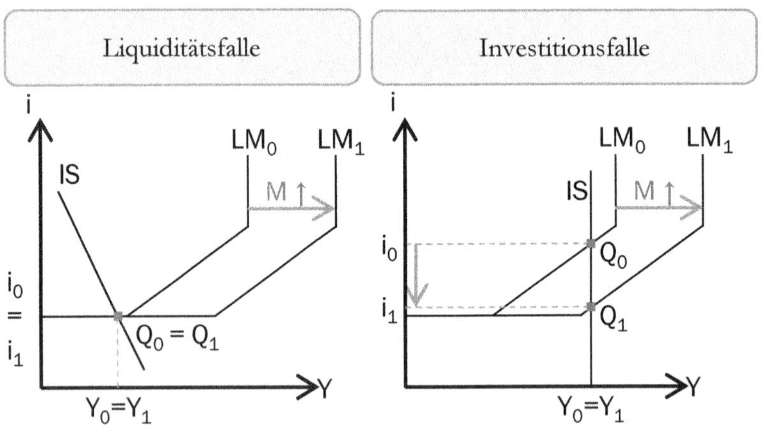

Abb. 4.5: Ineffektivität einer expansiven Geldpolitik (M↑) im Fall der Liquiditäts- und der Investitionsfalle

Es gibt allerdings auch Situationen, in denen eine expansive Geldpolitik keine Erhöhung des Volkseinkommens bewirkt (siehe Abb. 4.5). Wenn sich die Volkswirtschaft in der **Liquiditätsfalle** befindet, kann die Geldmengenerhöhung keine Zinssenkung hervorrufen. Ohne eine Zinsreduzierung unterbleiben die Investitionszuwächse, sodass das Volkseinkommen unverändert bleibt. Auch wenn sich die Gesellschaft in der **Investitionsfalle** befindet, kann eine Geldmengenerhöhung keine Steigerung des Volkseinkommens bewirken. Es kommt zwar zu einer Zinssenkung (von i_0 auf i_1), aber die Erwartungshaltung der Investoren ist so pessimistisch, dass sie ihre Investitionen selbst bei sinkenden Zinsen nicht erhöhen.

> Im Ergebnis führt eine expansive Geldpolitik über sinkende Zinsen zu einer Erhöhung des Volkseinkommens. Eine Geldmengenerhöhung bewirkt allerdings keine Steigerung des Volkseinkommens, wenn sich die Volkswirtschaft in der Liquiditätsfalle oder der Investitionsfalle befindet.

Wirkungen einer expansiven Fiskalpolitik

Eine expansive Fiskalpolitik liegt vor, wenn der Staat seine Ausgaben für Sachgüter und Dienstleistungen erhöht. Eine kreditfinanzierte Staatsausgabenerhöhung ist dabei wirksamer als eine steuerfinanzierte Erhöhung der Staatsausgaben, aber selbst eine Steigerung der Staatsausgaben bei gleichzeitigen Steuererhöhungen hat positive Auswirkungen auf das Volkseinkommen:

- Wenn der Staat seine Ausgaben für Güter um 100,- Euro erhöht und dies durch eine gleichzeitige Steuererhöhung finanziert, sinkt das verfügbare Einkommen des Haushaltssektors um 100,- Euro. Der Rückgang der Konsumnachfrage des Haushaltssektors ist jedoch geringer als 100,- Euro, weil die Haushalte annahmegemäß einen Teil ihres verfügbaren Einkommens sparen. Bei einer marginalen Sparquote von 20 Prozent würde die Konsumnachfrage also nur um 80,- Euro sinken. Per Saldo steigt die gesamtwirtschaftliche Güternachfrage damit um 20,- Euro.
- Sofern der Staat eine Erhöhung seiner Ausgaben für Güter nicht durch eine Steuererhöhung finanziert, sondern durch eine Kreditaufnahme, resultiert daraus keine Verringerung der Konsumnachfrage. Der Staat greift bei einer Kreditfinanzierung auf die Ersparnisse der privaten Haushalte zurück und lässt deren verfügbares Einkommen unverändert. Eine Erhöhung der staatlichen Ausgaben für Güter um 100,- Euro wird somit in vollem Umfang nachfragewirksam und nicht durch eine Einschränkung der privaten Konsumnachfrage konterkariert.

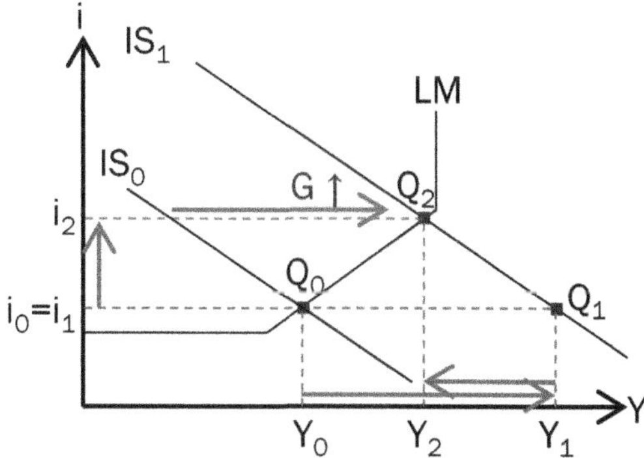

Abb. 4.6: Konsequenzen einer expansiven Fiskalpolitik (G↑)

Da eine kreditfinanzierte Staatsausgabenerhöhung eine größere Auswirkung auf die gesamtwirtschaftliche Güternachfrage hat, wird unter einer expansiven Fiskalpolitik im Folgenden stets eine **kreditfinanzierte Staatsausgabenerhöhung** verstanden. Diese Staatsausgabenerhöhung ist unmittelbar nachfragewirksam, weil der Staat als Nachfrager am Gütermarkt auftaucht. Die Nachfrageerhöhung und die mit dem Staatsausgabenmultiplikator verbundenen Nachfragesteigerungen führen zu einer höheren Güternachfrage. In einem i-Y-Diagramm bedeutet dies eine Rechtsverschiebung der IS-Geraden (siehe Abb. 4.6).

Die Erhöhung der gesamtwirtschaftlichen Güternachfrage infolge einer höheren staatlichen Güternachfrage wird durch die Bewegung von Q_0 nach Q_1 dargestellt. Der Unternehmenssektor passt sich annahmegemäß an die höhere Güternachfrage an, sodass das Inlandsprodukt – und mit ihm das Volkseinkommen – steigt (von Y_0 auf Y_1). Ein höheres Inlandsprodukt hat zur Folge, dass der Bedarf an Transaktionskasse zunimmt. Der Haushaltssektor verkauft Wertpapiere, um das benötigte Geld zu erhalten. Damit sinkt der Kurs der Wertpapiere, sodass deren effektive Verzinsung steigt. Es kommt zu einer Zinssteigerung. Die Zinssteigerung hat negative Auswirkungen auf die Investitionsnachfrage. Es kommt daher zu einer zinsinduzierten Verringerung der gesamtwirtschaftlichen Güternachfrage. Diese Wirkungszusammenhänge sind schematisch in Abb. 4.7 skizziert.

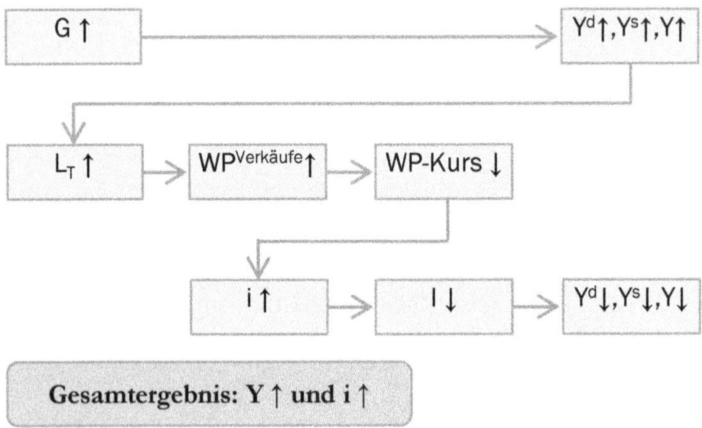

Abb. 4.7: Schematische Darstellung der Wirkungsweise einer expansiven Fiskalpolitik (G↑)

Diese negative Rückwirkung des Geldmarktes auf den Gütermarkt – also die Reduzierung der gesamtwirtschaftlichen Güternachfrage infolge einer Zinserhöhung – wird **Crowding-out-Effekt** genannt (Bewegung von Q_1 nach Q_2 in Abb. 4.6). Trotz des Rückgangs der Investitionsnachfrage überwiegen jedoch die positiven Nachfrageeffekte der Staatsausgabenerhöhung und der damit verbundenen Multiplikatoreffekte, sodass per Saldo das Inlandsprodukt bzw. das Volkseinkommen steigt (von Y_0 auf Y_2). Ein Crowding-out-Effekt beschreibt Fälle, in denen eine wirtschaftspolitische Maßnahme, die die gesamtwirtschaftliche Güternachfrage steigern soll, Nebenwirkungen hat, die zu einer Reduzierung der gesamtwirtschaftlichen Güternachfrage führen. Wenn diese Nebenwirkungen die ursprüngliche Nachfragesteigerung komplett ausgleichen, liegt ein **totales Crowding-out** vor.

Anders als die Geldpolitik hat eine expansive Fiskalpolitik auch dann eine Steigerung des Inlandsprodukts bzw. des Volkseinkommens zur Folge, wenn sich die

Volkswirtschaft in der Liquiditätsfalle oder der Investitionsfalle befindet (siehe Abb. 4.8).

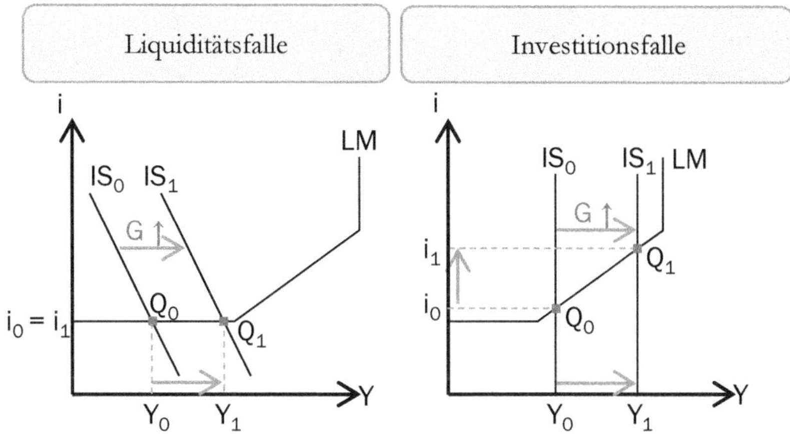

Abb. 4.8: Expansive Fiskalpolitik (G↑) im Fall der Liquiditäts- und der Investitionsfalle

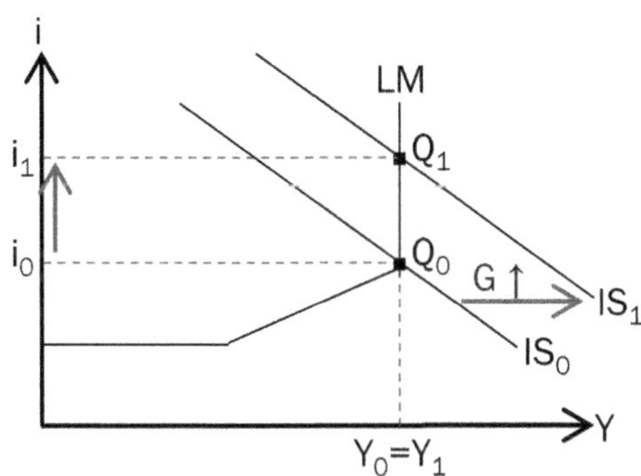

Abb. 4.9: Ineffektivität der expansiven Fiskalpolitik (G↑) im klassischen Bereich der LM-Kurve

Allerdings ist eine expansive Fiskalpolitik nicht in allen Fällen wirksam. Wenn sich die Gesellschaft mit ihrem simultanen Güter- und Geldmarktgleichgewicht im klassischen Bereich der LM-Kurve befindet, ist eine expansive Fiskalpolitik unwirksam, weil keine Steigerung des Volkseinkommens stattfindet (siehe Abb. 4.9). Die Ineffektivität der Fiskalpolitik lässt sich wie folgt erklären: Das Volkseinkommen ist bereits so groß, dass das gesamte Geldangebot zur Finanzierung der Gütertransaktionen benötigt wird. Wäre das Volkseinkommen höher, würde es zu einer Erhöhung des Wertpapierangebots kommen. Der damit verbundene Kursrückgang würde zu einem Zinsanstieg führen. Dieser Zinsanstieg hätte eine Reduzierung der Investitionsnachfrage zur Folge. Damit sinkt dann auch die gesamtwirtschaftliche Güternachfrage und mit ihr das Inlandsprodukt. Erst wenn das Inlandsprodukt sein Ausgangsniveau erreicht, ist der Geldmarkt wieder im Gleichgewicht. Im Ergebnis bleibt das Inlandsprodukt bzw. Volkseinkommen unverändert ($Y_0 = Y_1$). Es kommt folglich zu einem **totalen Crowding-out** infolge des gestiegenen Zinssatzes (zinsinduziertes Crowding-out).

Im Ergebnis führt eine expansive Fiskalpolitik über die höhere Güternachfrage und die damit ausgelösten Multiplikatoreffekte zu einer Erhöhung des Volkseinkommens. Eine Staatsausgabenerhöhung bewirkt auch dann eine Steigerung des Volkseinkommens, wenn sich die Volkswirtschaft in der Liquiditätsfalle oder in der Investitionsfalle befindet. Falls sich die Volkswirtschaft jedoch im klassischen Bereich der LM-Kurve befindet, kommt es zu einem totalen Crowding-out, sodass das Volkseinkommen unverändert bleibt.

Wirtschaftspolitische Konsequenzen

Wenn der Staat das Inlandsprodukt bzw. Volkseinkommen in einer geschlossenen Volkswirtschaft bei festen Preisen erhöhen will, hängt der Erfolg einer entsprechenden geld- oder fiskalpolitischen Maßnahme von den ökonomischen Rahmenbedingungen ab: Falls sich die Volkswirtschaft in der Liquiditätsfalle oder in der Investitionsfalle befindet, kann eine Erhöhung der Geldmenge keine Steigerung des Volkseinkommens bewirken. In beiden Fällen hilft nur eine expansive Fiskalpolitik. Sofern sich die Volkswirtschaft im klassischen Bereich der LM-Kurve befindet, kann nur eine expansive Geldpolitik das Volkseinkommen steigern. Wenn in der Gesellschaft hingegen keiner dieser drei Sonderfälle anzutreffen ist, lässt sich eine Erhöhung des Volkseinkommens sowohl über eine expansive Geldpolitik als auch über eine expansive Fiskalpolitik erreichen. Die Auswirkungen beider wirtschaftspolitischer Maßnahmen auf das Inlandsprodukt und den Zinssatz sind in Abb. 4.10 dargestellt.

expansive Geldpolitik (M↑)		
Normalbereich der IS-Geraden und der LM-Kurve	Y↑	i↓
Liquiditätsfalle	Y konstant	i konstant
Investitionsfalle	Y konstant	i↓
Klassischer Bereich der LM-Kurve	Y↑	i↓
Expansive Fiskalpolitik (G↑)		
Normalbereich der IS-Geraden und der LM-Kurve	Y↑	i↑
Liquiditätsfalle	Y↑	i konstant
Investitionsfalle	Y↑	i↑
Klassischer Bereich der LM-Kurve	Y konstant	i↑

Abb. 4.10: Auswirkungen einer expansiven Geld- oder Fiskalpolitik in einer geschlossenen Volkswirtschaft bei konstantem Preisniveau

Lernfragen

Bei einer normal verlaufenden IS-Geraden und LM-Geraden führt eine Geldmengenerhöhung dazu, dass ...

- ☐ der Zinssatz und das Volkseinkommen steigen.
- ☐ der Zinssatz steigt und das Volkseinkommen sinkt.
- ☐ der Zinssatz sinkt und das Volkseinkommen steigt.

Bei einer normal verlaufenden IS-Geraden und LM-Geraden führt eine Staatsausgabenerhöhung dazu, dass ...

- ☐ der Zinssatz und das Volkseinkommen steigen.
- ☐ der Zinssatz steigt und das Volkseinkommen sinkt.
- ☐ der Zinssatz sinkt und das Volkseinkommen steigt.

Wenn sich die Volkswirtschaft in der Liquiditätsfalle befindet, führt eine Geldmengenerhöhung dazu, dass ...

- ☐ der Zinssatz steigt.
- ☐ der Zinssatz sinkt.
- ☐ der Zinssatz konstant bleibt.

Wenn sich die Volkswirtschaft in der Liquiditätsfalle befindet, führt eine Staatsausgabenerhöhung dazu, dass ...

- ☐ der Zinssatz und das Volkseinkommen konstant bleiben.
- ☐ der Zinssatz konstant bleibt und das Volkseinkommen steigt.
- ☐ der Zinssatz steigt und das Volkseinkommen konstant bleibt.

Welche wirtschaftspolitische Maßnahme sollte der Staat ergreifen, wenn sich die Volkswirtschaft in der Investitionsfalle befindet?

- ☐ Eine expansive Geldpolitik.
- ☐ Eine expansive Fiskalpolitik.

Prüfungstipp

Bei der Frage nach den makroökonomischen Konsequenzen bestimmter wirtschaftspolitischer Maßnahmen solltest du zunächst überlegen, welche Resultate du für den Zinssatz und das Volkseinkommen wegen der ökonomischen Wirkungszusammenhänge erwartest. Anschließend empfiehlt sich die Anfertigung einer Grafik, also die Untersuchung der Wirkungsweise der betreffenden wirtschaftspolitischen Maßnahme in einem Zins-Volkseinkommen-Diagramm mit einer IS- und einer LM-Kurve und den notwendigen Verschiebungen der Kurven. Wenn die Resultate der grafischen Analyse und der ökonomischen Überlegungen identisch sind, hast du mit hoher Wahrscheinlichkeit die richtige Antwort gegeben.

Schritt 5: Devisenmarkt, Wechselkurse und Außenbeitrag

Lernhinweise

Was erwartet mich in diesem Kapitel?

In diesem Kapitel wird die Analyse makroökonomischer Zusammenhänge nicht mehr nur auf eine geschlossene Volkswirtschaft beschränkt, sondern erstmals auf eine Gesellschaft, die ökonomische Transaktionen mit dem Ausland durchführt. Es werden die entscheidenden makroökonomischen Größen dargestellt, die zu einer Veränderung der Nachfrage nach ausländischen Währungseinheiten bzw. des Angebots dieser Währungseinheiten führen. Änderungen der Nachfrage bzw. des Angebots ausländischer Währungseinheiten haben eine Änderung des Preises für diese Währungseinheiten – den Wechselkurs – zur Folge. Dieses Kapitel zeigt, wann es zu einer Aufwertung oder einer Abwertung einer bestimmten Währung kommt.

Welche Schlagwörter lerne ich kennen?

■ Wechselkurs ■ Devisen ■ Devisenangebot ■ Devisennachfrage ■ Importe ■ Exporte ■ Kapitalimport ■ Kapitalexport ■ Lageparameter ■ Aufwertung ■ Abwertung ■ Zahlungsbilanz ■ Handelsbilanz ■ Außenbeitrag ■ Kapitalbilanz ■ Gold- und Devisenbilanz ■ Normalreaktion der Handelsbilanz

Wofür benötige ich dieses Wissen?

Änderungen des Preises für ausländische Währungseinheiten haben gravierende Konsequenzen für die internationale Wettbewerbsfähigkeit einer Volkswirtschaft und damit für die Höhe der Exporte dieser Volkswirtschaft. Eine Abwertung der heimischen Währung führt im Normalfall dazu, dass die Exporte des Landes zunehmen, das Volkseinkommen steigt und mit ihm die Beschäftigung. Der sichere Umgang mit den Begriffen „Aufwertung" und „Abwertung" sowie den daraus resultierenden Konsequenzen für Produktion, Inlandsprodukt und Beschäftigung ist die Voraussetzung für die sichere makroökonomische Argumentation im Kontext einer offenen Volkswirtschaft.

Dieses Kapitel befasst sich mit dem Austausch von Gütern zwischen verschiedenen Volkswirtschaften. Der Wechselkurs hat dabei eine entscheidende Bedeutung für die Höhe der Exporte und Importe eines Landes. Es wird gezeigt, wie sich der Wechselkurs auf dem Devisenmarkt bildet, welche Auswirkungen Wechselkursänderungen auf den grenzüberschreitenden Handel haben und welche Bedingungen erfüllt sein müssen, damit es ein außenwirtschaftliches Gleichgewicht gibt.

Devisenmarkt und Wechselkurs

Der Wechselkurs ist der Preis für Devisen. Devisen sind ausländische Währungseinheiten, aus Sicht der Europäer z. B. US-Dollar. Der Wechselkurs (e) als Preis für einen US-Dollar wird auf dem Devisenmarkt bestimmt.

Die nachfolgenden Ausführungen behandeln Europa als das Inland, die USA als das Ausland und den Preis für einen US-Dollar in Euro als Wechselkurs. Der US-Dollar wird dabei als eine Devise angesehen.

Nachgefragt werden US-Dollar von inländischen bzw. europäischen Wirtschaftseinheiten, die amerikanische Güter und Dienstleistungen kaufen (aus Sicht des Inlands Importe = IM) oder amerikanische Wertpapiere und Aktien erwerben und damit aus Sicht des Inlands einen Kapitalexport (K^{EX}) tätigen. Wie bei allen Gütern wird auch bei Devisen davon ausgegangen, dass die Nachfrage nach einer Devise zurückgeht, wenn der Preis für die Devise steigt. Angeboten werden US-Dollar von ausländischen bzw. amerikanischen Wirtschaftseinheiten, die deutsche Güter, Dienstleistungen, Wertpapiere und Aktien kaufen, die sie in Euro bezahlen müssen. Um die dafür notwendigen Euro zu erhalten, müssen US-Dollar angeboten und gegen Euro eingetauscht werden. Aus Sicht des Inlands entspricht das Devisenangebot damit den Exporten (EX) und den Kapitalimporten (K^{IM}). Wie bei allen Gütern wird auch bei Devisen davon ausgegangen, dass das Devisenangebot mit einem steigenden Preis für die Devise zunimmt. Zu den **Lageparametern** der Angebots- und Nachfragekurven des US-Dollars gehören u. a. der Zins im Inland (i), das inländische Preisniveau (P) und das inländische Volkseinkommen (Y). Europa wird dabei als das Inland angesehen.

- Ein Zinsanstieg im Inland (i↑) erhöht die Rendite inländischer Wertpapiere. Dies erhöht die Nachfrage der Amerikaner nach europäischen Wertpapieren. Damit nehmen die Kapitalimporte und die Euro-Nachfrage zu. Um die erhöhte Euro-Nachfrage zu finanzieren, bieten die Amerikaner verstärkt US-Dollar an. Die Dollar-Angebotskurve wird folglich nach rechts verschoben.

- Ein geringeres inländisches Preisniveau (P↓) erhöht die Exportchancen des Inlands, sodass die Güterexporte und mit ihnen das Dollar-Angebot zunehmen. Die Dollar-Angebotskurve wird folglich nach rechts verschoben.
- Ein Anstieg des inländischen Volkseinkommens (Y↑) impliziert ein höheres verfügbares Einkommen. Damit nimmt die Nachfrage nach inländischen und ausländischen Gütern zu, also auch die Importnachfrage, was die Nachfrage nach Dollar erhöht. Die Dollar-Nachfragekurve wird folglich nach rechts verschoben.

Das Gleichgewicht auf einem Devisenmarkt inklusive der genannten Lageparameter ist in Abb. 5.1 dargestellt.

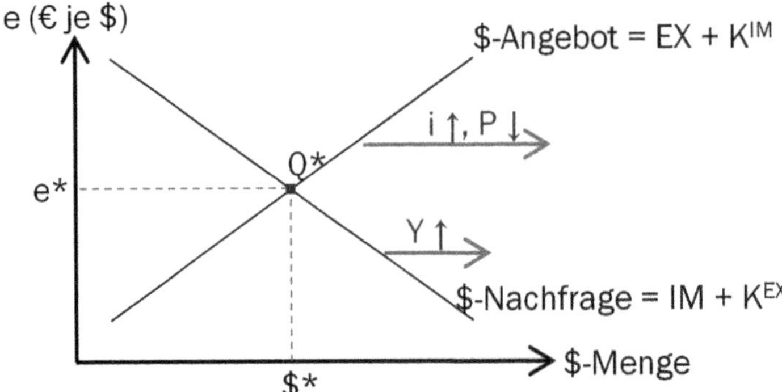

Abb 5.1: Gleichgewicht auf einem Devisenmarkt

Die Änderungen der drei genannten makroökonomischen Größen führen somit auch zu Wechselkursänderungen. Ein höheres inländisches Volkseinkommen (Y↑) bewirkt beispielsweise eine größere Nachfrage der Inländer nach Produkten aus dem Ausland, also der Importe. Da die ausländischen Produkte in US-Dollar bezahlt werden müssen, erhöht die größere Importnachfrage die Nachfrage nach US-Dollar. Es kommt zu einer Rechtsverschiebung der US-Dollar-Nachfragekurve auf dem Devisenmarkt (siehe Abb. 5.2). Die größere Nachfrage nach US-Dollar führt zu einem Nachfrageüberhang (NÜ) auf dem Devisenmarkt. Dadurch steigt der Preis für einen US-Dollar (von e_0 auf e_1), d. h. es kommt zu einem Anstieg des Wechselkurses. Gleichzeitig steigt das Volumen der auf dem Markt umgesetzten Devisen (von $\$_0$ auf $\$_1$).

> Ein höherer Preis für den US-Dollar bedeutet, dass ein Dollar nun mehr wert ist. Es wird daher auch von einer **Aufwertung des US-Dollar** gesprochen. Das Spiegelbild eines teureren US-Dollar ist ein weniger wertvoller Euro, also eine Abwertung des Euro. Der **Anstieg des Wechselkurses** e stellt folglich eine Aufwertung der ausländischen Währung bzw. eine **Abwertung der heimischen Währung** dar.

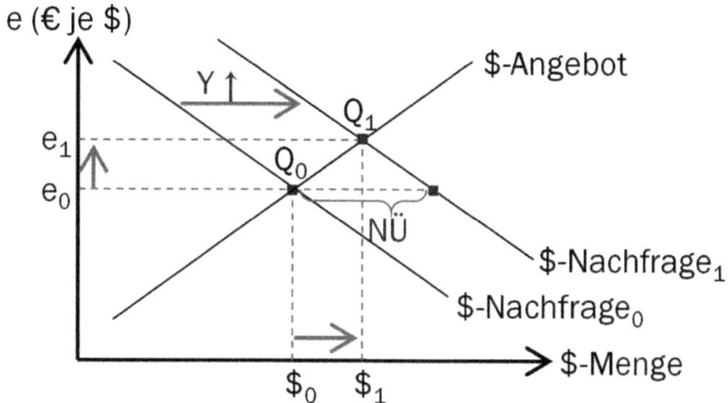

Abb. 5.2: Konsequenzen eines Anstiegs des inländischen Volkseinkommens (Y↑) für den Devisenmarkt

Zahlungsbilanz, Handelsbilanzsaldo und Außenbeitrag

> Die Zahlungsbilanz erfasst sämtliche ökonomischen Transaktionen zwischen den inländischen und ausländischen Wirtschaftseinheiten, die innerhalb eines Jahres stattfinden.

Auf der Aktivseite werden die Aktivitäten aufgeführt, die einen **Zahlungseingang** für das Inland darstellen: der Export von Gütern und Dienstleistungen (EX), Kapitalimporte wie beispielsweise der Verkauf von Aktien und Wertpapieren an ausländische Wirtschaftseinheiten oder eine Kreditaufnahme im Ausland (K^{IM}) und schließlich der Verkauf von Gold- und Devisenbeständen der Zentralbank, was eine Gold- und Devisenbestandsverminderung bedeutet (GDB^{Ver}). Die Passivseite erfasst die Aktivitäten, die zu einem **Zahlungsausgang** für das Inland führen: der Import von Gütern und Dienstleistungen (IM), Kapitalexporte, wie beispielsweise der Kauf von Aktien und Wertpapieren im Ausland oder eine Kreditgewährung an ausländische Wirtschaftseinheiten (K^{EX}), und schließlich der Kauf von Gold- und Devisenbeständen der Zentralbank im Ausland, der eine Erhöhung des Gold- und Devisenbestands bedeutet (GDB^{Erh}). Die Grundstruktur einer Zahlungsbilanz kann Tabelle 5.1 entnommen werden.

Zahlungseingänge	Zahlungsausgänge	
EX	IM	} Handelsbilanz
K^{IM}	K^{EX}	} Kapitalbilanz
GDB^{Ver}	GDB^{Erh}	} Gold- und Devisenbilanz

Tab. 5.1: Grundstruktur einer Zahlungsbilanz und ihre Teilbilanzen

In der Zahlungsbilanz werden alle Transaktionen doppelt gebucht. Der Export von Gütern gegen die Gewährung eines Kredits wird beispielsweise als Güterexport auf der Aktivseite und als Kapitalexport auf der Passivseite erfasst. Die Kreditgewährung entspricht einem Kapitalexport, weil das Inland dem Ausland mit dem Kredit Geld zur Verfügung stellt, und dies bedeutet für das Inland einen Geldabfluss. Sollte der ausländische Importeur die Produkte in seiner eigenen Währung bezahlen – z. B. mit US-Dollar –, so bedeutet dies für das Inland eine Zunahme des Devisenbestands der auf der Passivseite der Zahlungsbilanz gebucht wird. Sieht man von statistisch nicht aufgliederbaren Transaktionen ab, so ist die Zahlungsbilanz definitionsgemäß stets ausgeglichen.

(5.1) $EX + K^{IM} + GDB^{Ver} = IM + K^{EX} + GDB^{Erh}$

Die Umformung der Gleichung (5.1) stellt die definitorischen Zusammenhänge zwischen dem **Handelsbilanzsaldo** (EX - IM), dem Kapitalbilanzsaldo ($K^{EX} - K^{IM}$) und dem Saldo der Gold- und Devisenbilanz ($GDB^{Erh} - GDB^{Ver}$) bzw. dem Devisenbilanzsaldo dar. Der Handelsbilanzsaldo wird auch als **Außenbeitrag** bezeichnet. Geht man von einem Devisenbilanzsaldo von Null aus, dann entspricht ein Exportüberschuss ($EX > IM$) einem Nettokapitalexport ($K^{EX} > K^{IM}$).

(5.2) $(EX - IM) = (K^{EX} - K^{IM}) + (GDB^{Erh} - GDB^{Ver})$

Die Höhe der Exporte und der Importe hängt maßgeblich von der Höhe des Wechselkurses bzw. von Wechselkursänderungen ab. Die Konsequenzen einer Wechselkursänderung können exemplarisch an einer Euro-Abwertung verdeutlicht werden. Eine **Euro-Abwertung** bedeutet, dass ein Euro an Wert verliert und beispielsweise statt 1,00 US-Dollar nur noch 0,80 US-Dollar kostet. Ein PKW im Wert von 20.000 Euro kostet in den USA vor der Abwertung 20.000 US-Dollar, danach jedoch nur noch 16.000 US-Dollar. Für den deutschen Exportgütermarkt, der in Euro rechnet, bedeutet dies, dass der in Euro ausgedrückte Preis konstant bleibt, die verkaufte Menge jedoch steigt. Der in Euro ausgedrückte Exportwert nimmt daher zu. Für die Anbieter amerikanischer Güter stellt die Euro-Abwertung eine Dollar-Aufwertung dar. Dies hat zur Folge, dass ein Produkt im Wert von 10.000 US-Dollar in Deutschland vor der Euro-Abwertung 10.000 Euro kostet, nach der Euro-Abwertung jedoch 12.500 Euro. Auf dem deutschen Importgütermarkt, auf dem sich Angebot und Nachfrage an dem Preis des Importgutes in Euro orientieren, hat dies einen steigenden Preis der Importgüter und einen Rückgang der Importmenge zur Folge.

Die Auswirkungen auf die Handelsbilanz bzw. den **Außenbeitrag** (AB = EX – IM) sind nicht eindeutig. Der in Euro berechnete Exportwert nimmt zu, weil der Preis des Exportguts konstant bleibt und die Menge der verkauften Exportgüter steigt. Bei einem steigenden Importgüterpreis, aber einer reduzierten Verkaufsmenge von Importgütern ist die Entwicklung des in Euro gerechneten Importwertes unklar. Dieser kann abnehmen, konstant bleiben oder zunehmen. Damit ist auch unklar, wie sich der Außenbeitrag entwickelt. Der Handelsbilanzsaldo kann also infolge einer Euro-Abwertung zunehmen, zurückgehen oder konstant bleiben.

Im **Normalfall** wird davon ausgegangen, dass eine Abwertung der heimischen Währung zu einer Verbesserung des Handelsbilanzsaldos führt, weil der Exportwert eindeutig steigt und der Importwert sinkt bzw. nur geringfügig zunimmt. Diese Entwicklung wird **Normalreaktion** der Handelsbilanz bzw. des Außenbeitrags genannt.

In den nachfolgenden Ausführungen wird stets von einer Normalreaktion des Außenbeitrags auf eine Wechselkursänderung ausgegangen. Die Entwicklung des Außenbeitrags hängt neben dem Wechselkurs noch vom inländischen und ausländischen Volkseinkommen ab. Ein Anstieg des inländischen Volkseinkommens (Y) führt zu einer verstärkten Nachfrage der Inländer nach ausländischen Produkten, also zu einem Anstieg der Importe und damit zu einer Verringerung des Außenbeitrags. Ein Anstieg des ausländischen Volkseinkommens (Y_a) führt zu einer verstärkten Nachfrage der Ausländer nach inländischen Produkten, aus Sicht des Inlands also zu einem Anstieg der Exporte und damit zu einer Erhöhung des Außenbeitrags. Damit gelten folgende funktionale Zusammenhänge:

$$(5.3)\ AB = AB\,(e, Y, Y_a)\ \text{mit}\ \frac{dAB}{de} > 0,\ \frac{dAB}{dY} < 0\ \text{und}\ \frac{dAB}{dY_a} > 0.$$

Lernfragen

Welche der folgenden Aktivitäten führt zu einem Angebot von US-Dollar?

- ☐ Ein europäischer Konsument erwirbt einen PKW aus den USA.
- ☐ Ein amerikanischer Importeur erwirbt einen PKW aus Deutschland.
- ☐ Ein deutscher Sparer erwirbt eine US-Staatsanleihe.

Eine Abwertung des Euro bedeutet, dass der in Euro ausgedrückte Preis für einen US-Dollar ...

- ☐ sinkt.
- ☐ steigt.

Bei einem Devisenbilanzsaldo von Null hat ein Importüberschuss folgende Konsequenz:

- ☐ Es kommt zu einem Nettokapitalexport.

- ☐ Es kommt zu einem Nettokapitalimport.
- ☐ Es kommt zu einem Leistungsbilanzüberschuss.

Eine Normalreaktion des Außenbeitrags bedeutet, dass die Aufwertung der heimischen Währung zu einer ...

- ☐ Verbesserung des heimischen Handelsbilanzsaldos führt.
- ☐ Verschlechterung des heimischen Handelsbilanzsaldos führt.

Prüfungstipp

Entscheidend für das richtige Verständnis des Devisenmarktes ist die Frage, für welche Zwecke du ausländische Währungen, also z. B. US-Dollar, nachfragst, und wie sich deine Nachfrage nach US-Dollar verändert, wenn sich makroökonomische Größen (z. B. der Zinssatz in den USA oder das inländische Preisniveau) verändern. Wenn du diese Fragen sicher beantworten kannst, wird auch deutlich, welche Konsequenzen die Änderung einer makroökonomischen Größe auf den Wechselkurs hat. Ein Beispiel: Du fragst US-Dollar nach, wenn du amerikanische festverzinste Wertpapiere erwerben willst. Eine Verringerung des Zinssatzes in den USA reduziert deine Nachfrage nach amerikanischen Wertpapieren, also sinkt deine Nachfrage nach US-Dollar. Es kommt somit zu einem generellen Rückgang der Nachfrage nach US-Dollar, also sinkt der Preis für einen US-Dollar, d. h. der Dollar wird abgewertet. Wenn du einige weitere Fälle durchspielst, beherrschst du den Devisenmarkt.

Schritt 6:

Wirtschaftspolitik in einer offenen Volkswirtschaft mit festem Preisniveau (IS-LM-Z-Modell)

Lernhinweise

Was erwartet mich in diesem Kapitel?

Dieses Kapitel bringt den Gütermarkt, den Geldmarkt und den Devisenmarkt zusammen und untersucht, wie sich aus dem Zusammenspiel aller drei Märkte ein gesamtwirtschaftliches Gleichgewicht ergibt. Das Kapitel analysiert die verschiedenen Wechselwirkungen, die sich zwischen den einzelnen Märkten ergeben und verdeutlicht damit die Komplexität makroökonomischer Interdependenzen.

Welche Schlagwörter lerne ich kennen?

▪ IS-LM-Z-Modell ▪ kleines Land ▪ heimische Komponente der Geldmenge ▪ ausländische Komponente der Geldmenge ▪ Devisenmarktgleichgewicht ▪ flexibler Wechselkurs ▪ fester Wechselkurs ▪ Neutralisierungspolitik ▪ Nettokapitalimport ▪ Z-Gerade ▪ internationale Kapitalmobilität ▪ vollkommene Kapitalmobilität ▪ Devisenmarktintervention ▪ wechselkursbedingtes Crowding-out

Wofür benötige ich dieses Wissen?

Während die Mikroökonomie lediglich einen einzelnen Markt untersucht, beschäftigt sich die Makroökonomie mit den Wechselwirkungen, die sich zwischen verschiedenen Märkten abspielen. Der Komplexitätsgrad der Makroökonomie ist so gesehen größer, weil in der makroökonomischen Diskussion die Rückwirkungen eines Marktes auf die restlichen Märkte berücksichtigt werden. Derartige Interdependenzen zeichnen letztendlich alle volkswirtschaftlichen Fragestellungen aus. Der sichere Umgang mit den Wechselwirkungen zwischen verschiedenen Märkten und den daraus resultierenden Auswirkungen auf eine Volkswirtschaft ist daher Voraussetzung für das Verständnis ökonomischer Zusammenhänge. Nur wer die grundlegenden Zusammenhänge und Rückkoppelungen zwischen verschiedenen Märkten verstanden hat, kann volkswirtschaftlichen Diskussionen folgen und sattelfest argumentieren.

In diesem Kapitel wird untersucht, wie es in einer Volkswirtschaft zu einem simultanen Gleichgewicht auf dem Gütermarkt, dem Geldmarkt und dem Devisenmarkt kommt. Zudem wird analysiert, welche Konsequenzen sich aus einer expansiven Geldpolitik und einer expansiven Fiskalpolitik ergeben. Dabei wird jeweils zwischen den Konsequenzen im Fall fester Wechselkurse und im Fall flexibler Wechselkurse unterschieden.

Simultanes Gleichgewicht auf dem Geld-, Güter- und Devisenmarkt

Das im vierten Schritt entwickelte Modell zu Bestimmung eines simultanen Güter-Geldmarktgleichgewichts (IS-LM-Modell) wird durch die Berücksichtigung des Auslands komplexer. Die Berücksichtigung von Exporten und Importen hat Konsequenzen für den Gütermarkt (IS-Gerade) und im Fall von festen Wechselkursen auch für den Geldmarkt (LM-Kurve). Zudem muss die Gleichgewichtsbedingung für den Devisenmarkt (Z-Gerade) hinzugefügt werden. Das daraus resultierende IS-LM-Z-Modell, das ein wirtschaftliches Gleichgewicht in einer **offenen Volkswirtschaft** beschreibt, zeichnet sich durch folgende Annahmen aus:

- Wie bisher wird davon ausgegangen, dass das gesamtwirtschaftliche Preisniveau konstant ist und auf eins normiert wird.
- Das Inland wird als sogenanntes **kleines Land** angesehen. Dies bedeutet, dass die ökonomischen Entwicklungen im Inland keinen Einfluss auf die ökonomischen Größen im Rest der Welt haben. Im Inland führt beispielsweise ein höheres Inlandsprodukt über den höheren Bedarf an Transaktionskasse zu einem Wertpapierverkauf, der den Wertpapierkurs sinken und den Zinssatz steigen lässt. Die Erhöhung des Inlandsprodukts hat jedoch keinen Einfluss auf den Zinssatz im Ausland. Umgekehrt können ökonomische Entwicklungen im Ausland sehr wohl Auswirkungen auf die wirtschaftlichen Größen des Inlands haben.
- Das Inland und das Ausland stellen jeweils ein Universalgut her. Beide Güter stehen in einem Konkurrenzverhältnis zueinander. Eine Verbilligung des Importgutes – sei es durch eine Abwertung der Währung des Auslands oder eine Lohnsenkung im Ausland – führt beispielsweise zu einem Rückgang der inländischen Exporte und zu einem Anstieg der Importe des Inlands.

Auf dem **inländischen Gütermarkt** hat die Berücksichtigung des Auslands also vor allem zur Folge, dass die Exporte (EX) eine zusätzliche Nachfragekomponente darstellen. Gleichzeitig werden die Konsummöglichkeiten des Inlands durch den Import von Sachgütern und Dienstleistungen aus dem Ausland (IM) erweitert. Damit gelten folgende Zusammenhänge:

(6.1) $Y + IM = C + I + G + EX$
bzw. $Y = C + I + G + (EX - IM)$
bzw. $Y = C + I + G + AB$

Bei einer zinsabhängigen Investitionsnachfrage hat die IS-Gerade nach wie vor einen fallenden Verlauf in einem i-Y-Diagramm. Im Vergleich zu einer geschlossenen Volkswirtschaft gibt es in der offenen Volkswirtschaft einen zusätzlichen Nachfrageausfall in Form der Importe. Importe bedeuten, dass die inländischen Konsumenten Güter aus dem Ausland kaufen. Dies geht zu Lasten der Nachfrage nach inländischen Gütern. Um diesen Nachfrageausfall zu kompensieren und ein Gütermarktgleichgewicht zu erreichen, muss jetzt die Investitionsnachfrage größer sein. Eine größere Investitionsnachfrage verlangt einen stärkeren Rückgang der Zinsen, also einen steileren Verlauf der IS-Graden. Darüber hinaus hat die IS-Gerade mit dem Wechselkurs einen zusätzlichen Lageparameter (siehe Abb. 6.1 links): Der Anstieg des Preises für die ausländische Währung – also ein Anstieg des Wechselkurses (e↑) und damit eine **Abwertung** der inländischen Währung – hat zur Folge, dass der Außenbeitrag, wegen der angenommenen **Normalreaktion** des Außenbeitrags auf eine Wechselkursänderung, zunimmt (AB = (EX – IM)↑ wegen $\frac{dAB}{de} > 0$).

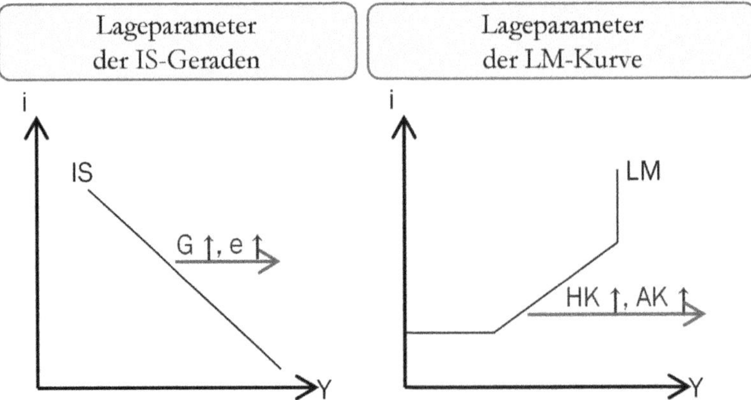

Abb. 6.1: Die IS-Gerade und die LM-Kurve im Fall einer offenen Volkswirtschaft

Dies bedeutet einen Anstieg der Nachfrage nach inländischen Gütern. Um die zusätzliche Güternachfrage zu kompensieren und dadurch bei einem konstanten Inlandsprodukt ein Gütermarktgleichgewicht zu erreichen, muss die Investitionsnachfrage sinken. Dies setzt einen höheren Zinssatz voraus. Ein Anstieg des Wechselkurses hat folglich eine Verschiebung der IS-Geraden nach oben bzw. nach rechts zur Folge.

Für den **inländischen Geldmarkt** hat die Berücksichtigung von wirtschaftlichen Transaktionen mit dem Ausland einen Einfluss auf das gesamtgesellschaftliche Geldangebot (M). In einer geschlossenen Volkswirtschaft ergibt sich die Zentralbankgeldmenge ausschließlich aus den Forderungen der Zentralbank gegenüber inländischen Wirtschaftssubjekten. Die Zentralbank teilt den Geschäftsbanken über zwei grundsätzliche Wege Zentralbankgeld zu: Entweder erhalten die Geschäftsbanken dieses Geld, weil sie der Zentralbank Wertpapiere verkaufen, oder die Geschäftsbanken nehmen bei der Zentralbank einen Kredit auf. In beiden Fällen erwirbt die Zentralbank Forderungen gegenüber Wirtschaftseinheiten aus dem Inland. In einer offenen Volkswirtschaft kann die Zentralbank auch ausländischen Wirtschaftseinheiten Zentralbankgeld zur Verfügung stellen. Im Normalfall gibt die Zentralbank dann Zentralbankgeld ab und erhält dafür ausländische Devisen, also z. B. US-Dollar. Diese US-Dollar sind Forderungen gegenüber der US-Zentralbank. Die gesamte Menge an Zentralbankgeld setzt sich somit aus zwei Komponenten zusammen: der **heimischen Komponente** (HK), die sich aus Forderungen gegenüber inländischen Wirtschaftseinheiten zusammensetzt, und der **ausländischen Komponente** (AK), die den Forderungen der Zentralbank gegenüber ausländischen Wirtschaftseinheiten entspricht und mit den Währungsreserven der Zentralbank übereinstimmt. Daher gilt: M = HK + AK. Wenn die Zentralbank Devisen kauft und dadurch die ausländische Komponente erhöht (AK↑), bezahlt sie diese Devisen mit Zentralbankgeld und erhöht so die in der Volkswirtschaft zur Verfügung stehende Menge an Zentralbankgeld, also das Geldangebot (M↑). Ein Zufluss an Devisen aus dem Ausland bedeutet somit eine Erhöhung der Währungsreserven (AK↑) und damit auch einen Anstieg des Geldangebots (M↑). Eine Verschiebung der LM-Kurve in einem i-Y-Diagramm nach rechts resultiert folglich sowohl aus einer Erhöhung der inländischen Komponente als auch aus einer Erhöhung der ausländischen Komponente (siehe Abb. 6.1 rechts).

Ein gesamtwirtschaftliches makroökonomisches Gleichgewicht muss im Fall einer offenen Volkswirtschaft neben dem Güter- und Geldmarktgleichgewicht auch noch ein Gleichgewicht auf dem Devisenmarkt erreichen. Ein **Devisenmarktgleichgewicht** verlangt eine Übereinstimmung des Devisenangebots (im Folgenden: $\$^A$) und der Devisennachfrage ($\$^N$). Wie in Schritt 5 gezeigt wurde, setzt sich das Devisenangebot aus den Exporten und den Kapitalimporten des Inlands zusammen ($\$^A = EX + K^{IM}$), während sich die Devisennachfrage aus den Importen und dem Kapitalexport des Inlands zusammensetzt ($\$^N = IM + K^{EX}$). Ein Devisenmarktgleichgewicht verlangt also die Einhaltung folgender Gleichung: $EX + K^{IM} = IM + K^{EX}$. Die Art und Weise, wie dieser Ausgleich von Devisenangebot und Devisennachfrage erreicht wird, hängt maßgeblich davon ab, ob die Wechselkurse flexibel oder fest sind. Bei einem **flexiblen Wechselkurs** bildet sich der Preis für eine Devise auf dem Devisenmarkt. Der Wechselkurs ist dabei vollkommen flexibel, kann also beliebig steigen oder fallen. Im Fall eines **festen Wechselkurses** wird der Preis für eine Devise hingegen auf einen bestimmten Wert fixiert und dann nicht mehr verändert. Hieraus ergeben sich weit reichende Konsequenzen bezüglich der Realisierung eines Devisenmarktgleichgewichts:

- Eine Störung des Devisenmarktgleichgewichts, also z. B. eine Zunahme der Devisennachfrage (siehe Abb. 5.2 in Schritt 5), hat einen Nachfrageüberhang auf dem Devisenmarkt zur Folge. Im Fall **flexibler Wechselkurse** bewirkt dieser Nachfrageüberhang einen Preisanstieg, also einen höheren Preis für die auf dem Markt gehandelte Devise. Dieser Preisanstieg baut den Nachfrageüberhang durch einen Anstieg des Devisenangebots und einen Rückgang der Devisennachfrage ab. Der Devisenmarkt erreicht sein neues Gleichgewicht also über eine Änderung des Wechselkurses, konkret durch eine Aufwertung der ausländischen Währung.
- Bei einem **festen Wechselkurs** kann der Wechselkurs nicht steigen, sodass ein Nachfrageüberhang auf dem Devisenmarkt nicht durch eine Wechselkursanpassung abgebaut werden kann. In diesem Fall muss die Zentralbank eingreifen. Sie muss das Angebot an Devisen so lange erhöhen, bis das zusätzliche Devisenangebot mit der zusätzlichen Devisennachfrage übereinstimmt und der Nachfrageüberhang abgebaut ist. In Abb. 5.2 bedeutet dies eine Verschiebung der \$-Angebotsgeraden nach rechts, sodass die neue \$-Angebotsgerade die neue \$-Nachfragegerade dort schneidet, wo der Wechselkurs e_0 liegt. Diese Devisenmarktintervention hat wiederum Rückwirkungen auf das Geldangebot der Zentralbank: Der Verkauf von Devisen bedeutet eine Reduzierung der ausländischen Komponente (AK↓) des Geldangebots. Wenn die Zentralbank keine weiteren Aktivitäten durchführt, hat diese Reduzierung des Geldangebots auf dem Geldmarkt eine Verschiebung der LM-Kurve nach links zur Folge. Die Zentralbank kann jedoch auch die Reduzierung der ausländischen Komponente kompensieren und die heimische Komponente des Geldangebots erhöhen. In diesem Fall bleibt die gesamtwirtschaftlich zur Verfügung stehende Geldmenge (M) konstant, sodass auch die LM-Kurve unverändert bleibt. Diese Reaktion der Zentralbank auf eine Veränderung des Devisenbestands wird **Neutralisierungspolitik** genannt.

Unabhängig davon, ob der Wechselkurs nun flexibel oder fest ist, verlangt ein Devisenmarktgleichgewicht den Ausgleich von Devisenangebot und Devisennachfrage, d. h. Gleichung 6.2 muss erfüllt sein. Sofern diese Gleichung nicht erfüllt ist, herrscht auf dem Devisenmarkt ein Angebotsüberschuss oder ein Nachfrageüberhang.

(6.2) $EX + K^{IM} = IM + K^{EX}$

(6.2a) $EX + K^{IM} > IM + K^{EX}$: Angebotsüberschuss auf dem Devisenmarkt

(6.2b) $EX + K^{IM} < IM + K^{EX}$: Nachfrageüberhang auf dem Devisenmarkt

Wird die Differenz zwischen dem Devisenangebot und der Devisennachfrage mit Z bezeichnet, so gelten folgende Zusammenhänge:

(6.3a) $Z = (EX + K^{IM}) - (IM + K^{EX}) > 0$: Angebotsüberschuss auf dem Devisenmarkt

(6.3b) $Z = (EX + K^{IM}) - (IM + K^{EX}) < 0$: Nachfrageüberhang auf dem Devisenmarkt

Ein Devisenmarktgleichgewicht liegt folglich nur vor, wenn $Z = (EX + K^{IM}) - (IM + K^{EX}) = 0$ gilt. Wird diese Bedingung leicht umgeformt, ergibt sich für ein Devisenmarktgleichgewicht schließlich folgende Gleichung:

(6.4) $Z = (EX - IM) + (K^{IM} - K^{EX}) = 0$

Ein Devisenmarktgleichgewicht ($Z = 0$) hängt folglich vom **Außenbeitrag** eines Landes ($AB = EX - IM$) und dem **Nettokapitalimport** des Landes ($K^{IM}_{net} = K^{IM} - K^{EX}$) ab. Ökonomisch lässt sich Gleichung 6.4. wie folgt erklären: Die Exporte des Inlands rufen ein Devisenangebot hervor, die Importe hingegen eine Devisennachfrage. Bei einem positiven Außenbeitrag ($EX > IM$) überwiegt das Devisenangebot. Die Kapitalimporte des Inlands stellen ein Devisenangebot dar, die Kapitalexporte des Inlands implizieren eine Devisennachfrage. Ein positiver Nettokapitalimport ($K^{IM} > K^{EX}$) bedeutet daher per Saldo ebenfalls einen Angebotsüberschuss auf dem Devisenmarkt. Ein Devisenmarktgleichgewicht verlangt, dass das Devisenangebot der Devisennachfrage entspricht. Damit dies gilt, muss im Fall eines positiven Außenbeitrags (Güterhandel zwischen den Ländern bewirkt für sich genommen einen Angebotsüberschuss auf dem Devisenmarkt) ein negativer Nettokapitalimport vorliegen (Kapitalverkehr sorgt für sich genommen für einen Nachfrageüberhang auf dem Devisenmarkt). Und nur wenn der positive Außenbeitrag vom Betrag her dem negativen Nettokapitalimport entspricht, sind Devisenangebot und -nachfrage ausgeglichen. Wird schließlich noch berücksichtigt, dass ein negativer Nettokapitalimport ein Nettokapitalexport ist, ergibt sich hier die Verknüpfung zur **Zahlungsbilanz**. In Schritt 5 sagte Gleichung (5.2) Folgendes aus: Wenn der Devisenbilanzsaldo gleich Null ist, entspricht die Höhe des Exportüberschusses der Höhe des Nettokapitalexports. Gleichung (6.4) sagt das Gleiche aus. Daraus folgt:

> Wenn der Devisenmarkt im Gleichgewicht ist, ist auch die Zahlungsbilanz in dem Sinne ausgeglichen, dass keine Veränderung der Gold- und Devisenbestände stattfindet.

Ein Devisenmarktgleichgewicht hängt damit im Wesentlichen von drei makroökonomischen Variablen ab:

- Dem inländischen Volkseinkommen (Y): Ein Anstieg des inländischen Volkseinkommens führt zu einem generellen Anstieg der Nachfrage nach Gütern.

Damit steigt auch die Nachfrage nach ausländischen Gütern, d. h. die Importe des Inlands nehmen zu. Eine Zunahme der Importe verschlechtert den inländischen Außenbeitrag, d. h. der Außenbeitrag des Inlands geht zurück wenn das inländische Volkseinkommen steigt (Y↑ ⇒ AB↓).

- Dem Wechselkurs (e): Ein Anstieg des Wechselkurses bedeutet, dass das Inland für eine Einheit einer ausländischen Währung einen höheren Preis zahlen muss. Die heimische Währung wird also abgewertet. Eine Abwertung der heimischen Währung führt im Fall einer Normalreaktion des Außenbeitrags zu einer Verbesserung des Außenbeitrags, weil die Exporte des Inlands steigen und die Importe zurückgehen oder allenfalls geringfügig zunehmen (e↑ ⇒ AB↑).
- Dem inländischen Zinssatz (i): Ein Anstieg des inländischen Zinssatzes macht es für ausländische Sparer attraktiver, inländische Wertpapiere zu kaufen und damit ihr Geld im Inland anzulegen. Der Erwerb heimischer Wertpapiere durch ausländische Anleger ist aus Sicht des Inlands ein Geldzufluss, also ein Kapitalimport. Infolge eines Zinsanstiegs im Inland nehmen daher die Nettokapitalimporte des Inlands zu (i↑ ⇒ K^{IM}_{net}↑).

Unter Berücksichtigung dieser Zusammenhänge lassen sich nun in einem i-Y-Diagramm alle Kombinationen des inländischen Volkseinkommens und des inländischen Zinssatzes angeben, bei denen ein **Devisenmarktgleichgewicht** erreicht wird: Wenn das Volkseinkommen des Inlands niedrig ist, sind auch die Importe des Inlands niedrig. Geringe Importe bedeuten, dass die Nachfrage des Inlands nach Devisen ebenfalls gering ist. Um ein Devisenmarktgleichgewicht zu erreichen, muss auch das Devisenangebot gering sein. Dies ist der Fall, wenn der inländische Zinssatz niedrig ist: Bei einem niedrigen Zinssatz ist es für ausländische Anleger unattraktiv, die Wertpapiere des Inlands zu erwerben. Ein geringes Interesse an inländischen Wertpapieren seitens ausländischer Anleger impliziert ein geringes Devisenangebot – es gibt nur wenige Anleger im Ausland, die ihre Währung auf dem Devisenmarkt anbieten, um dadurch die inländische Währung zu erhalten, die sie zum Kauf der inländischen Wertpapiere benötigen. Sollte nun das inländische Volkseinkommen steigen, nehmen die Importe des Inlands zu. Damit steigt auch die Devisennachfrage. Um erneut ein Devisenmarktgleichgewicht zu erreichen, muss nun auch das Devisenangebot steigen. Dies setzt einen steigenden Zinssatz im Inland voraus, denn nur dann wächst das Interesse ausländischer Anleger an den Wertpapieren des Inlands. Die höhere Nachfrage nach inländischen Wertpapieren durch ausländische Anleger ist wiederum die Voraussetzung dafür, dass das Devisenangebot der ausländischen Anleger steigt. In einem i-Y-Diagramm hat die Gerade, auf der alle i-Y-Kombinationen liegen, die zu einem Devisenmarktgleichgewicht führen, daher einen **steigenden Verlauf** (siehe Abb. 6.2). Diese Gerade wird auch **Z-Gerade** (Kurzform für Z=0-Gerade bzw. für die Gerade der Zins-Volkseinkommen-Kombinationen, bei der die Zahlungsbilanz ausgeglichen ist) genannt.

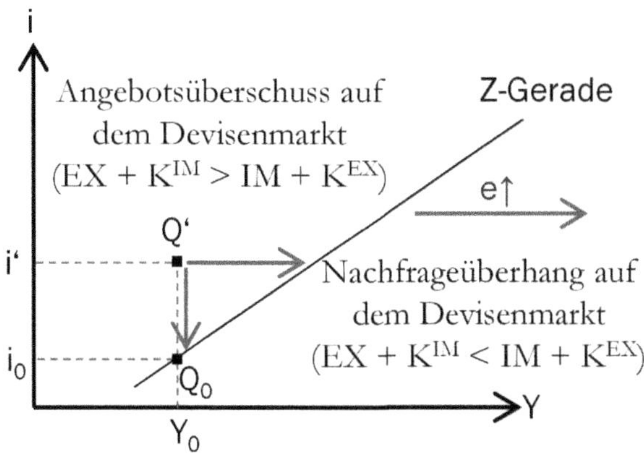

Abb. 6.2: Die Z-Gerade als Bedingung für ein außenwirtschaftliches Gleichgewicht

Oberhalb der Z-Geraden (z. B. im Punkt Q') herrscht auf dem Devisenmarkt ein Angebotsüberschuss. Dieser lässt sich wie folgt erklären: Bei einem Inlandsprodukt in Höhe von Y_0 ergibt sich ein Devisenmarktgleichgewicht, wenn der Zinssatz bei i_0 liegt. In Q' ist der Zinssatz jedoch höher ($i' > i_0$). Ein hoher Zinssatz impliziert eine hohe Nachfrage inländischer Wertpapiere durch ausländische Anleger. Da die ausländischen Anleger die inländischen Wertpapiere in der Währung des Inlands bezahlen müssen, bieten sie ihre Währung auf dem Devisenmarkt an. Der hohe inländische Zinssatz impliziert also ein hohes Devisenangebot. Damit ist das Devisenangebot größer als die Devisennachfrage ($\$^A = EX + K^{IM} > IM + K^{EX} = \$^N$), d. h. es herrscht ein **Angebotsüberschuss** auf dem Devisenmarkt. Für ein Devisenmarktgleichgewicht müsste entweder bei einem unveränderten Zinssatz das Volkseinkommen größer sein (damit über eine höhere Importnachfrage auch die Devisennachfrage größer wird) oder bei einem unveränderten Volkseinkommen der Zinssatz geringer sein (damit die Wertpapiernachfrage des Auslands geringer wird und damit das Devisenangebot zurückgeht).

> Die Z-Gerade stellt folglich alle Kombinationen von Volkseinkommen Y und Zinssätzen i dar, die auf dem Devisenmarkt für ein Gleichgewicht sorgen. Jede Kombination über der Z-Geraden stellt einem Angebotsüberschuss auf dem Devisenmarkt dar. Jede Kombination unter der Z-Geraden bedeutet einen Nachfrageüberhang.

So wie bereits die IS-Gerade und die LM-Kurve stellt auch die Z-Gerade keine funktionalen Zusammenhänge dar. Auch sie ist eine Gleichgewichtskurve, die aussagt, wie hoch der Zinssatz bei einem bestimmten Volkseinkommen sein muss, damit die Devisennachfrage mit dem Devisenangebot übereinstimmt. Die Lage der Z-Geraden verändert sich, wenn sich der Wechselkurs ändert. Ein Anstieg des Wechselkurses (e↑) bedeutet eine Abwertung der heimischen Währung. Dies führt zu einem Anstieg der Exporte und damit zu einer Erhöhung des Außenbeitrags. Die höheren Exporte bzw. der größere Außenbeitrag hat einen

Anstieg des Devisenangebots zur Folge: Um die höheren Exporte bezahlen zu können, bieten die ausländischen Wirtschaftseinheiten eine größere Devisenmenge an. Für ein Devisenmarktgleichgewicht muss nun auch die Devisennachfrage steigen. Dies ist z. B. der Fall, wenn das inländische Volkseinkommen steigt: Ein größeres Volkseinkommen impliziert eine größere Güternachfrage der inländischen Wirtschaftseinheiten, also auch eine größere Importnachfrage. Zur Bezahlung dieser Importe fragen die inländischen Wirtschaftssubjekte eine größere Menge an Devisen nach. Eine **Abwertung** der heimischen Währung (e↑) hat folglich im i-Y-Diagramm eine **Verschiebung** der Z-Geraden nach **rechts** zu Folge (siehe Abb. 6.2).

Eine letzte Anmerkung zur Z-Geraden betrifft das Ausmaß der internationalen Kapitalmobilität. Die Höhe der **Kapitalmobilität** gibt an, wie stark die Anleger auf Zinsänderungen im In- und Ausland reagieren. Wenn inländische und ausländische Wertpapiere von allen Anlegern als perfekte Substitute angesehen werden, reagieren die Anleger weltweit auf kleinste Zinsunterschiede und kaufen die Wertpapiere des Landes, das den höchsten Zins bietet. Dort steigt die Wertpapiernachfrage stark an, sodass es zu einem Nachfrageüberhang auf dem Wertpapiermarkt dieses Landes kommt. Der Nachfrageüberhang führt zu einem entsprechenden Anstieg des Wertpapierkurses. Dies reduziert wiederum die effektive Verzinsung, sodass der Zinssatz sinkt. In allen anderen Ländern kommt es hingegen zu Wertpapierverkäufen, also zu Kursrückgängen und Zinssteigerungen. Erst wenn die Zinsen in allen Ländern identisch sind, finden keine weiteren Kapitalwanderungen mehr statt. Bei einer geringen Kapitalmobilität sind inländische und ausländische Wertpapiere hingegen keine guten Substitute. Selbst wenn der Zins im Ausland etwas größer ist als im Inland, hat dies nicht zur Folge, dass die inländischen Anleger ihre heimischen Wertpapiere verkaufen und stattdessen ausländische Wertpapiere erwerben. Die Ursachen dafür sind u. a. Kosten, die mit dem Verkauf heimischer und dem anschießenden Erwerb ausländischer Wertpapiere verbunden sind (Umtauschgebühren, Kosten für die Absicherung gegen Wechselkursschwankungen, Umsatzsteuern beim Wertpapierhandel, Bankgebühren etc.). In diesem Fall reagieren Anleger erst bei größeren Zinsunterschieden mit Kapitalwanderungen.

Die Höhe der Kapitalmobilität ist entscheidend für den Verlauf der Z-Geraden in einem i-Y-Diagramm. Bei einer **hohen Kapitalmobilität** führt bereits eine geringe Erhöhung des inländischen Zinssatzes zu einem großen Zufluss von Kapital aus dem Ausland. Dies bedeutet einen großen Anstieg des Devisenangebots. Zum Ausgleich muss dann auch die Devisennachfrage stark ansteigen. Dies setzt wiederum einen starken Anstieg der Importe voraus, also eine große Zunahme des inländischen Volkseinkommens. Die Z-Gerade verläuft daher relativ flach (siehe Abb. 6.3 links). Bei einer **geringen Kapitalmobilität** führt eine geringe Erhöhung des inländischen Zinssatzes nur zu einem geringen Zufluss an Kapital. Das

Devisenangebot nimmt daher nur in geringem Ausmaß zu. Folglich ist auch nur eine geringe Steigerung der Importe erforderlich und damit wiederum nur ein geringer Zuwachs des inländischen Volkseinkommens. Die Z-Gerade verläuft daher relativ steil (siehe Abb. 6.3 Mitte). Im Fall einer **vollkommenen Kapitalmobilität** verläuft die Z-Gerade hingegen waagerecht. Wie weiter oben dargestellt wurde, bedeutet eine vollkommene Kapitalmobilität, dass der Zinssatz im Inland und im Ausland identisch ist. Da das Inland annahmegemäß ein kleines Land ist, hat es selbst keinen Einfluss auf die makroökonomischen Größen des Auslands. Stattdessen wird der inländische Zinssatz durch den ausländischen Zinssatz bestimmt, d. h. der inländische Zinssatz (i) stimmt mit dem ausländischen Zinssatz (i_a) überein. Für das Inland ist der Zinssatz damit eine **exogene** Größe.

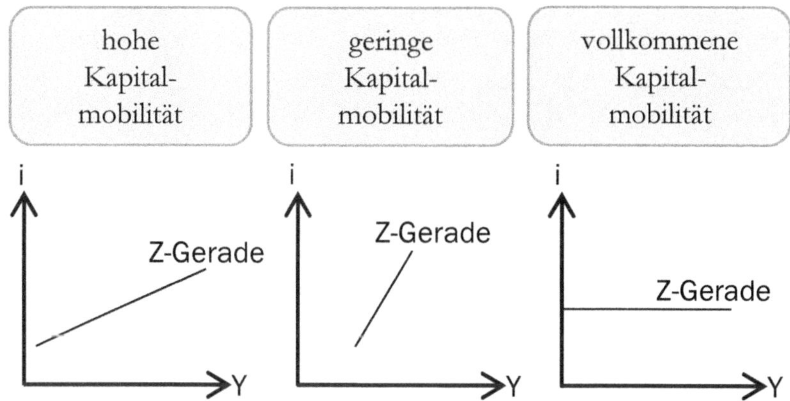

Abb. 6.3: Verlauf der Z-Geraden in Abhängigkeit vom Ausmaß der Kapitalmobilität

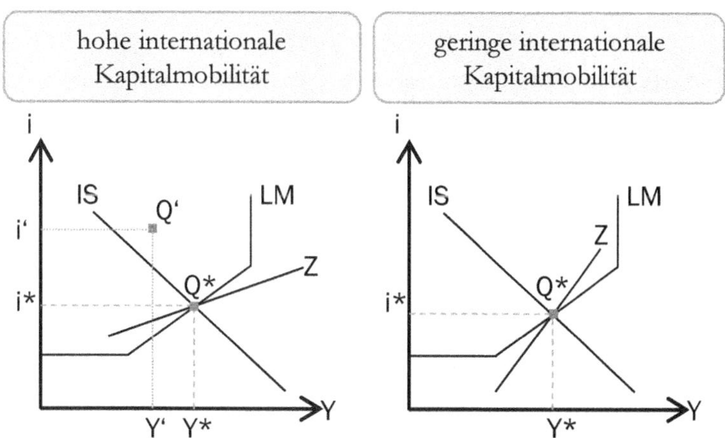

Abb. 6.4: Das IS-LM-Z-Modell bei hoher und geringer internationaler Kapitalmobilität

Nach diesen Vorarbeiten lässt sich nun das simultane Gleichgewicht auf dem Güter-, dem Geld- und dem Devisenmarkt bestimmen. Hierzu müssen die IS-Gerade, die LM-Kurve und die Z-Gerade in ein gemeinsames i-Y-Diagramm eingetragen werden. Der Schnittpunkt aller drei Geraden bzw. Kurven ergibt die Zins-Volkseinkommen-Kombination, bei der alle drei Märkte im Gleichgewicht sind (siehe Q* in Abb. 6.4).

Jede andere Kombination hat auf mindestens einem der drei Märkte ein Marktungleichgewicht zur Folge. Es werden jedoch stets Anpassungsmechanismen wirksam, die die Volkswirtschaft zu ihrem simultanen Gleichgewicht bringen. Sollte sich die Volkswirtschaft beispielsweise in Abb. 6.4 (links) im Punkt Q' befinden, hätte dies auf allen drei Märkten einen Angebotsüberschuss zur Folge. Dies würde folgende **Anpassungsprozesse** auslösen: Als erstes erfolgt eine Reaktion des Geldmarktes. Der Angebotsüberschuss auf dem Geldmarkt führt dazu, dass die Wirtschaftssubjekte vermehrt Wertpapiere nachfragen, um sich von dem überschüssigen Geld zu trennen. Dies baut den Angebotsüberschuss auf dem Geldmarkt ab. Der damit verbundene Anstieg der Wertpapierkurse bewirkt einen Zinsrückgang. Darauf reagiert der Gütermarkt mit einer steigenden Investitionsnachfrage, d. h. der Angebotsüberschuss auf dem Gütermarkt verringert sich. Da sich die Unternehmen annahmegemäß an eine höhere Güternachfrage anpassen, steigt das Inlandsprodukt bzw. das Volkseinkommen. Auch der Devisenmarkt reagiert auf den Zinsrückgang im Inland. Der sinkende inländische Zinssatz reduziert die Nachfrage der ausländischen Anleger nach inländischen Wertpapieren. Wenn die ausländischen Anleger weniger inländische Wertpapiere nachfragen, bieten sie auch weniger Devisen an, weil ihr Bedarf an inländischer Währung zur Bezahlung der inländischen Wertpapiere zurückgeht. Damit wird der Angebotsüberschuss auf dem Devisenmarkt abgebaut. Der Angebotsüberschuss auf dem Devisenmarkt wird darüber hinaus durch das steigende Volkseinkommen im Inland abgebaut: Ein höheres Volkseinkommen hat eine höhere Importnachfrage zur Folge. Damit steigt die Devisennachfrage der Inländer, was den Angebotsüberschuss auf dem Devisenmarkt weiter reduziert. Diese Anpassungsprozesse dauern so lange an, bis alle drei Märkte ihr Gleichgewicht erreicht haben.

Grundlegende Wirkungsmechanismen in einer offenen Volkswirtschaft

Die **Primäreffekte** einer Geldmengenerhöhung bzw. einer Staatsausgabenerhöhung sind in einer offenen Volkswirtschaft und in einer geschlossenen Volkswirtschaft identisch: Eine Geldmengenerhöhung führt zu einer Zinssenkung, die wiederum zu einer Erhöhung der Investitionsnachfrage führt, und eine Staatsausgabenerhöhung bewirkt eine Steigerung der gesamtwirtschaftlichen Güternachfrage sowie einen Zinsanstieg. In einer offenen Volkswirtschaft haben beide wirtschaftspolitischen Maßnahmen aber noch zusätzliche Auswirkungen auf den

Devisenmarkt. Diese Auswirkungen haben wiederum Rückwirkungen auf den inländischen Güter- und Geldmarkt. Für die Anpassungsprozesse, die durch eine staatliche Maßnahme ausgelöst werden, gelten folgende Annahmen:

- Als erstes reagiert der Markt, auf dem der Staat interveniert. Im Fall einer Geldmengenerhöhung kommt es also zunächst zu einer Reaktion auf dem Geldmarkt in Form einer Zinsänderung.
- Anschließend reagiert der zweite inländische Markt. Im Fall einer Geldmengenerhöhung kommt es also nach der Reaktion auf dem Geldmarkt zu einer Reaktion auf dem inländischen Gütermarkt, d. h. der Gütermarkt reagiert auf die Zinsänderung.
- Nachdem der inländische Geld- und Gütermarkt reagiert haben, kommt es zu Anpassungsprozessen auf dem Devisenmarkt.
- In einem letzten Schritt wirkt die auf dem Devisenmarkt ausgelöste Veränderung dann auf den inländischen Geldmarkt sowie den inländischen Gütermarkt zurück.

Die exakten Auswirkungen einer Geldmengenerhöhung bzw. einer Staatsausgabenerhöhung hängen im Fall einer offenen Volkswirtschaft vom Wechselkurssystem ab (feste oder flexible Wechselkurse) und vom Ausmaß der Kapitalmobilität.

- Bei **flexiblen** Wechselkursen führen wirtschaftspolitische Maßnahmen im Inland zu einer Veränderung des Wechselkurses. Diese hat Konsequenzen für die Exporte und Importe des Inlands. In einem i-Y-Diagramm bedeutet dies auch eine Verschiebung der Z-Geraden.
- Bei **festen** Wechselkursen bewirken wirtschaftspolitische Maßnahmen im Inland Änderungen bei der Devisennachfrage und/oder beim Devisenangebot. Diese können jedoch nicht zu einer Änderung des Wechselkurses führen. Stattdessen verlangen Angebotsüberschüsse oder Nachfrageüberhänge auf dem Devisenmarkt ein Eingreifen der Zentralbank, was zu einer Änderung der ausländischen Komponente der inländischen Zentralbankgeldmenge führt und damit das Geldangebot verändert. Die Z-Gerade bleibt im Fall fester Wechselkurse unverändert. Für die nachfolgenden Ausführungen wird dabei angenommen, dass die Zentralbank einen Zufluss von Devisen aus dem Ausland nicht durch eine Reduzierung der heimischen Komponente des Zentralbankgelds ausgleicht. Es wird also davon ausgegangen, dass die Zentralbank **keine Neutralisierungspolitik** betreibt.
- Die Höhe der Kapitalmobilität entscheidet schließlich darüber, ob die Z-Gerade steiler oder flacher als die LM-Gerade verläuft.

Im Folgenden werden die unterschiedlichen Konsequenzen einer expansiven Geld- bzw. Fiskalpolitik im Fall fester und im Fall flexibler Wechselkurse untersucht. Um die Analyse nicht übermäßig kompliziert zu machen, wird bei der Darstellung der IS-Geraden auf den Bereich der Investitionsfalle verzichtet und bei der Behandlung des Geldmarktes wird sowohl auf den Bereich der Liquiditätsfalle als auch auf den klassischen Bereich verzichtet. Auch der Fall einer waagerecht verlaufenden Z-Kurve (vollkommene internationale Kapitalmobilität mit einem exogen bestimmten Zinssatz im Inland: $i = i_a$) bleibt unberücksichtigt. Die Folgen einer restriktiven Wirtschaftspolitik, also einer Geldmengenverringerung oder einer Staatsausgabensenkung, werden ebenfalls nicht behandelt. Sie ergeben sich jedoch implizit aus einer Umkehrung der Argumentation und einer jeweils umgekehrten Verschiebung der betroffenen Marktgleichgewichtskurven.

Wirkungen einer expansiven Geld- und Fiskalpolitik bei festen Wechselkursen

Eine **expansive Geldpolitik** bedeutet, dass die Zentralbank die heimische Komponente der Zentralbankgeldmenge erhöht (M↑ via HK↑). Grafisch ergibt sich daraus eine Verschiebung der LM-Geraden nach rechts (von LM_0 hin zu LM_1, siehe Abb. 6.5). Dies führt zunächst zu einem Angebotsüberschuss auf dem Geldmarkt. Die Wirtschaftssubjekte fragen zusätzliche Wertpapiere nach, weil sie sich von dem überschüssigen Geld trennen wollen. Die höhere Wertpapiernachfrage erhöht den Wertpapierkurs und verringert so die effektive Verzinsung. Damit sinkt der Zins (von i_0 auf i_1). Die Reduzierung des Zinssatzes wirkt sich positiv auf die Investitionsnachfrage aus. Es kommt zu einer höheren gesamtwirtschaftlichen Güternachfrage. Die Unternehmen passen sich an diese Güternachfrage an, sodass sowohl das Inlandsprodukt als auch das Volkseinkommen größer werden (Steigerung von Y_0 auf Y_1). Die Änderungen auf dem inländischen Gütermarkt und dem inländischen Geldmarkt haben dann Auswirkungen auf den Devisenmarkt:

- Das höhere Volkseinkommen führt zu einer höheren Güternachfrage, die sich auch auf ausländische Güter bezieht. Es kommt zu einer Steigerung der Importe. Damit nimmt die Devisennachfrage zu ($\$^N$↑).

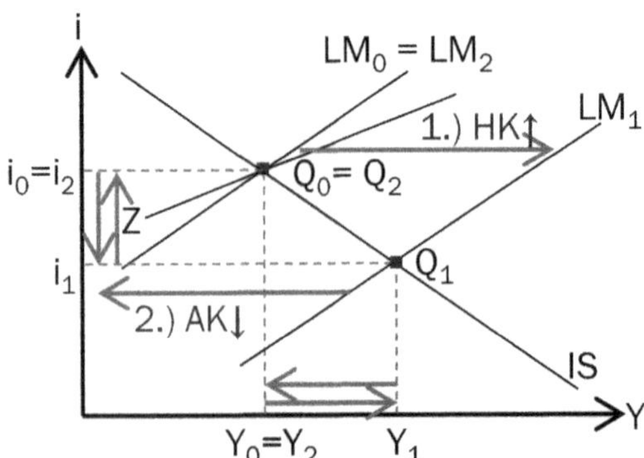

Abb. 6.5: Konsequenzen einer expansiven Geldpolitik (M↑ via HK↑) bei festen Wechselkursen

- Der geringere Zins im Inland hat zur Folge, dass ausländische Anleger nun ein geringeres Interesse an den Wertpapieren des Inlands haben. Die Nettokapitalimporte des Inlands gehen daher zurück ($K^{IM}_{net}\downarrow$). Die ausländischen Anleger reduzieren ihr Devisenangebot ($\$^{A}\downarrow$), weil sie weniger Einheiten der inländischen Währung für den Kauf inländischer Wertpapiere benötigen.
- Die steigende Devisennachfrage trifft auf ein sinkendes Devisenangebot. Damit kommt es auf dem Devisenmarkt – unabhängig davon, ob die Kapitalmobilität hoch oder gering ist – zu einem Nachfrageüberhang.

In einem System fester Wechselkurse kann dieser Nachfrageüberhang nur durch einen Eingriff der Zentralbank beseitigt werden. Die Zentralbank muss zusätzliche Devisen anbieten, um den Nachfrageüberhang auf dem Devisenmarkt abzubauen. Die Abgabe von Devisen reduziert jedoch die ausländische Komponente der inländischen Zentralbankmenge (AK↓). Damit sinkt die inländische Geldmenge. Die positiven Wirkungen der ursprünglichen Geldmengenerhöhung werden dadurch wieder rückgängig gemacht: Der Zinssatz steigt, die Investitionsnachfrage geht zurück und mit ihr sinken das Inlandsprodukt und das Volkseinkommen. Der Nachfrageüberhang auf dem Devisenmarkt ist erst dann abgebaut, wenn das Volumen der von der Zentralbank zusätzlich auf dem Markt angebotenen Devisen genauso groß ist wie das Volumen der vorherigen Erhöhung der heimischen Komponente der Zentralbankgeldmenge. Die Notwendigkeit einer Verringerung der inländischen Geldmenge lässt sich auch wie folgt erklären: Falls die inländische Zentralbank die Geldmenge erhöht und dies zu einem Nachfrageüberhang auf dem Devisenmarkt – also dem Markt für US-Dollar – führt, ist dies gleichbedeutend mit einem Angebotsüberschuss auf dem Markt für Euro. Wenn die inländische Zentralbank diesen Angebotsüberschuss abbauen will, muss sie das Euroangebot reduzieren und die ursprünglich auf den Markt geworfenen Eurobestände wieder einsammeln. Durch den Verkauf von Devisen (AK↓) sammelt die Zentralbank das Zentralbankgeld wieder ein und reduziert so das inländische Geldangebot (M↓). Grafisch bedeutet dies, dass die LM-Gerade soweit nach links verschoben wird, bis sie mit der ursprünglichen LM-Geraden übereinstimmt (von LM_1 hin zu $LM_2 = LM_0$). Damit hat der Zinssatz genau die Höhe erreicht, die er vor der expansiven Geldpolitik hatte. Die Devisenmarktintervention der Zentralbank führt also dazu, dass der Zinssatz wieder steigt (von i_1 auf $i_2 = i_0$) und dass das Volkseinkommen auf das ursprüngliche Ausgangsniveau zurückgeht (von Y_1 auf $Y_2 = Y_0$). Diese Wirkungszusammenhänge sind überblicksartig in Abb. 6.6 skizziert.

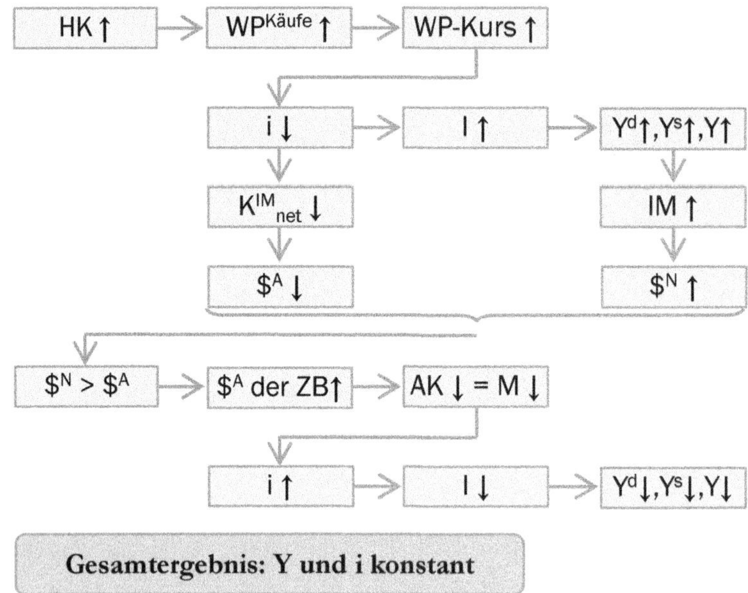

Abb. 6.6: Schematische Darstellung der Wirkungsweise einer expansiven Geldpolitik (M↑ via HK↑) im Fall fester Wechselkurse

Im Fall von festen Wechselkursen hat eine expansive Geldpolitik somit negative Sekundäreffekte, deren Wirkungen auf den Zinssatz und das Volkseinkommen vom Betrag her genauso groß sind wie die positiven Primäreffekte der ursprünglichen Geldmengenerhöhung. Bei festen Wechselkursen ist die Geldpolitik daher vollkommen unwirksam, weil die Geldmengenerhöhung durch die erforderliche Devisenmarktintervention der Zentralbank komplett kompensiert wird.

Eine **expansive Fiskalpolitik** führt zunächst einmal zu einer Steigerung der gesamtwirtschaftlichen Güternachfrage, also auch zu einer Steigerung des Inlandsprodukts und des Volkseinkommens (Verschiebung der IS-Geraden nach rechts). Auf dem Geldmarkt kommt es zu einer höheren Nachfrage nach Transaktionskasse. Der Nachfrageüberhang auf dem Geldmarkt führt zu einem verstärkten Verkauf von Wertpapieren, um so das benötigte Geld zu erhalten. Der damit verbundene Angebotsüberschuss auf dem Wertpapiermarkt bewirkt einen Rückgang der Wertpapierkurse. Dies lässt die effektive Verzinsung der Wertpapiere steigen und damit auch den inländischen Zinssatz. Der steigende Zins reduziert zwar die Investitionsnachfrage, aber per Saldo überwiegt die Steigerung der Güternachfrage. Unabhängig vom Ausmaß der Kapitalmobilität kommt es also zu einer Steigerung des Volkseinkommens (von Y_0 auf Y_1) und zu einer Steigerung des Zinssatzes (von i_0 auf i_1, siehe Abb. 6.7 und 6.8). Diese Entwicklung hat Konsequenzen für den Devisenmarkt:

- Das höhere Volkseinkommen bewirkt eine höhere Güternachfrage, die sich auch auf ausländische Güter bezieht. Es kommt daher zu einer Steigerung der Importe. Dies hat eine Steigerung der Devisennachfrage zur Folge ($\$^N\uparrow$).
- Der höhere Zins im Inland hat zur Folge, dass ausländische Anleger nun in größerem Maße die Wertpapiere des Inlands nachfragen und die Nettokapitalimporte des Inlands zunehmen ($K^{IM}_{net}\uparrow$). Die ausländischen Anleger erhöhen ihr Devisenangebot ($\$^A\uparrow$), um dafür die inländische Währung zu erhalten, die sie für den Kauf inländischer Wertpapiere benötigen.

Damit nehmen also sowohl die Devisennachfrage als auch das Devisenangebot zu. Ob nun die Zunahme der Devisennachfrage größer ist als die Zunahme des Devisenangebots oder umgekehrt, hängt von der Kapitalmobilität ab.

Bei einer **hohen Kapitalmobilität** (siehe Abb. 6.7) reagieren die ausländischen Anleger sehr stark auf den gestiegenen inländischen Zinssatz. Schon ein geringer Zinsanstieg lässt ihre Nachfrage nach inländischen Wertpapieren – und damit auch ihr Devisenangebot – stark ansteigen. Die Z-Gerade verläuft im i-Y-Diagramm relativ flach und ist dabei flacher als die LM-Gerade. Für den Devisenmarkt bedeutet dies, dass das Volumen des zusätzlichen Devisenangebots größer ist als das Volumen der zusätzlichen Devisennachfrage. Es kommt also zu einem **Angebotsüberschuss** auf dem **Devisenmarkt** ($\$^A > \$^N$). Im Fall fester Wechselkurse verlangt dies ein Eingreifen der Zentralbank. Wenn sie den Angebotsüberschuss auf dem Devisenmarkt aufkauft, erhöht sie damit ihren Devisenbestand (AK↑) und somit die ausländische Komponente der Zentralbankgeldmenge. Dies führt zu einer **Erhöhung der Geldmenge** im Inland (M↑ infolge von AK↑), sodass die LM-Gerade nach rechts verschoben wird. Die höhere Geldmenge führt wiederum zu einer Reduzierung des Zinssatzes (von i_1 auf i_2), woraus sich eine Steigerung der Investitionsnachfrage ergibt. Die damit verbundene höhere Güternachfrage bewirkt einen weiteren Anstieg von Inlandsprodukt und Volkseinkommen (von Y_1 auf Y_2).

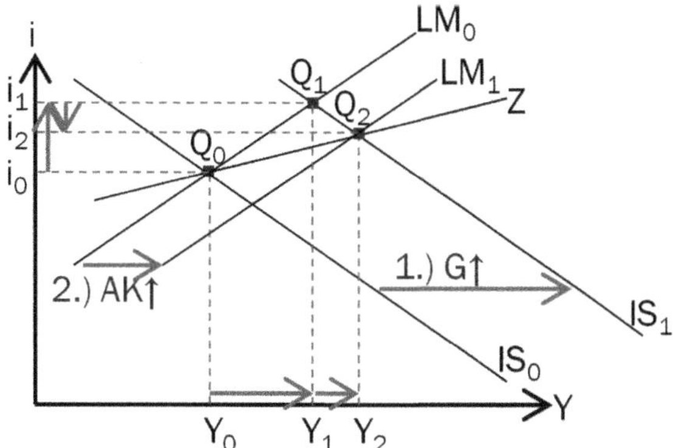

Abb. 6.7: Konsequenzen einer expansiven Fiskalpolitik (G↑) bei hoher internationaler Kapitalmobilität und festen Wechselkursen

Im Fall einer hohen Kapitalmobilität hat die Staatsausgabenerhöhung in einem System mit festen Wechselkursen also noch einen **positiven Sekundäreffekt**, der sich aus der Geldmengenerhöhung und der damit verbundenen Zinssenkung ergibt.

Bei einer **geringen Kapitalmobilität** (siehe Abb. 6.8) reagieren die ausländischen Anleger hingegen nur schwach auf den gestiegenen inländischen Zinssatz. Die Z-Gerade verläuft im i-Y-Diagramm steiler als die LM-Gerade. Ein Zinsanstieg im Inland führt nur zu einer geringen Steigerung der Wertpapiernachfrage durch ausländische Anleger. Für den Devisenmarkt bedeutet dies, dass das Volumen des zusätzlichen Devisenangebots kleiner ist als das Volumen der zusätzlichen Devisennachfrage. Es kommt daher zu einem **Nachfrageüberhang** auf dem **Devisenmarkt**. Die Zentralbank erhöht das Devisenangebot, um die höhere Devisennachfrage zu bedienen und so den Nachfrageüberhang abzubauen. Damit verringert sich die ausländische Komponente der Zentralbankgeldmenge. Es kommt zu einer **Verringerung der Geldmenge** im Inland (M↓ infolge von AK↓), sodass sich die LM-Gerade nach links verschiebt. Die geringere Geldmenge führt zu einer Erhöhung des Zinssatzes (von i_1 auf i_2). Der höhere Zinssatz bewirkt einen Rückgang der Investitionsnachfrage. Dies führt zu einer Verringerung des Inlandsprodukts und des Volkseinkommens (von Y_1 auf Y_2), also zu einem partiellen zinsinduzierten Crowding-out.

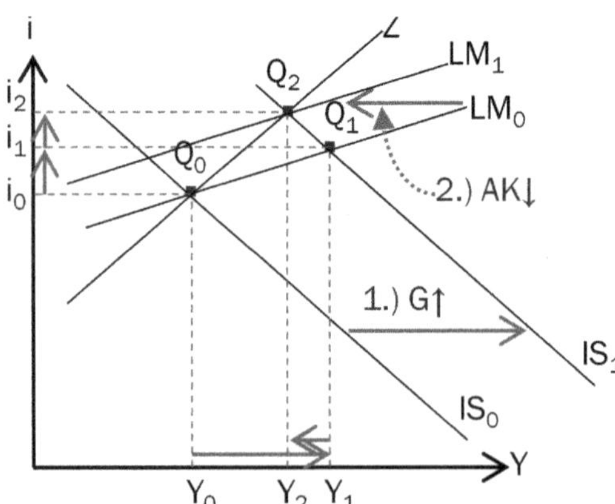

Abb. 6.8: Konsequenzen einer expansiven Fiskalpolitik (G↑) bei geringer internationaler Kapitalmobilität und festen Wechselkursen

Im Fall einer geringen Kapitalmobilität hat die Staatsausgabenerhöhung in einem System mit festen Wechselkursen somit einen **negativen Sekundäreffekt**, der sich aus der Geldmengenverringerung und dem damit verbundenen Zinsanstieg ergibt. Per Saldo kommt es aber dennoch zu einer Erhöhung des Volkseinkommens.

Die Wirkungsmechanismen einer expansiven Geldpolitik in Abhängigkeit einer hohen bzw. einer geringen internationalen Kapitalmobilität sind in Abb. 6.9 dargestellt.

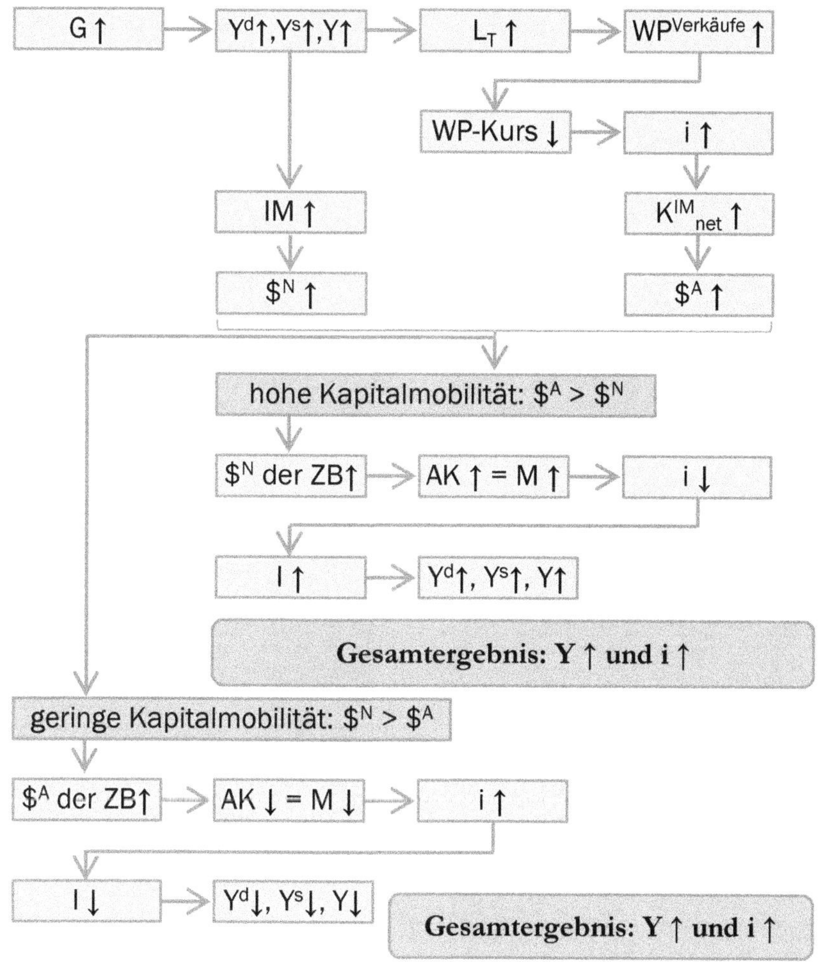

Abb. 6.9: Schematische Darstellung der Wirkungsweise einer expansiven Fiskalpolitik (G↑) im Fall fester Wechselkurse bei hoher und geringer Kapitalmobilität

Wirkungen einer expansiven Geld- und Fiskalpolitik bei flexiblen Wechselkursen

Eine **expansive Geldpolitik** führt auch im Fall flexibler Wechselkurse in einem i-Y-Diagramm zu einer Verschiebung der LM-Kurve nach rechts (von LM_0 nach LM_1, siehe Abb. 6.10 und 6.11). Die Erhöhung der Geldmenge bewirkt einen **Zinsrückgang** (von i_0 nach i_1). Der geringere Zinssatz erhöht die Investitionsnachfrage. Damit steigen die gesamtwirtschaftliche Güternachfrage, das Inlandsprodukt und das Volkseinkommen (von Y_0 nach Y_1). Der gesunkene Zinssatz macht es für ausländische Anleger weniger attraktiv, inländische Wertpapiere zu erwerben, sodass die Nettokapitalimporte des Inlands sinken (K^{IM}_{net}↓). Damit sinkt das Devisenangebot der ausländischen Anleger, denn sie benötigen nun weniger Einheiten der inländischen Währung ($\$^A\downarrow$). Das höhere Volkseinkommen führt zudem zu einer höheren Importnachfrage. Damit kommt es zu einer Erhöhung der Devisennachfrage ($\$^N\uparrow$). Wenn eine steigende Devisennachfrage auf ein sinkendes Devisenangebot trifft, bedeutet dies – unabhängig davon, ob die internationale Kapitalmobilität hoch oder gering ist – einen Nachfrageüberhang auf dem Devisenmarkt.

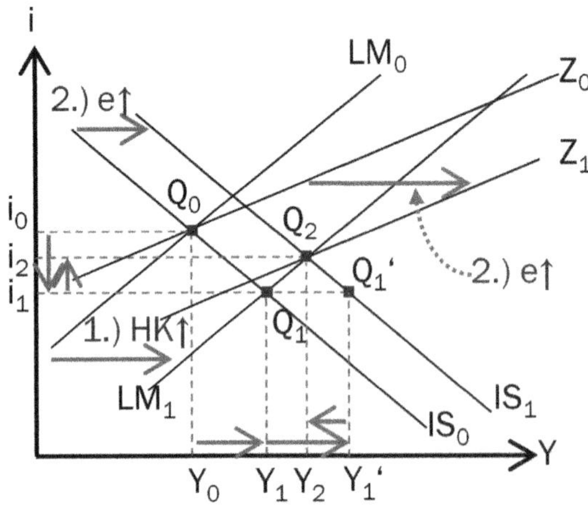

Abb. 6.10: Konsequenzen einer expansiven Geldpolitik (M↑ via HK↑) bei hoher internationaler Kapitalmobilität und flexiblen Wechselkursen

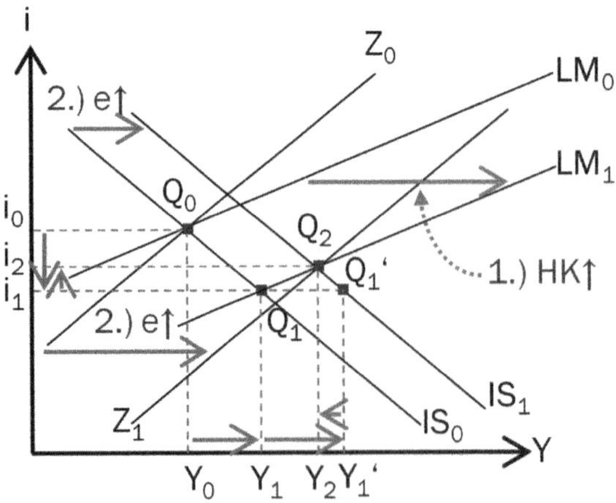

Abb. 6.11: Konsequenzen einer expansiven Geldpolitik (M↑ via HK↑) bei geringer internationaler Kapitalmobilität und flexiblen Wechselkursen

Der Preis für eine ausländische Währungseinheit steigt, d. h. es kommt zu einer Aufwertung der ausländischen Währung und damit zu einer **Abwertung der heimischen Währung** (e↑). Die Abwertung der heimischen Währung hat wiederum Rückwirkungen auf den Gütermarkt (IS-Gerade) und die Z-Gerade:

- Auf dem **Gütermarkt** bewirkt die Abwertung der heimischen Währung eine Erhöhung der Exporte, weil die inländischen Güter infolge der Abwertung im Ausland billiger werden. Damit es trotz der gestiegenen gesamtwirtschaftlichen Güternachfrage auf dem inländischen Gütermarkt zu einem Gleichgewicht kommt, muss nun auch das Güterangebot und mit ihm das Inlandsprodukt bzw. das Volkseinkommen steigen. Grafisch bedeutet dies eine Verschiebung der IS-Geraden nach rechts (von IS_0 nach IS_1).
- Auf dem **Devisenmarkt** hat die Abwertung der heimischen Währung wegen der höheren Exporte eine Verbesserung des Außenbeitrags zur Folge und damit eine Erhöhung des Devisenangebots durch das Ausland. Damit auf dem Devisenmarkt ein Gleichgewicht herrscht, muss zum Ausgleich der Nettokapitalimport sinken, weil dadurch das Devisenangebot sinkt. Dies verlangt einen Rückgang des inländischen Zinses. Die Abwertung der heimischen Währung hat daher die Konsequenz, dass ein Devisenmarktgleichgewicht für jedes beliebige Volkseinkommen einen geringeren Zinssatz erfordert. Grafisch bedeutet dies eine Verschiebung der Z-Geraden nach unten bzw. nach rechts (von Z_0 nach Z_1).

Die Abwertung der heimischen Währung bewirkt also eine Steigerung der Exporte bzw. des Außenbeitrags. Wegen dieser zusätzlichen Güternachfrage steigen das Inlandsprodukt und das Volkseinkommen (von Y_1 auf Y_1'). Das höhere Inlandsprodukt hat einen steigenden Bedarf an Transaktionskasse zur Folge ($L_T\uparrow$), weil die Wirtschafssubjekte für den Kauf der zusätzlichen Güter mehr Geld benötigen. Um das benötigte zusätzliche Geld zu erhalten, verkaufen die Wirtschaftssubjekte Wertpapiere. Der Angebotsüberschuss auf dem Wertpapiermarkt führt zu einem Rückgang des Wertpapierkurses. Damit steigt die effektive Verzinsung und mit ihr auch der Zinssatz (von i_1 nach i_2). Der höhere Zins bewirkt einen Rückgang der Investitionsnachfrage. Per Saldo aber überwiegt der einkommenserhöhende Effekt der Abwertung, sodass das Volkseinkommen steigt (von Y_1 nach Y_2). Der zinsbedingte Rückgang der Investitionsnachfrage stellt daher nur ein **partielles Crowding-out** dar (von Y_1' nach Y_2). Die skizzierten Wirkungszusammenhänge gelten sowohl im Fall einer hohen internationalen Kapitalmobilität (Abb. 6.10) als auch im Fall einer geringen Kapitalmobilität (Abb. 6.11).

> Bei einem flexiblen Wechselkurs führt eine expansive Geldpolitik somit – unabhängig vom Ausmaß der Kapitalmobilität – zu einer Abwertung der heimischen Währung, einem Rückgang des Zinssatzes und einer Steigerung des Inlandsprodukts bzw. des Volkseinkommens. Die Abwertung der heimischen Währung hat einen **positiven Sekundäreffekt**, der zu einer weiteren Steigerung des Volkseinkommens führt.

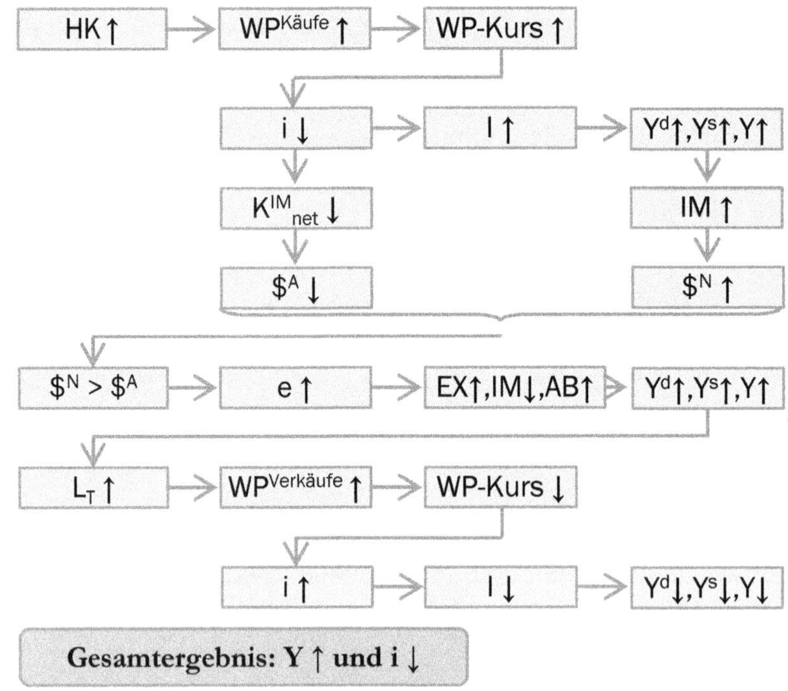

Abb. 6.12: Schematische Darstellung der Wirkungsweise einer expansiven Geldpolitik (M↑ via HK↑) im Fall flexibler Wechselkurse

Eine **expansive Fiskalpolitik** führt in einem i-Y-Diagramm zu einer Verschiebung der IS-Kurve nach rechts (von IS_0 nach IS_1, siehe Abb. 6.13 und 6.14). Die höhere Nachfrage nach Gütern durch den Staat bewirkt einen Anstieg der gesamtwirtschaftlichen Güternachfrage, an den sich die Unternehmen mit ihrem Angebot anpassen. Es kommt daher zu einer Erhöhung des Inlandsprodukts bzw. des Volkseinkommens (von Y_0 nach Y_1). Der damit verbundene Anstieg des Bedarfs an Transaktionskasse führt über einen verstärkten Verkauf von Wertpapieren zu einem Rückgang der Wertpapierkurse, also zu einem Anstieg der effektiven Verzinsung und damit zu einer **Erhöhung des Zinssatzes** (von i_0 nach i_1). Der Anstieg des Volkseinkommens und des Zinssatzes hat darüber hinaus Auswirkungen auf den Devisenmarkt: Das gestiegene Volkseinkommen führt zu einer Steigerung der Importnachfrage des Inlands und damit zu einer höheren Devisennachfrage ($\$^N$↑). Der gestiegene Zinssatz macht es für ausländische Anleger attraktiver, die inländischen Wertpapiere zu kaufen, sodass die Nettokapitalimporte des Inlands größer werden (K^{IM}_{net}↑). Damit steigt der Bedarf der ausländischen Anleger an der heimischen Währung. Dies führt dazu, dass die ausländischen Anleger ihr Devisenangebot erhöhen ($\$^A$↑). Auf dem Devisenmarkt kommt es somit zu einem Anstieg der Devisennachfrage und zu einem Anstieg des Devisenangebots. Ob daraus ein Angebotsüberschuss oder ein Nachfrageüberhang resultiert, hängt von der Kapitalmobilität ab.

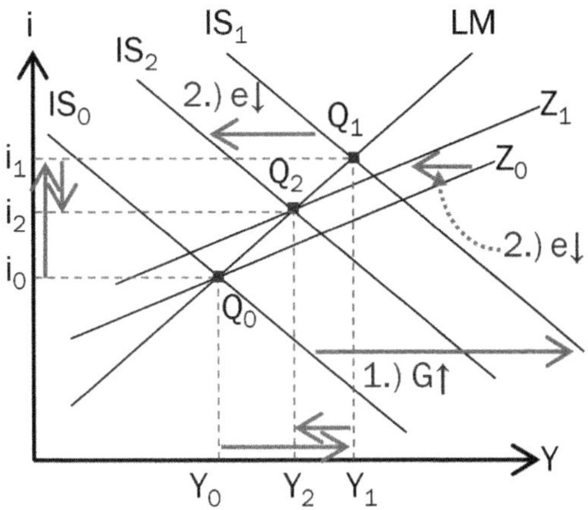

Abb. 6.13: Konsequenzen einer expansiven Fiskalpolitik (G↑) bei hoher internationaler Kapitalmobilität und flexiblen Wechselkursen

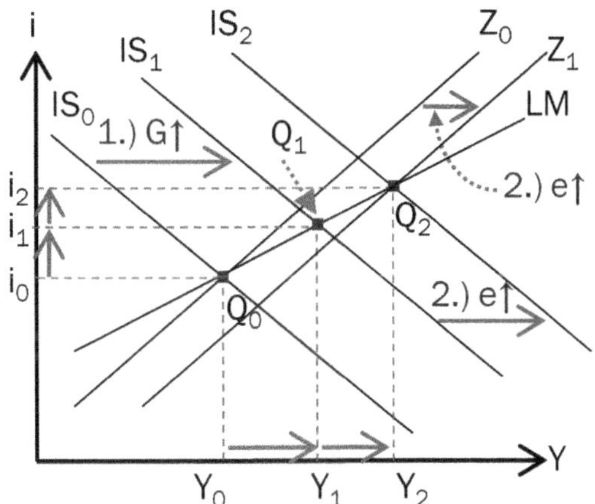

Abb. 6.14: Konsequenzen einer expansiven Fiskalpolitik (G↑) bei geringer internationaler Kapitalmobilität und flexiblen Wechselkursen

Im Fall einer **hohen Kapitalmobilität** verläuft die Z-Gerade flach (siehe Abb. 6.13). Eine hohe Kapitalmobilität bedeutet, dass eine geringe Zinssteigerung im Inland zu einem relativ starken Anstieg der Wertpapiernachfrage durch ausländische Anleger führt. Dies hat einen relativ starken Anstieg des Devisenangebots zur Folge. Daraus resultiert dann per Saldo ein **Angebotsüberschuss** auf dem Devisenmarkt. Dieser Angebotsüberschuss führt zu einer Abwertung der ausländischen Währung und damit zu einer **Aufwertung der heimischen Währung** (e↓). Diese Aufwertung hat wiederum Rückwirkungen auf den inländischen Gütermarkt (IS-Gerade) und die Z-Gerade:

- Auf dem **Gütermarkt** bewirkt die Aufwertung der heimischen Währung eine Verringerung der Exporte. Für ein Gütermarktgleichgewicht muss dann auch das gesamtwirtschaftliche Güterangebot zurückgehen, d. h. das Volkseinkommen muss sinken. Grafisch bedeutet dies eine Verschiebung der IS-Geraden nach links (von IS_1 nach IS_2).

- Auf dem **Devisenmarkt** hat die Aufwertung der heimischen Währung wegen der geringeren Exporte eine Verringerung des Außenbeitrags zur Folge. Damit auf dem Devisenmarkt ein Gleichgewicht herrscht, muss zum Ausgleich der Nettokapitalimport steigen. Dies verlangt einen Anstieg des inländischen Zinses. Die Aufwertung der heimischen Währung hat deshalb die Konsequenz, dass ein Devisenmarktgleichgewicht für jedes beliebige Volkseinkommen einen höheren Zinssatz erfordert. Grafisch bedeutet dies eine Verschiebung der IS-Geraden nach oben bzw. nach links (von Z_0 nach Z_1).
- Die Aufwertung der heimischen Währung führt über die Verschlechterung des Außenbeitrags zu einem Rückgang des inländischen Inlandsprodukts bzw. Volkseinkommens. Es kommt daher zu einem **wechselkursbedingten Crowding-out** (Bewegung von Y_1 nach Y_2). Dabei handelt es sich allerdings nur um ein partielles Crowding-out, denn im Vergleich zur Ausgangssituation ist das Volkseinkommen letztendlich gestiegen ($Y_2 > Y_0$).

> Im Ergebnis hat eine expansive Fiskalpolitik im Fall einer hohen Kapitalmobilität einen negativen Sekundäreffekt, der aus einer Aufwertung der heimischen Währung resultiert. Dennoch kommt es per Saldo zu einer Steigerung des Volkseinkommens.

Im Fall einer **geringen Kapitalmobilität** verläuft die Z-Gerade hingegen steiler als die LM-Gerade (siehe Abb. 6.14). Eine geringe Kapitalmobilität bedeutet, dass eine Zinssteigerung im Inland zu einem relativ schwachen Anstieg der Wertpapiernachfrage durch ausländische Anleger führt. Dies hat einen relativ schwachen Anstieg des Devisenangebots zur Folge. Daraus resultiert per Saldo ein **Nachfrageüberhang** auf dem Devisenmarkt. Dieser Nachfrageüberhang führt zu einer Aufwertung der ausländischen Währung und damit zu einer **Abwertung der heimischen Währung** (e↑). Die Abwertung hat erneut Rückwirkungen auf die IS-Gerade und die Z-Gerade:

- Auf dem **Gütermarkt** bewirkt die Abwertung der heimischen Währung eine Steigerung der Exporte. Für ein Gütermarktgleichgewicht muss dann auch das gesamtwirtschaftliche Güterangebot größer werden, d. h. das Volkseinkommen muss steigen. Grafisch bedeutet dies eine zweite Verschiebung der IS-Geraden nach rechts (von IS_1 nach IS_2).
- Auf dem **Devisenmarkt** hat die Abwertung der heimischen Währung wegen der höheren Exporte eine Steigerung des Außenbeitrags zur Folge. Damit auf dem Devisenmarkt ein Gleichgewicht herrscht, muss zum Ausgleich der Nettokapitalimport sinken. Dies verlangt eine Verringerung des inländischen Zinses. Die Abwertung der heimischen Währung hat deshalb die Konsequenz, dass ein Devisenmarktgleichgewicht für jedes beliebige Volkseinkommen

einen geringeren Zinssatz erfordert. Grafisch bedeutet dies eine Verschiebung der Z-Geraden nach unten bzw. nach rechts (von Z_0 nach Z_1).

- Die Abwertung der heimischen Währung führt über die Verbesserung des Außenbeitrags zu einem weiteren Anstieg des inländischen Inlandsprodukts bzw. Volkeinkommens (von Y_1 nach Y_2).

> Die expansive Fiskalpolitik hat daher bei einer geringen Kapitalmobilität wegen der Abwertung der heimischen Währung einen positiven Sekundäreffekt, der zu einer zusätzlichen Steigerung des Volkseinkommens führt.

Die Wirkungsmechanismen einer expansiven Fiskalpolitik bei flexiblen Wechselkursen sind in Abhängigkeit einer hohen bzw. einer geringen internationalen Kapitalmobilität in Abb. 6.15 dargestellt.

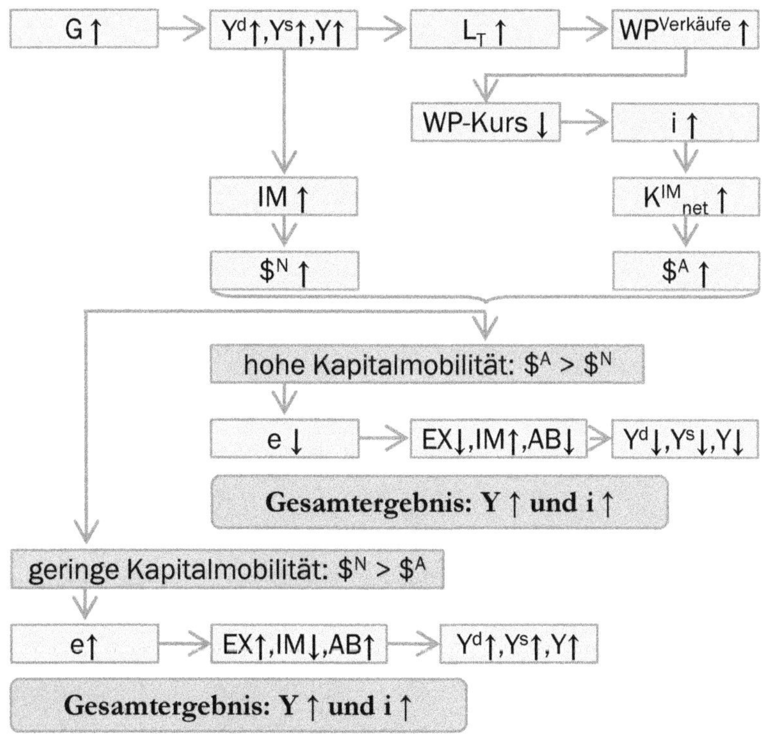

Abb. 6.15: Schematische Darstellung der Wirkungsweise einer expansiven Fiskalpolitik (G↑) im Fall flexibler Wechselkurse bei hoher und geringer Kapitalmobilität

Wirtschaftspolitische Konsequenzen

Die Frage, ob der Staat durch eine Geldmengenerhöhung oder eine expansive Fiskalpolitik das Volkseinkommen steigern kann, hängt in einer offenen Volkswirtschaft vom vorherrschenden Wechselkurssystem (feste oder flexible Wechselkurse) und vom Ausmaß der internationalen Kapitalmobilität ab. Die Auswirkungen beider wirtschaftspolitischen Maßnahmen auf den Zinssatz und das Volkseinkommen werden in Abb. 6.16 übersichtsartig zusammengefasst.

fester Wechselkurs		
M↑ bzw. HK↑	**hohe Kapitalmobilität**	**geringe Kapitalmobilität**
Primäreffekt	Y↑ und i↓	
Sekundäreffekt	AK↓ (und damit M↓) mit i↑ und Y↓	
Gesamteffekt	**Y und i erreichen wieder ihr Ausgangsniveau**	
G↑		
Primäreffekt	Y↑ und i↑	
Sekundäreffekt	AK↑ (= M↑) mit i↓ und Y↑	AK↓ (= M↓) mit i↑ und Y↓
Gesamteffekt	**Y↑ und i↑**	**Y↑ und i↑**

flexibler Wechselkurs		
M↑ bzw. HK↑	**hohe Kapitalmobilität**	**geringe Kapitalmobilität**
Primäreffekt	Y↑ und i↓	
Sekundäreffekt	Abwertung (e↑) mit Y↑ und i↑	
Gesamteffekt	**Y↑ und i↓**	
G↑		
Primäreffekt	Y↑ und i↑	
Sekundäreffekt	Aufwertung (e↓) mit Y↓ und i↓	Abwertung (e↑) mit Y↑ und i↑
Gesamteffekt	**Y↑ und i↑**	**Y↑ und i↑**

Abb. 6.16: Auswirkungen einer expansiven Geld- oder Fiskalpolitik in einer offenen Volkswirtschaft

Die Geldpolitik ist in einer offenen Volkwirtschaft bei **festen Wechselkursen** vollkommen unwirksam. Bei festen Wechselkursen kann daher nur eine expansive Fiskalpolitik eine Steigerung des Volkseinkommens bewirken. Im Fall **flexibler Wechselkurse** hat eine expansive Geldpolitik wegen der durch die Zinssenkung hervorgerufenen Abwertung der heimischen Währung – unabhängig vom Ausmaß der Kapitalmobilität – einen positiven Sekundäreffekt, der das Volkseinkommen weiter steigert. Die Effektivität einer expansiven Fiskalpolitik hängt maßgeblich von der Kapitalmobilität ab. Bei einer geringen Kapitalmobilität kommt es zu einer Abwertung der heimischen Währung, die das Volkseinkommen weiter steigert. Bei einer hohen Kapitalmobilität kommt es zu einer Aufwertung, die die Exporte reduziert und damit ein wechselkursbedingtes Crowding-out hervorruft. Dennoch führt eine expansive Fiskalpolitik auch in diesem Fall per Saldo zu einer Steigerung des Volkseinkommens.

Lernfragen

Das Inland wird als kleines Land angesehen, wenn ...

- ☐ makroökonomische Veränderungen im Inland keinen Einfluss auf ökonomische Variablen im Ausland haben.
- ☐ makroökonomische Veränderungen im Ausland keinen Einfluss auf ökonomische Variablen im Inland haben.
- ☐ das inländische Bruttoinlandsprodukt weniger als zehn Prozent des ausländischen Bruttoinlandsprodukts beträgt.

Die Zentralbank eines Landes betreibt eine Neutralisierungspolitik, wenn ...

- ☐ das gesamtwirtschaftliche Preisniveau im Zeitablauf konstant bleibt.
- ☐ die Erhöhung der ausländischen Komponente der Geldmenge durch eine Reduzierung der inländischen Komponente kompensiert wird.
- ☐ die Wachstumsrate der heimischen Geldmenge mit der Wachstumsrate des nominalen Bruttoinlandsprodukts übereinstimmt.

Wenn die Nettokapitalimporte des Inlands zunehmen, bedeutet dies ceteris paribus ...

- ☐ einen Angebotsüberschuss auf dem Devisenmarkt.
- ☐ einen Nachfrageüberhang auf dem Devisenmarkt.
- ☐ ein Zahlungsbilanzdefizit.

Wenn der inländische Zinssatz steigt, verlangt ein Devisenmarktgleichgewicht, dass ...

- ☐ das inländische Volkseinkommen steigt.
- ☐ das inländische Volkseinkommen sinkt.

In einem Zins-Volkseinkommen-Diagramm bedeutet ein Punkt unter der Z-Geraden einen ...

- ☐ Angebotsüberschuss auf dem Devisenmarkt.
- ☐ Nachfrageüberhang auf dem Devisenmarkt.

Eine Abwertung der heimischen Währung führt in einem Zins-Volkseinkommen-Diagramm dazu, dass die Z-Gerade ...

- ☐ nach links verschoben wird.
- ☐ nach rechts verschoben wird.
- ☐ unverändert bleibt, weil der Zinssatz unverändert ist.

Bei einer vollkommenen Kapitalmobilität verläuft die Z-Gerade in einem Zins-Volkseinkommen-Diagramm ...

- ☐ parallel zur Zins-Achse.
- ☐ parallel zur Volkseinkommens-Achse.

Bei festen Wechselkursen führt eine expansive Geldpolitik dazu, dass das inländische Volkseinkommen ...

- ☐ größer wird.
- ☐ konstant bleibt.
- ☐ nur dann steigt, wenn die internationale Kapitalmobilität relativ groß ist.

Bei festen Wechselkursen und einer hohen Kapitalmobilität hat eine expansive Fiskalpolitik einen ...

- ☐ positiven Sekundäreffekt.
- ☐ negativen Sekundäreffekt.
- ☐ vollständigen Crowding-out-Effekt.

Bei festen Wechselkursen und einer geringen Kapitalmobilität kommt es im Fall einer expansiven Fiskalpolitik zu ...

- ☐ einer Erhöhung der inländischen Geldmenge.
- ☐ einer Verringerung der inländischen Geldmenge.

Bei flexiblen Wechselkursen kommt es im Fall einer expansiven Geldpolitik im Gesamtergebnis zu ...

- ☐ einem Zinsanstieg und einer Aufwertung der heimischen Währung.
- ☐ einem Zinsanstieg und einer Abwertung der heimischen Währung.
- ☐ einem Zinsrückgang und einer Abwertung der heimischen Währung.

Bei flexiblen Wechselkursen und einer hohen Kapitalmobilität hat eine expansive Fiskalpolitik zur Folge, dass die heimische Währung ...

☐ aufgewertet wird.

☐ abgewertet wird.

Bei flexiblen Wechselkursen und einer hohen Kapitalmobilität hat eine expansive Fiskalpolitik zur Folge, dass die LM-Gerade ...

☐ nach links verschoben wird.

☐ nach rechts verschoben wird.

☐ nicht verschoben wird.

Bei flexiblen Wechselkursen und einer geringen Kapitalmobilität hat eine expansive Fiskalpolitik zur Folge, dass erst die IS-Gerade nach rechts verschoben wird und dann ...

☐ die Z-Gerade nach rechts und die IS-Gerade ein zweites Mal nach rechts.

☐ die Z-Gerade nach rechts und die IS-Gerade nach links.

☐ die Z-Gerade nach links und die IS-Gerade nach links.

Prüfungstipp

In einer offenen Volkswirtschaft hat eine wirtschaftspolitische Maßnahme Auswirkungen auf drei Märkte (inländischer Gütermarkt, inländischer Geldmarkt und Devisenmarkt), wobei es Interdependenzen und damit Wechselwirkungen zwischen diesen Märkten gibt. Damit du dabei nicht den Überblick verlierst, solltest du dir folgende Regel merken: Als erstes reagiert der inländische Markt, auf dem der Staat durch eine wirtschaftspolitische Maßnahme eingreift. Dann reagiert der zweite inländische Markt. Änderungen auf dem inländischen Geld- und Gütermarkt haben Auswirkungen auf den Devisenmarkt, der als drittes reagiert. Die Änderungen auf dem Devisenmarkt haben schließlich wieder Rückwirkungen auf den inländischen Geld- und Gütermarkt. Weitere Rückkoppelungen werden dann nicht mehr verfolgt, d. h. die Analyse der makroökonomischen Konsequenzen einer wirtschaftspolitischen Maßnahme ist beendet.

Schritt 7:
Der Arbeitsmarkt

Lernhinweise

Was erwartet mich in diesem Kapitel?

Auf dem Arbeitsmarkt trifft das Arbeitsangebot der privaten Haushalte auf die Arbeitsnachfrage der Unternehmen. Die Höhe des Arbeitsangebots und der Arbeitsnachfrage hängen vom Preis für den Faktor Arbeit – also dem Lohn bzw. noch genauer dem realen Lohnsatz – ab. Du lernst hier, wie das Arbeitsangebot und die Arbeitsnachfrage auf Lohnsatzänderungen reagieren, wie es zur Vollbeschäftigung kommt und unter welchen Umständen Arbeitslosigkeit auftreten kann.

Welche Schlagwörter lerne ich kennen?

■ Arbeitsangebot ■ Arbeitsnachfrage ■ Nominallohnsatz ■ Reallohnsatz ■ Wertgrenzprodukt ■ neoklassische Produktionsfunktion ■ Arbeitsmarktgleichgewicht ■ Gleichgewichtslohnsatz ■ Vollbeschäftigung ■ Lohnuntergrenze ■ Arbeitslosigkeit ■ gesamtwirtschaftliches Preisniveau ■ starrer Nominallohnsatz ■ Sperrklinken-Effekt

Wofür benötige ich dieses Wissen?

Arbeitslosigkeit ist nach wie vor eines der Hauptprobleme aller Volkswirtschaften. Die Unterscheidung zwischen dem nominalen Lohnsatz und dem realen Lohnsatz kann in Kombination mit einem nach unten hin starren Lohnsatz erklären, warum es zur Arbeitslosigkeit kommt. Die Kenntnis der Ursache von Arbeitslosigkeit erlaubt Rückschlüsse auf geeignete Maßnahmen zum Abbau der Arbeitslosigkeit.

In diesem Kapitel wird untersucht, wie es auf dem Arbeitsmarkt durch das Zusammenspiel von Arbeitsangebot und Arbeitsnachfrage zu einem Gleichgewicht kommt. Betrachtet wird dabei neben dem Fall vollkommen flexibler Nominallöhne auch die Möglichkeit eines nach unten hin starren Nominallohnsatzes. Aus dem jeweiligen Beschäftigungsniveau wird das Inlandsprodukt abgeleitet, das aus dem Arbeitsmarktgleichgewicht resultiert.

Arbeitsangebot und Arbeitsnachfrage

Das **Arbeitsangebot** einer Volkswirtschaft resultiert aus der Bereitschaft der privaten Haushalte, ihre Arbeitskraft gegen die Zahlung eines Lohnsatzes auf dem Arbeitsmarkt anzubieten. Das optimale Arbeitsangebot eines einzelnen Haushalts ergibt sich aus der Maximierung des Nutzens dieses Haushalts unter gegebenen Restriktionen. Diese Restriktionen bestehen aus den – aus Sicht eines einzelnen Haushalts – exogen vorgegebenen Preisen für Konsumgüter und für den Faktor Arbeit, also dem Nominallohnsatz (w). Der Lohn pro Stunde stellt die Alternativkosten einer Stunde Freizeit dar. Die nutzenstiftenden Elemente sind die Menge an Konsumgütern und die Menge an Freizeit (gemessen in Stunden). Ausgehend von der zusätzlichen zeitlichen Restriktion eines Tages (24 Stunden), sucht der Haushalt die Kombination aus Konsumgütermengen und Freizeit, die seinen Nutzen unter den gegebenen Restriktionen maximiert. Die Differenz zwischen den täglich zur Verfügung stehenden 24 Stunden und der optimalen Freizeitmenge ist dann die von dem Haushalt pro Tag angebotene Arbeitsmenge.

Wenn der Haushalt seine nutzenmaximierende Freizeitmenge bestimmt hat und sich anschließend der Lohnsatz verändert, bedeutet dies auch eine Änderung der optimalen nachgefragten Freizeitmenge. Eine Senkung des Lohnsatzes für eine Stunde Arbeit hat beispielsweise zur Folge, dass der Preis für eine Stunde Freizeit sinkt, weil die Alternativkosten einer Stunde Freizeit geringer geworden sind. Wird davon ausgegangen, dass Freizeit ein normales Gut ist, so hat der Rückgang des Lohnsatzes – also der Rückgang des Preises für eine Stunde Freizeit – einen Anstieg der Nachfrage nach Freizeit zur Folge. Dies bedeutet zugleich, dass die Zeit, die der Haushalt für eine Beschäftigung bei einem Arbeitgeber aufwenden kann, zurückgeht. Im Normalfall bedeutet der Rückgang des Lohnsatzes somit eine Zunahme der Freizeitnachfrage und damit eine Verringerung des Arbeitsangebots. Die bisher beschriebenen Zusammenhänge gelten nicht nur für einzelne Haushalte, sondern auch für die Gesamtheit aller Haushalte und damit für das gesamte Arbeitsangebot einer Volkswirtschaft. In den nachfolgenden Ausführungen wird davon ausgegangen, dass das Arbeitsangebot einen normalen Verlauf hat. Es wird also angenommen, dass das Arbeitsangebot auf dem Arbeitsmarkt mit steigendem Lohnsatz zunimmt.

Die **Arbeitsnachfrage** resultiert aus der Faktornachfrage der Unternehmen. Unternehmen fragen Produktionsfaktoren (z. B. Arbeitskräfte) nach, um mit ihnen Güter (z. B. Bleistifte) zu produzieren, die sie anschließend auf dem Gütermarkt anbieten. Die Nachfrage nach einer zusätzlichen Mengeneinheit eines Produktionsfaktors (z. B. einer Stunde Arbeit) ist für ein gewinnmaximierendes Unternehmen immer dann lohnend, wenn die zusätzlichen Ausgaben für diese Mengeneinheit (Grenzausgaben) geringer sind als die zusätzlichen Erlöse, die sich mit dem Einsatz dieser Mengeneinheit des Faktors in der Produktion erzielen lassen. Formal lohnt sich die Nachfrage nach einer zusätzlichen Mengeneinheit eines Produktionsfaktors immer dann, wenn die Grenzausgaben für den Produktionsfaktor geringer sind als das Wertgrenzprodukt dieses Faktors. Das Wertgrenzprodukt eines Produktionsfaktors ist wiederum das Produkt aus dem physischen Grenzprodukt des Faktors (z. B. die Menge an zusätzlichen Bleistiften, die produziert wird, wenn eine zusätzliche Stunde Arbeit nachgefragt und in der Produktion von Bleistiften eingesetzt wird) und dem Preis, der für die zusätzlich produzierten Gütereinheiten erzielt werden kann. Im Fall der vollständigen Konkurrenz dehnt ein gewinnmaximierendes Unternehmen seine Nachfrage nach einem bestimmten Produktionsfaktor daher so lange aus, bis folgende Gleichheit gilt: Faktorpreis = Wertgrenzprodukt des Produktionsfaktors.

> Die Arbeitsnachfragekurve eines Unternehmens auf einem Markt mit vollständiger Konkurrenz entspricht folglich dem **Wertgrenzprodukt** des Faktors Arbeit.

Im Fall einer neoklassischen Produktionsfunktion mit positiven, aber abnehmenden Grenzerträgen eines Produktionsfaktors hat dies für den Verlauf der Arbeitsnachfragekurve in einem Preis-Mengen-Diagramm folgende Konsequenzen: Wenn vom Faktor Arbeit nur sehr wenige Mengeneinheiten eingesetzt werden, ist die Grenzproduktivität des Faktors Arbeit sehr hoch. Daher kann auch ein relativ hoher Lohnsatz gezahlt werden. Daraus folgt umgekehrt: Wenn der Lohnsatz sehr hoch ist, wird nur eine geringe Menge an Arbeit nachgefragt, weil nur dann eine Grenzproduktivität erreicht werden kann, die dem hohen Lohnsatz entspricht. Wenn vom Faktor Arbeit sehr viele Mengeneinheiten eingesetzt werden, ist die Grenzproduktivität des Faktors Arbeit gering. Daher kann auch nur ein relativ geringer Lohnsatz gezahlt werden. Daraus folgt umgekehrt: Eine große Menge an Arbeit wird nur nachgefragt, wenn der Lohnsatz sehr niedrig ist, weil mit der großen Arbeitsmenge nur eine geringe Grenzproduktivität verbunden ist. Eine steigende Menge an Arbeit wird folglich nur nachgefragt, wenn der Lohnsatz sinkt, weil der zunehmende Einsatz des Faktors Arbeit in der Produktion mit einer sinkenden Grenzproduktivität verbunden ist. Im Ergebnis resultiert somit eine gesamtwirtschaftliche Arbeitsnachfragekurve, die in einem Preis-Mengen-Diagramm einen fallenden Verlauf hat. Dies bedeutet, dass die Arbeitsnachfrage mit steigendem Lohnsatz abnimmt.

Das Arbeitsmarktgleichgewicht

Ein Markt mit vollständiger Konkurrenz zeichnet sich vor allem dadurch aus, dass es eine Vielzahl von Anbietern und Nachfragern gibt, die alle als Mengenanpasser agieren, und dass der Preis für den Faktor Arbeit – also der Lohnsatz – nach oben und unten vollkommen flexibel ist. Das Marktgleichgewicht ergibt sich dann aus dem Schnittpunkt der gesamtgesellschaftlichen Arbeitsangebots- und Arbeitsnachfragekurve. Dieser Schnittpunkt bestimmt die gleichgewichtige Arbeitsmenge und den Gleichgewichtslohnsatz. Da die Arbeitsnachfragekurve im Fall der vollständigen Konkurrenz mit der gesamtwirtschaftlichen Wertgrenzproduktkurve des Faktors Arbeit übereinstimmt, entspricht der Gleichgewichtslohnsatz dem gesamtwirtschaftlichen Wertgrenzprodukt des Faktors Arbeit.

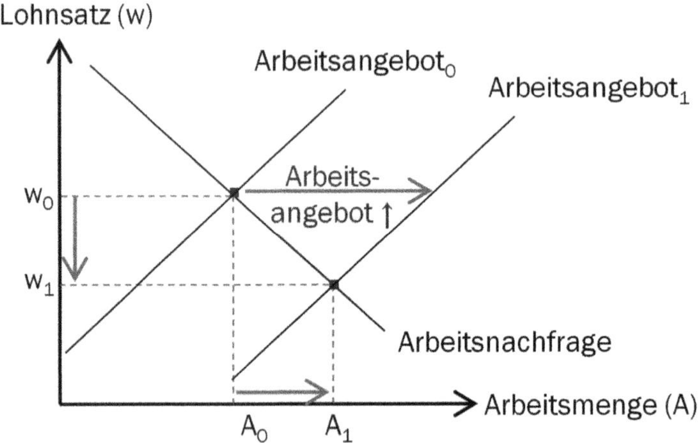

Abb. 7.1: Konsequenzen einer Zunahme des Arbeitsangebots bei flexiblem Lohnsatz

Durch die Änderung der Arbeitsnachfrage (A^d) oder des Arbeitsangebots (A^s) kommt es zu einem neuen Gleichgewicht. Wenn es beispielsweise zu einer Erhöhung des Arbeitsangebots kommt, so bedeutet dies eine Rechtsverschiebung der Arbeitsangebotskurve (siehe Abb. 7.1). Die Erhöhung des Arbeitsangebots hat zur Folge, dass beim alten Gleichgewichtslohn (w_0) ein Angebotsüberschuss besteht. Dieser bewirkt einen Lohnrückgang. Der geringere Lohn hat zur Folge, dass die von den Unternehmen nachgefragte Arbeitsmenge steigt, während die Haushalte ihr Arbeitsangebot reduzieren. Der Lohnrückgang dauert so lange an, bis der Angebotsüberschuss abgebaut ist. Das neue Arbeitsmarktgleichgewicht zeichnet sich also durch einen niedrigeren Gleichgewichtslohn (w_1) und eine höhere gleichgewichtige Arbeitsmenge (A_1) aus. Sowohl das ursprüngliche als auch das neue Arbeitsmarktgleichgewicht zeichnen sich zudem dadurch aus, dass auf dem Arbeitsmarkt **Vollbeschäftigung** herrscht: Jeder Haushalt, der zum herrschenden Marktlohn seine Arbeitskraft anbietet, findet ein Unternehmen, das diese Arbeitskraft nachfragt. Es gibt daher keine Arbeitslosigkeit, die sich in Form eines Angebotsüberschusses äußern würde. Gleichzeitig kann jedes Unternehmen zum herrschenden Marktlohn die Arbeitsmenge erwerben, die es zum Zwecke der Gewinnmaximierung benötigt. Es gibt also auch keinen Arbeitskräftemangel, der sich in Form eines Nachfrageüberhangs äußern würde.

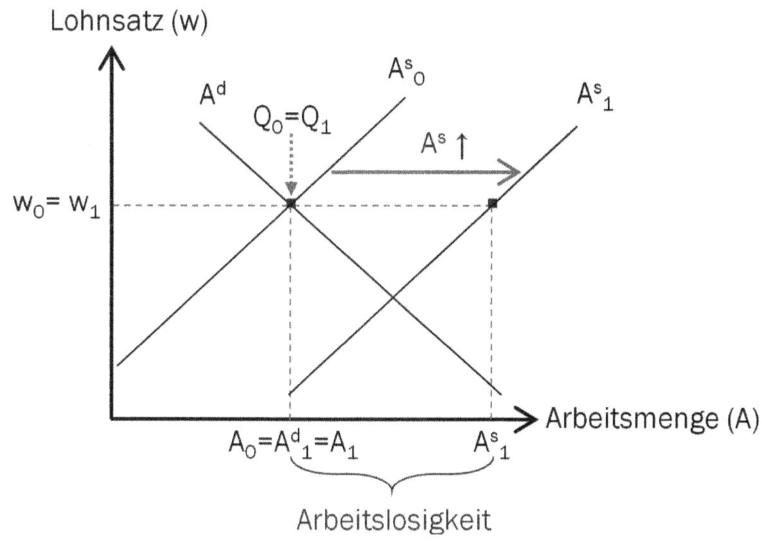

Abb. 7.2: Konsequenzen einer Zunahme des Arbeitsangebots (As↑) bei einem nach unten starren Lohnsatz

Sollte der Lohnsatz allerdings nach unten hin starr sein, sodass Lohnsenkungen nicht möglich sind, kommt es zur Arbeitslosigkeit. Dieser Fall ist in Abb. 7.2 dargestellt. Wenn es zu einer Erhöhung des Arbeitsangebots kommt, stellt sich beim ursprünglichen Gleichgewichtslohn (w_0) ein Angebotsüberschuss ein. Wenn nun der Lohnsatz nach unten hin nicht flexibel ist – z. B. weil es tarifliche Löhne gibt, die nicht unterschritten werden, oder weil staatliche Transferleistungen eine faktische Lohnuntergrenze darstellen –, so bleibt der aus der Arbeitsangebotserhöhung resultierende Angebotsüberschuss dauerhaft bestehen. Damit kommt es zur Arbeitslosigkeit. Zum unveränderten Lohnsatz ($w_0 = w_1$) bieten die Haushalte nach der Erhöhung des Arbeitsangebots eine Arbeitsmenge an (A^s_1), die größer ist als die von den Unternehmen nachgefragte Arbeitsmenge (A^d_1). Dies hat zur Folge, dass sich das neue Arbeitsmarktgleichgewicht durch einen unveränderten Gleichgewichtslohn ($w_0 = w_1$) und eine ebenfalls unveränderte gleichgewichtige Arbeitsmenge ($A_0 = A_1$) auszeichnet. Damit gibt es Haushalte, die zu diesem Lohnsatz bereit sind, ihre Arbeitskraft anzubieten, aber keinen Arbeitsplatz finden. Dies bedeutet **Arbeitslosigkeit**. Die Höhe der Arbeitslosigkeit ist dabei die Differenz zwischen der zum Lohnsatz w_0 bzw. w_1 angebotenen Arbeitsmenge und der zu diesem Lohnsatz nachgefragten Arbeitsmenge, also (A^s_1 - A^d_1).

Im Rahmen von makroökonomischen Modellen wird der Arbeitsmarkt in einer leicht modifizierten Form dargestellt, indem das Arbeitsangebot und die Arbeitsnachfrage vom **realen Lohnsatz** abhängen. Der Reallohnsatz ergibt sich aus der Division des Nominallohnsatzes (w) durch das gesamtwirtschaftliche Preisniveau (P). Diese Modifikation basiert auf der Überlegung, dass das Arbeitsangebot der privaten Haushalte nicht nur vom Nominallohnsatz abhängt, sondern auch von der damit verbundenen Kaufkraft. Wenn beispielsweise der Nominallohnsatz um 10 Prozent steigt, führt dies unter sonst gleichen Bedingungen zu einer Erhöhung des Arbeitsangebots, weil der reale Preis für Freizeit steigt und deshalb weniger Freizeit nachgefragt wird. Falls aber gleichzeitig das gesamtwirtschaftliche Preisniveau um 20 Prozent steigt, ist der reale Preis einer Stunde Freizeit gesunken. Ein nutzenmaximierender Haushalt wird daher mehr Freizeit nachfragen. Damit geht sein Arbeitsangebot automatisch zurück. Für gewinnmaximierende Unternehmen gelten analoge Überlegungen, sodass die Unternehmen ihre Arbeitsnachfrage ebenfalls an der Höhe des Reallohnsatzes ausrichten. So lange das Preisniveau auf eins normiert ist und zudem konstant ist, stimmen Nominallohnsatz und Reallohnsatz vom Wert her überein. Da in den nachfolgenden Ausführungen jedoch mit einem variablen Preisniveau gearbeitet wird, ist es erforderlich, den Arbeitsmarkt in Abhängigkeit vom Reallohnsatz abzubilden (siehe Abb. 7.3).

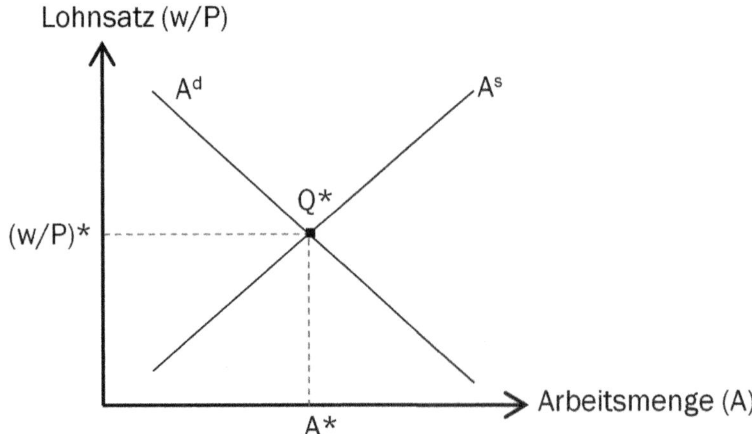

Abb. 7.3: Das Arbeitsmarktgleichgewicht in Abhängigkeit vom realen Lohnsatz (w/P)

Arbeitsmarktgleichgewicht und gesamtwirtschaftliches Güterangebot

Das gesamtwirtschaftliche Güterangebot wird in den Modellen der kurzfristigen Makroökonomie mit Hilfe der Produktionsfaktoren Arbeit und Kapital hergestellt. Der Bestand an Kapital ist dabei annahmegemäß konstant. Damit hängt das Volumen der produzierten Gütermenge – also das gesamtwirtschaftliche Güterangebot (Y^s) und damit auch das Inlandsprodukt (Y) – von der eingesetzten Arbeitsmenge (A) ab, d. h. es gilt: $Y^s = Y = Y(A)$. Diese Arbeitsmenge ergibt sich wiederum aus dem Beschäftigungsniveau, das mit dem Arbeitsmarktgleichgewicht verbunden ist. Um daraus das gesamtwirtschaftliche Güterangebot zu bestimmen, muss diese Arbeitsmenge in die gesamtwirtschaftliche Produktionsfunktion eingesetzt werden. Dabei wird eine **neoklassische Produktionsfunktion** angenommen. Dies bedeutet, dass jeder Mehreinsatz von Arbeit zu einer Erhöhung der produzierten Gütermenge führt. Die Zuwächse der Produktionsmenge werden jedoch mit steigendem Arbeitseinsatz immer geringer. Während also ausgehend von einem beliebigen Beschäftigungsniveau der Einsatz eines zusätzlichen Arbeiters z. B. eine Steigerung der Güterproduktion von 15 Einheiten nach sich zieht, bringt der Einsatz eines weiteren Arbeiters nur noch eine Mehrproduktion von 14 Einheiten, der nächste Arbeiter steigert die Produktion um 13 Einheiten usw. Formal bedeutet dies:

> Die gesamtwirtschaftliche Produktionsfunktion hat positive, aber abnehmende Grenzerträge.

Der daraus resultierende Zusammenhang zwischen Arbeitseinsatzmenge (A) und Output (Y) ist in Abb. 7.4 in den beiden unteren Y-A-Diagrammen dargestellt.

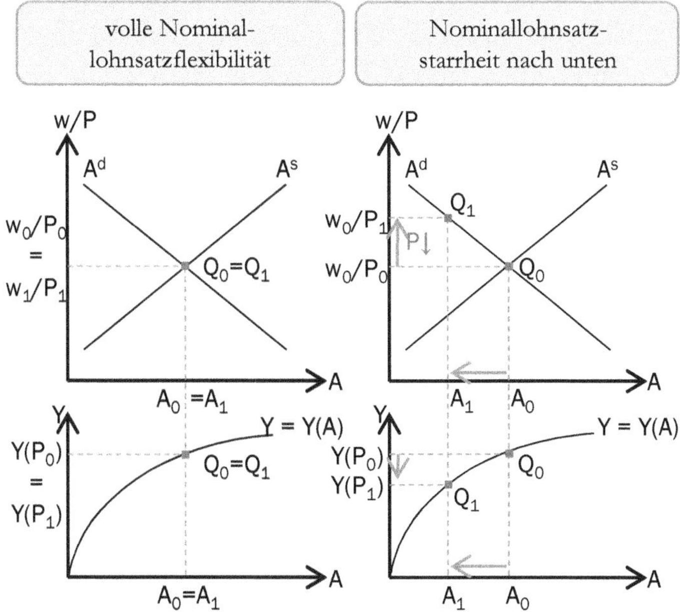

Abb. 7.4: Auswirkungen einer Preisniveausenkung auf Beschäftigungsniveau und Güterangebot bei flexiblen und bei nach unten hin starren Lohnsätzen

Wird nun die Annahme eines fixierten und auf eines normierten Preisniveaus aufgegeben, so lässt sich die Höhe des gesamtwirtschaftlichen Güterangebots in

Abhängigkeit vom Preisniveau (P) bestimmen. Diese Abhängigkeit ergibt sich über den Arbeitsmarkt, genauer über den Reallohnsatz $(\frac{w}{P})$. Wenn ausgehend von einem Arbeitsmarktgleichgewicht mit w_0 und P_0 das Preisniveau auf P_1 sinkt (mit $P_1 < P_0$), hat diese Preisniveausenkung eine Steigerung des Reallohnsatzes zur Folge, d. h. es gilt $(\frac{w}{P})_1 > (\frac{w}{P})_0$ bzw. $\frac{w_0}{P_1} > \frac{w_0}{P_0}$. Bei einem steigenden Reallohn geht die Arbeitsnachfrage des Unternehmenssektors zurück, während das Arbeitsangebot des Haushaltssektors steigt. Es kommt also zu einem Angebotsüberschuss auf dem Arbeitsmarkt. Bei der Reaktion des Arbeitsmarktes auf dieses Marktungleichgewicht ist zwischen einem vollkommen flexiblen und einem nach unten hin starren Nominallohnsatz (w) zu unterscheiden:

- Wenn der Nominallohnsatz vollkommen **flexibel** ist, wird der Angebotsüberschuss durch eine Reduzierung des Nominallohnsatzes abgebaut. Ein Angebotsüberschuss äußert sich auf dem Arbeitsmarkt in Form von Arbeitslosigkeit. Einzelne Haushalte sind daher bereit, zu einem geringeren als dem herrschenden Nominallohnsatz zu arbeiten. Die Unternehmen bemerken dies und sind nun ihrerseits nur noch bereit, einen geringeren Nominallohn zu zahlen. Die Nominallohnsenkung dauert so lange an, bis der Angebotsüberschuss abgebaut ist. Dies ist der Fall, wenn der Reallohnsatz wieder sein ursprüngliches Niveau erreicht hat, d. h. wenn gilt: $(\frac{w}{P})_1 = (\frac{w}{P})_0$ bzw. $\frac{w_1}{P_1} = \frac{w_0}{P_0}$. Auf dem Arbeitsmarkt mit vollkommen flexiblen Nominallöhnen herrscht daher stets Vollbeschäftigung (siehe Abb. 7.4 links). Dies bedeutet wiederum, dass unabhängig von der Höhe des Preisniveaus stets die zum Vollbeschäftigungsniveau gehörende Gütermenge ($Y_{Vollb.} = Y_{max}$) produziert und angeboten wird. Die gesamtwirtschaftliche Güterangebotskurve (Y^s) verläuft daher in einem Preis-Mengen-Diagramm parallel zur Preis-Achse (siehe Abb. 7.5 links).

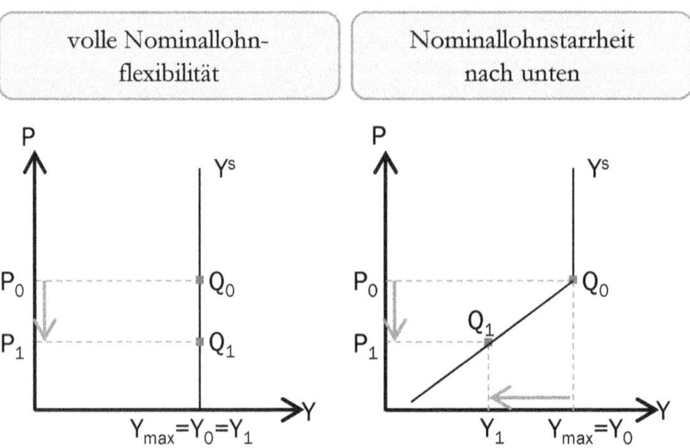

Abb. 7.5: Güterangebot in Abhängigkeit vom Preisniveau bei flexiblen und bei nach unten hin starren Lohnsätzen

- Bei einem nach unten hin **starren** Nominallohnsatz kann der Angebotsüberschuss nicht durch eine Reduzierung des Nominallohns erreicht werden, weil diese Reduzierung explizit ausgeschlossen ist. Der Angebotsüberschuss ist daher dauerhaft. Damit ist auch das Beschäftigungsniveau geringer als im Fall der Vollbeschäftigung ($A_1 < A_0$, siehe Abb. 7.4 rechts). Ein geringeres Beschäftigungsniveau hat wiederum eine geringere Güterproduktion und damit ein geringeres Güterangebot zur Folge ($Y^s(P_1) < Y^s(P_0)$). Ausgehend von dem Preisniveau P_0 hat jede Preisniveausenkung daher eine **Reduzierung des Güterangebots** zur Folge, sodass die gesamtwirtschaftliche Güterangebotskurve unterhalb von P_0 preiselastisch verläuft (siehe Abb. 7.5 rechts).

Für das Beschäftigungsniveau und das daraus abgeleitete gesamtwirtschaftliche Güterangebot ergibt sich damit für die auf Keynes zurückgehende Makroökonomie eine entscheidende Konsequenz:

> Wenn die Nominallöhne in einer Volkswirtschaft nach unten hin starr sind, führt die Reduzierung eines einmal erreichten Preisniveaus dazu, dass es auf dem Arbeitsmarkt zu einem dauerhaften Angebotsüberschuss – also zu Arbeitslosigkeit – kommt. Die gesamtwirtschaftliche Güterangebotskurve verläuft dann nicht mehr parallel zur Preis-Achse, sondern sie bekommt in einem Preis-Mengen-Diagramm in Höhe des einmal erreichten Preisniveaus einen Knick. Dieser Effekt wird **Sperrklinken-Effekt** genannt.

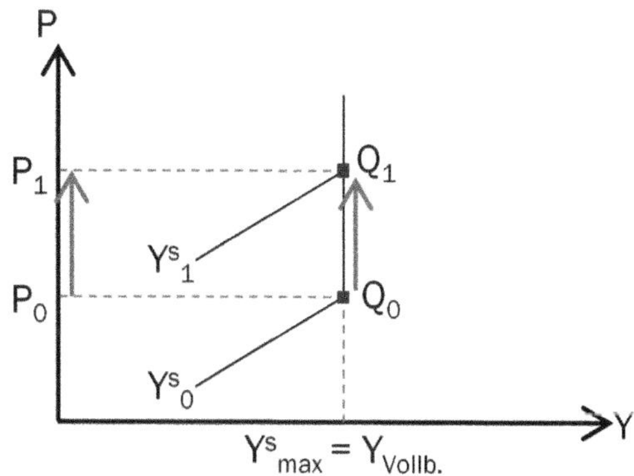

Abb. 7.6: Der Sperrklinken-Effekt eines nach unten hin starren Nominallohnsatzes

Der Knickpunkt wandert mit dem Preisniveau nach oben (siehe Abb. 7.6). Wenn das Preisniveau der Gesellschaft den Wert P_0 erreicht hat, führt jede Preisniveausenkung zu Arbeitslosigkeit und damit zu einem Rückgang des gesamtwirtschaftlichen Güterangebots. Sollte das Preisniveau auf P_1 steigen, so bedeutet dies eine Verringerung des Reallohnsatzes. Dies hat eine höhere Nachfrage nach Arbeit zur Folge und einen Rückgang des Arbeitsangebots. Der damit verbundene Nachfrageüberhang nach Arbeit führt zu einem Anstieg des Nominallohnsatzes. Dieser Anstieg dauert so lange, bis der alte Reallohnsatz erreicht ist und Vollbeschäftigung herrscht. Wenn das Preisniveau jetzt wieder auf das ursprüngliche Preisniveau P_0 absinkt, kommt es wegen des Sperrklinken-Effekts zur Arbeitslosigkeit. Die Volkswirtschaft konnte vor der Preisniveauerhöhung mit dem Preisniveau P_0 den Zustand der Vollbeschäftigung mit dem entsprechenden Vollbeschäftigungseinkommen ($Y_{Vollb.}$) erreichen. Nach Überschreitung dieses Preisniveaus und anschließender Verringerung des Preisniveaus ist das jedoch nicht mehr möglich.

Lernfragen

Die Arbeitsnachfrage eines gewinnmaximierenden Unternehmens entspricht ...

- ☐ dem Grenzprodukt des Faktors Arbeit.
- ☐ dem Wertgrenzprodukt des Faktors Arbeit.
- ☐ dem Grenzleid der Arbeitnehmer.

Ein Rückgang des Arbeitsangebots führt auf dem Arbeitsmarkt im Fall eines vollkommen flexiblen Nominallohnsatzes zu ...

- ☐ einer Zunahme der Beschäftigung und einem Anstieg des Lohnsatzes.
- ☐ einem Rückgang der Beschäftigung und einem Rückgang des Lohnsatzes.
- ☐ einem Rückgang der Beschäftigung und einem Anstieg des Lohnsatzes.

Bei einem nach unten hin starren Nominallohnsatz führt der Rückgang des gesamtwirtschaftlichen Preisniveaus auf dem Arbeitsmarkt ...

- ☐ zu einem dauerhaften Nachfrageüberhang.
- ☐ zu einem dauerhaften Angebotsüberschuss.
- ☐ zur Vollbeschäftigung.

Bei einer neoklassischen Produktionsfunktion hat der Faktor Arbeit ...

- ☐ positive und steigende Grenzerträge.
- ☐ positive und konstante Grenzerträge.
- ☐ positive und abnehmende Grenzerträge.

Bei einem vollkommen flexiblen Nominallohnsatz verläuft die gesamtwirtschaftliche Güterangebotskurve in einem Preisniveau-Volkseinkommen-Diagramm ...

- ☐ parallel zur Achse des Preisniveaus.
- ☐ parallel zur Achse des Volkseinkommens.

Bei einem nach unten hin starren Nominallohnsatz verläuft die gesamtwirtschaftliche Güterangebotskurve in einem Preisniveau-Volkseinkommen-Diagramm ...

- ☐ vollkommen preisunelastisch.
- ☐ teilweise preiselastisch.
- ☐ vollkommen preiselastisch.

Bei einem nach unten hin starren Nominallohnsatz kommt es zu ...

- ☐ einem partiellen Crowding-Out.
- ☐ einem Sperrklinken-Effekt.
- ☐ einem Gleichgewichtslohn, der größer ist als das Wertgrenzprodukt des Faktors Arbeit.

Prüfungstipp

Der Arbeitsmarkt funktioniert so wie jeder Markt: Wenn die angebotene Gütermenge größer ist als die nachgefragte Gütermenge, liegt ein Angebotsüberschuss vor. Angebotsüberschüsse führen zu einem Preisrückgang, Nachfrageüberhänge zu einem Preisanstieg. Falls der Preis für das betreffende Gut nicht unterschritten werden darf, sind auftretende Angebotsüberschüsse dauerhaft. Wenn du in dieser Argumentation das Wort ‚Gütermenge' durch ‚Arbeitsmenge' ersetzt, ‚Preis' durch ‚Lohn', und ‚dauerhafter Angebotsüberschuss' durch ‚Arbeitslosigkeit', hast du anstelle eines Gütermarktes den Arbeitsmarkt beschrieben.

Schritt 8:
Wirtschaftspolitik in einer geschlossenen Volkswirtschaft mit flexiblem Preisniveau

Lernhinweise

Was erwartet mich in diesem Kapitel?

In den bisherigen Ausführungen wurde stets von einem konstanten gesamtwirtschaftlichen Preisniveau ausgegangen. Diese Annahme wird nun aufgehoben. Mit der Flexibilisierung des Preisniveaus erhöht sich die Komplexität der makroökonomischen Analysen: Eine Reduzierung des Preisniveaus hat u. a. eine Erhöhung der realen Geldmenge inklusive einer damit verbundenen Zinssenkung zur Folge sowie eine Erhöhung des realen Lohnsatzes, die wiederum Auswirkungen auf den Arbeitsmarkt hat. Um die Komplexität überschaubar zu halten, wird hier lediglich im Rahmen einer geschlossenen Volkswirtschaft argumentiert.

Welche Schlagwörter lerne ich kennen?

■ reale Geldmenge ■ Keynes-Effekt ■ Nachfragedefekt ■ Unterbeschäftigungsgleichgewicht ■ neoklassische Variante des makroökonomischen Totalmodells ■ Keynessche Variante des makroökonomischen Totalmodells ■ Vollbeschäftigungseinkommen ■ Inflation ■ Deflation ■ Inflationsrate ■ Hyperinflation ■ wirtschaftspolitischer Zielkonflikt ■ Phillips-Kurve

Wofür benötige ich dieses Wissen?

Mit der Flexibilisierung des gesamtwirtschaftlichen Preisniveaus nähern sich die theoretischen Überlegungen immer mehr der ökonomischen Realität an. Das Verständnis realer Phänomene verlangt diesen Schritt, denn flexible Preise und das damit verbundene flexible Preisniveau sind ein Kernelement marktwirtschaftlicher Systeme. Aktuelle wirtschaftspolitische Diskussionen können deshalb nur richtig verfolgt werden, wenn die Annahme eines konstanten Preisniveaus aufgehoben wird. Auch wenn die makroökonomische Analyse damit noch komplizierter wird, als sie ohnehin schon ist, ist diese Modifikation der Modellannahmen erforderlich, um reale wirtschaftliche Probleme richtig zu verstehen.

In diesem Kapitel wird untersucht, wie sich in einer geschlossenen Volkswirtschaft mit einem flexiblen Preisniveau ein simultanes Gleichgewicht auf dem Gütermarkt, dem Geldmarkt und dem Arbeitsmarkt einstellt. Anschließend wird analysiert, welche Auswirkungen eine expansive Geldpolitik und eine expansive Fiskalpolitik auf das Volkseinkommen und den Arbeitsmarkt haben.

Die gesamtwirtschaftliche Güternachfrage

Die gesamtwirtschaftliche Güternachfrage (Y^d) wurde bereits in dem 2. Schritt behandelt. Sie setzt sich zusammen aus der Konsumnachfrage (C), der zinsabhängigen Investitionsnachfrage (I) und dem Staatskonsum (G). Unter Berücksichtigung eines durchschnittlichen Steuersatzes (t) und bei einer Vernachlässigung des Basiskonsums lautet die entsprechende Definitionsgleichung:

$$Y^d = c \cdot (1 - t) \cdot Y + I(i) + G.$$

Im Fall eines flexiblen Preisniveaus stellt die Gleichung aber nicht mehr nur die definitorischen Zusammenhänge zwischen den einzelnen Nachfragekomponenten dar.

Stattdessen stellt die gesamtwirtschaftliche Güternachfragekurve alle Kombinationen von Preisniveau (P) und Volkseinkommen (Y) dar, bei denen sowohl der Gütermarkt als auch der Geldmarkt im Gleichgewicht ist.

Da das gesamtwirtschaftliche Preisniveau in der Definitionsgleichung der gesamtwirtschaftlichen Güternachfrage aber gar nicht auftaucht, gibt es keinen direkten Einfluss des Preisniveaus auf die Güternachfrage. Das Preisniveau wirkt jedoch indirekt über den Geldmarkt auf die Güternachfrage: Im Fall eines flexiblen Preisniveaus stimmen die nominale und die reale Geldmenge nicht mehr überein. Auf dem Geldmarkt ist stattdessen die **reale Geldmenge** $\left(\frac{M}{P}\right)$ relevant. Für ein Geldmarktgleichgewicht gilt daher folgende Gleichgewichtsbedingung:

$$\frac{M}{P} = L(Y,i) = L_T(Y) + L_S(i).$$

Unter diesen Modellannahmen ergibt sich folgender Zusammenhang zwischen dem Preisniveau und dem simultanen Gütermarkt- und Geldmarktgleichgewicht: Ausgehend von einem Preisniveau P_0 ergibt sich aus dem Schnittpunkt der IS-Geraden und der LM-Kurve in einem i-Y-Diagramm eine Zins-Volkseinkommen-Kombination, bei der der Gütermarkt und der Geldmarkt gleichzeitig im Gleichgewicht sind (siehe die Kombination i_0 und Y_0 in Abb. 8.1). Wenn nun das Preisniveau auf P_1 steigt ($P_1 > P_0$), bedeutet dies eine Verringerung der realen

Geldmenge ($\frac{M}{P_1} < \frac{M}{P_0}$). Grafisch folgt daraus eine Verschiebung der LM-Kurve nach links. Im neuen Gütermarkt- und Geldmarktgleichgewicht ist das Volkseinkommen kleiner ($Y_1 < Y_0$). Ökonomisch lässt sich dies wie folgt erklären: Die aus dem Anstieg des Preisniveaus resultierende Verringerung der realen Geldmenge – also des realen Geldangebots – führt zu einem Nachfrageüberhang auf dem Geldmarkt. Die Wirtschaftssubjekte verkaufen Wertpapiere, um Geld zu erhalten, das sie für die Abwicklung der Güterkäufe benötigen. Das steigende Angebot an Wertpapieren führt zu einem Rückgang des Wertpapierkurses. Der Kursrückgang bewirkt einen Anstieg der effektiven Verzinsung, also auch einen Zinsanstieg. Auf diesen Zinsanstieg reagiert die Investitionsnachfrage mit einer Verringerung der Investitionen. Damit sinkt die gesamtwirtschaftliche Güternachfrage, an die sich die Unternehmen anpassen. Im Fall einer Verringerung des Preisniveaus ergeben sich analoge Effekte (Erhöhung der realen Geldmenge, Zinssenkung und Investitionsanstieg), sodass als Resultat die gesamtwirtschaftliche Güternachfrage und das Volkseinkommen größer werden (siehe die Kombination i_2 und Y_2 in Abb. 8.1).

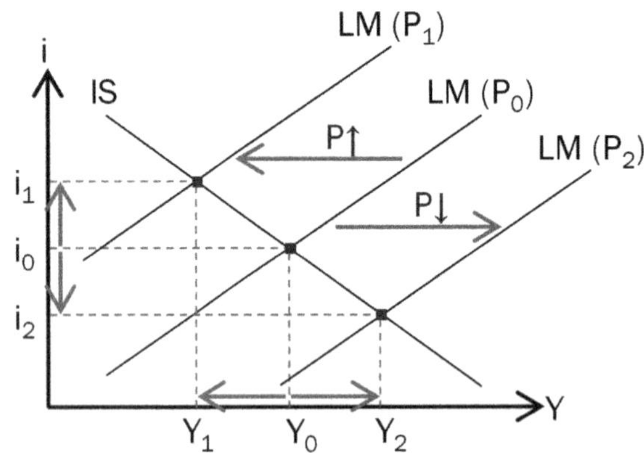

Abb. 8.1: Auswirkungen von Preisniveauänderungen auf das gleichgewichtige Volkseinkommen

Der Umstand, dass eine Preisniveauveränderung nicht direkt auf die gesamtwirtschaftliche Güternachfrage wirkt, sondern nur indirekt über Zinsänderungen und daraus resultierende Änderungen der Investitionsnachfrage, wird **Keynes-Effekt** genannt.

Sofern es weder eine Liquiditätsfalle noch eine Investitionsfalle gibt, führt der Keynes-Effekt dazu, dass eine Verringerung des Preisniveaus zu einer Erhöhung der gesamtwirtschaftlichen Güternachfrage führt. Die gesamtwirtschaftliche Güternachfragekurve (Y^d) hat daher in einem Preisniveau-Volkseinkommen-Diagramm (P-Y-Diagramm) einen fallenden Verlauf (siehe Abb. 8.3 links).

Wenn sich die Volkswirtschaft jedoch in der Investitionsfalle oder der Liquiditätsfalle befindet, versagt der Keynes-Effekt: Im Fall der **Investitionsfalle** führt eine Preisniveausenkung zwar zu einer Erhöhung der realen Geldmenge und zu einer Zinssenkung. Die Investitionen reagieren aber nicht auf die Verringerung der Zinsen. Die gesamtwirtschaftliche Güternachfrage und damit auch das Volkseinkommen bleiben somit unverändert. Die Y^d-Kurve hat daher in einem P-Y-Diagramm einen senkrechten Verlauf (siehe Abb. 8.2 links und Abb. 8.3 Mitte).

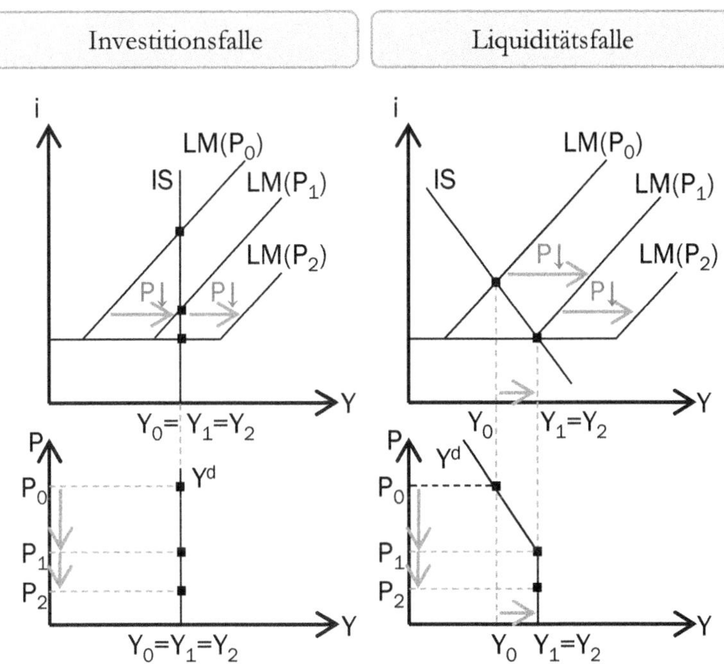

Abb. 8.2: Die gesamtwirtschaftliche Güternachfragekurve im Fall der Investitionsfalle und der Liquiditätsfalle

Im Fall der **Liquiditätsfalle** führt eine Preisniveausenkung zwar zu einer Erhöhung der realen Geldmenge, aber nicht zu einer Verringerung der Zinsen. Bis zum Erreichen der Liquiditätsfalle (in Abb. 8.2 rechts: bis zum Erreichen des Volkseinkommens Y_1 und dem Preisniveau P_1) bewirkt eine Preisniveausenkung über den Keynes-Effekt eine Steigerung des Volkseinkommens. Sobald jedoch das Preisniveau P_1 unterschritten wird, ist die reale Geldmenge so groß, dass der Schnittpunkt der IS-Geraden und der LM-Kurve in der Liquiditätsfalle liegt. Weitere Preisniveausenkungen bewirken keine Nachfragesteigerungen mehr, sodass die Y^d-Kurve ab P_1 im P-Y-Diagramm senkrecht verläuft (siehe Abb. 8.2 rechts und Abb. 8.3 rechts). Insgesamt ergeben sich damit drei mögliche Verläufe der Y^d-Kurve in einem P-Y-Diagramm (siehe Abb. 8.3).

Die Fälle, in denen der Keynes-Effekt versagt und die Y^d-Kurve vollständig oder zumindest teilweise senkrecht verläuft, stellen einen **Nachfragedefekt** dar.

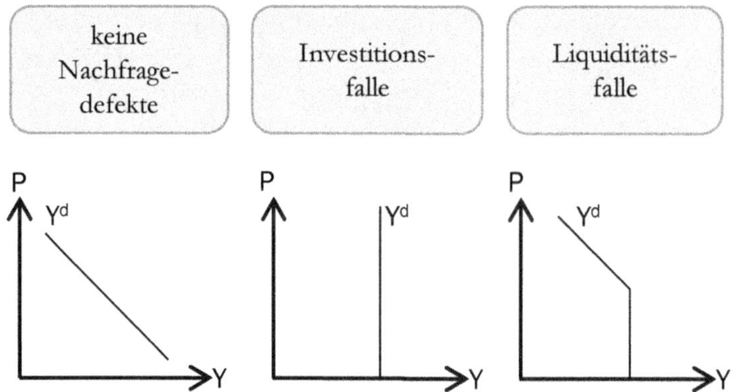

Abb. 8.3: Denkbare Verläufe der gesamtwirtschaftlichen Güternachfragekurve (Yd) bei einem flexiblen Preisniveau

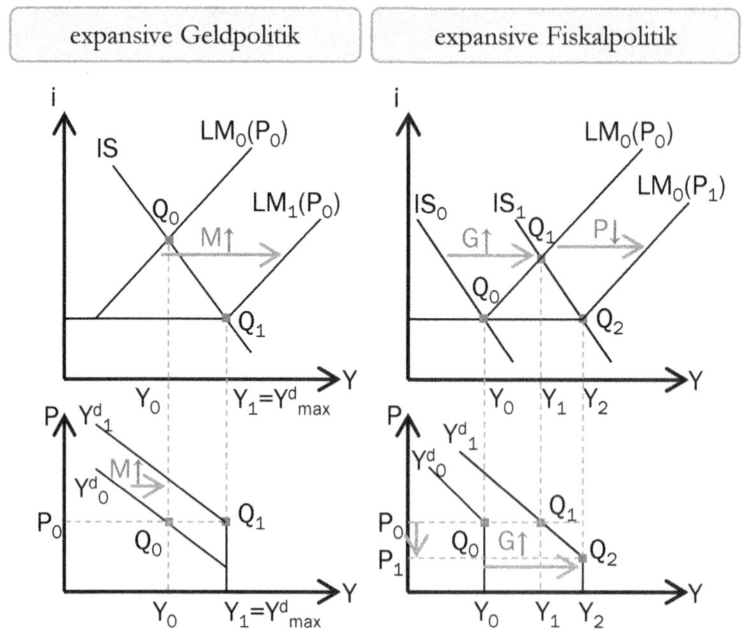

Abb. 8.4: Auswirkungen einer expansiven Geldpolitik (M↑) und einer expansiven Fiskalpolitik (G↑) bei einem flexiblen Preisniveau

Die Lage der gesamtwirtschaftlichen Güternachfragekurve kann durch geldpolitische und fiskalpolitische Maßnahmen verändert werden. Eine **expansive Geldpolitik**, also eine Erhöhung der nominalen Geldmenge (M↑), wirkt genauso wie eine Verringerung des Preisniveaus. Beide Maßnahmen erhöhen die reale Geldmenge. Ob sich daraus auch eine Erhöhung des Volkseinkommens ergibt, hängt wiederum davon ab, ob es Nachfrageeffekte gibt. Im Fall der Investitionsfalle ist eine expansive Geldpolitik mit Blick auf das Volkseinkommen vollkommen wirkungslos, weil Zinssenkungen keine Erhöhung der Investitionsnachfrage nach sich ziehen. Sofern eine Liquiditätsfalle vorliegt, kann eine expansive Geldpolitik bis zum Erreichen der Liquiditätsfalle eine Steigerung der gesamtwirtschaftlichen Güternachfrage – und damit auch des Volkseinkommens – hervorrufen. Nach dem Erreichen der Liquiditätsfalle lässt sich der Zinssatz aber nicht mehr senken. Der Keynes-Effekt versagt, und die Güternachfrage sowie das Volkseinkommen bleiben unverändert. In einem P-Y-Diagramm führt die expansive Geldpolitik folglich dazu, dass die Y^d-Kurve nach oben verschoben wird, ohne dass dabei die maximale Güternachfrage (Y^d_{max}) gesteigert werden kann (siehe Abb. 8.4 links). Falls keine Nachfrageeffekte vorliegen, wirkt der Keynes-Effekt uneingeschränkt, sodass eine expansive Geldpolitik die Y^d-Kurve in einem P-Y-Diagramm nach rechts verschiebt.

Eine **expansive Fiskalpolitik**, also eine Erhöhung der Staatsausgaben für den Güterkauf (G↑), bedeutet einer Verschiebung der IS-Geraden nach rechts (siehe Abb. 8.4 rechts oben). Die Staatsausgaben erhöhen die gesamtwirtschaftliche Güternachfrage unmittelbar, sodass auch das Volkseinkommen steigt. Die Auswirkungen auf die Lage der Y^d-Kurve in einem P-Y-Diagramm hängen wiederum davon ab, ob es Nachfragedefekte gibt. Im Fall der Liquiditätsfalle führt eine expansive Fiskalpolitik die Volkswirtschaft zunächst aus der Liquiditätsfalle heraus (Bewegung von Q_0 nach Q_1 in Abb. 8.4 rechts). Eine Preisniveausenkung kann dann über eine Erhöhung der realen Geldmenge (LM-Kurve wird nach rechts verschoben) eine Zinssenkung hervorrufen. Auf die Zinssenkung reagiert die Investitionsnachfrage mit einer Steigerung, sodass die gesamtwirtschaftliche Güternachfrage und das Volkseinkommen größer werden. Die Y^d-Kurve hat daher im P-Y-Diagramm einen fallenden Verlauf (siehe Abb. 8.4 rechts unten). Weitere Preisniveausenkungen bringen die Volkswirtschaft jedoch wieder in die Liquiditätsfalle (ab Punkt Q_2). Wird das Preisniveau dann weiter gesenkt, kommt es nicht mehr zu einer Reduzierung der Zinsen. Die Y^d-Kurve verläuft parallel zur P-Achse.

Das gesamtwirtschaftliche Gleichgewicht

In einer geschlossenen Volkswirtschaft mit einem flexiblen Preisniveau ergibt sich das gesamtwirtschaftliche Gleichgewicht aus dem Schnittpunkt der preisniveauabhängigen gesamtwirtschaftlichen Güternachfragekurve (Y^d) und der preisniveauabhängigen gesamtwirtschaftlichen Güterangebotskurve (Y^s). Wie in den vorherigen Ausführungen gezeigt, gibt es für beide Kurven mehrere mögliche Verläufe in einem Preis-Volkseinkommen-Diagramm. Werden die beiden Varianten des gesamtwirtschaftlichen Güterangebots (vollkommenen Flexibilität des Nominallohnsatzes oder ein nach unten hin starrer Nominallohnsatz) und die drei Varianten der gesamtwirtschaftlichen Güternachfrage (Investitionsfalle,

Liquiditätsfalle oder keine Nachfragedefekte) miteinander kombiniert, so ergeben sich daraus sechs grundsätzliche Varianten mit unterschiedlichen Konsequenzen für das gesamtwirtschaftliche Gleichgewicht (siehe Abb. 8.5).

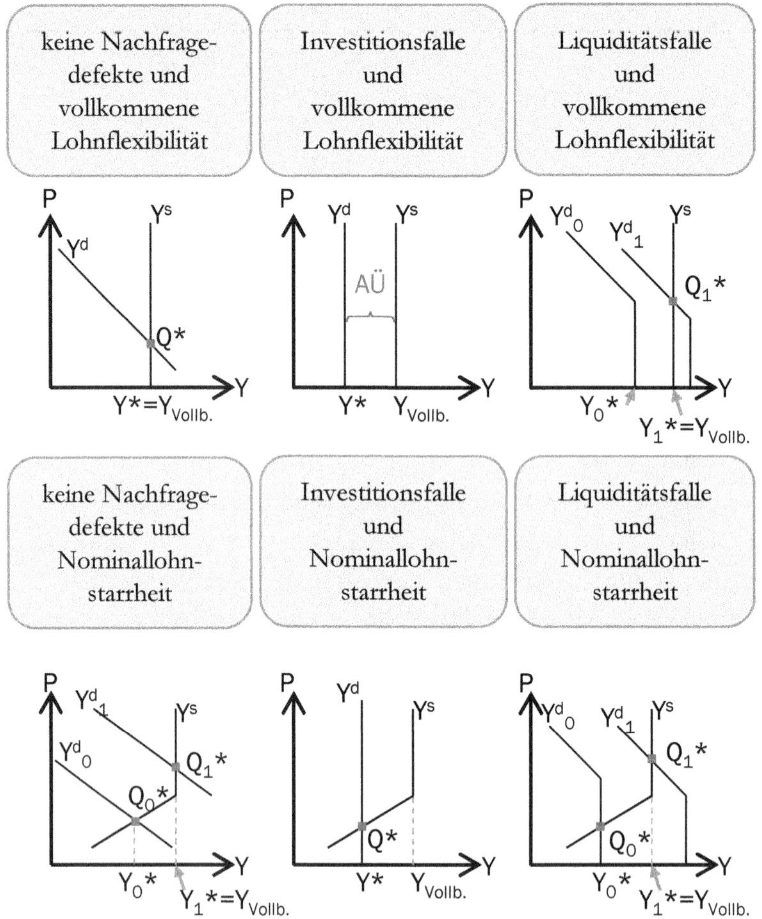

Abb. 8.5: Gesamtwirtschaftliche Gleichgewichte bei unterschiedlichen Verläufen der Güternachfragekurve und der Güterangebotskurve

Wie in Abb. 8.5 erkennbar wird, gibt es in den meisten Fällen einen Schnittpunkt der Y^d- und der Y^s-Kurve. Diese Schnittpunkte bestimmen das gleichgewichte Volkseinkommen (Y^*), bei dem neben dem Güter- und Geldmarkt auch der Arbeitsmarkt im Gleichgewicht ist – wobei das Arbeitsmarktgleichgewicht aber auch ein **Unterbeschäftigungsgleichgewicht** sein kann. Sofern ein Schnittpunkt existiert, wird dieser stets erreicht. Sollte es beispielsweise eine Ausgangssituation geben, in der das gesamtwirtschaftliche Güterangebot größer ist als die gesamtwirtschaftliche Güternachfrage ($Y^s > Y^d$), so führt dieser Angebotsüberschuss zu einer Senkung der Preise durch die Unternehmen, also zu einer Reduzierung des gesamtwirtschaftlichen Preisniveaus. Der Rückgang des Preisniveaus erhöht über den Keynes-Effekt (sinkendes Preisniveau, also steigende reale

Geldmenge, Zinssenkung und Anstieg der Investitionsnachfrage) die gesamtwirtschaftliche Güternachfrage. Die Verringerung des Preisniveaus dauert so lange an, bis die gesamtwirtschaftliche Güternachfrage mit dem gesamtwirtschaftlichen Güterangebot übereinstimmt und der Angebotsüberschuss abgebaut ist.

Es sind aber auch Situationen möglich, in denen es zwischen der Y^d-Kuve und der Y^s-Kurve keinen Schnittpunkt gibt. Dies kann der Fall sein, wenn der Lohnsatz vollkommen flexibel ist und die Gesellschaft sich in der Investitions- oder der Liquiditätsfalle befindet (siehe Abb. 8.5 oben Mitte und oben rechts im Fall von Y^d_0). In diesen Fällen versagt der Keynes-Effekt, weil es entweder keine Zinssenkung gibt oder weil die Zinssenkung keine Investitionssteigerung zur Folge hat. Tritt dies ein, wird das Volkseinkommen nachfrageseitig bestimmt. Der Unternehmenssektor passt sich an die Güternachfrage an und reduziert das Güterangebot so lange, bis es mit der Güternachfrage übereinstimmt. Das Beschäftigungsniveau der Gesellschaft liegt unter dem Beschäftigungsniveau, das sich einstellen würde, wenn das maximal herstellbare Inlandsprodukt hergestellt wird, also das Vollbeschäftigungseinkommen ($Y_{Vollb.}$). Auf dem Arbeitsmarkt kommt es zur dauerhaften Arbeitslosigkeit – und dies, obwohl das Preisniveau und der Nominallohn vollkommen flexibel sind. Dies waren die Situationen, an die Keynes bei der Formulierung seiner wirtschaftspolitischen Empfehlungen dachte: Wenn die Zinsen bereits sehr niedrig sind und weitere Zinssenkungen nicht mehr möglich sind, oder wenn die Erwartungshaltung der Unternehmen sehr pessimistisch ist und die Unternehmen selbst bei sinkenden Zinsen ihre Investitionen nicht erhöhen, kommt es zu **Nachfrageausfällen**. Auch Preis- und Lohnsenkungen können dann keine Steigerung der Produktion und der Beschäftigung bewirken, weil die produzierten Güter keine Käufer finden. In diesen Fällen muss der Staat eingreifen, wenn eine Steigerung von Inlandsprodukt, Volkseinkommen und Beschäftigung erreicht werden soll.

Wie bereits erwähnt, kann sich aus dem Schnittpunkt der Güternachfragekurve und der Güterangebotskurve auch ein **Unterbeschäftigungsgleichgewicht** auf dem Arbeitsmarkt ergeben. Dies bedeutet, dass der Arbeitsmarkt sich zwar in einem Ruhezustand befindet, in dem keine Anpassungsprozesse mehr stattfinden (methodisches Gleichgewicht), dass aber gleichzeitig ein dauerhafter Angebotsüberschuss auf dem Arbeitsmarkt vorliegt (kein theoretisches Gleichgewicht). Wie Abb. 8.5 zu entnehmen ist, gibt es nur einen Fall, in dem garantiert ist, dass es einen Schnittpunkt zwischen der Y^d-Kurve und der Y^s-Kurve gibt, bei dem das damit verbundene gleichgewichtige Volkseinkommen auch immer das Vollbeschäftigungseinkommen ist. Dieser Fall liegt vor, wenn es keine Nachfragedefekte gibt und vollkommene Lohnflexibilität herrscht (siehe Abb. 8.5 oben links). Dies ist die Situation, die den Vorstellungen der **(Neo-)Klassiker** und der **Monetaristen** entspricht, und in denen wirtschaftspolitische Eingriffe des Staates überflüssig sind. In allen anderen Fällen kann der Schnittpunkt der gesamtwirtschaftlichen Güternachfragekurve und der Güterangebotskurve zu einem gleichgewichtigen Volkseinkommen führen, das geringer ist als jenes Volkseinkommen, das sich bei einem Zustand der Vollbeschäftigung auf dem Arbeitsmarkt ergeben würde ($Y_{vollb.}$ in Abb. 8.5). Ein gesamtwirtschaftliches Gleichgewicht mit Unterbeschäftigung bzw. Arbeitslosigkeit kann sich selbst im Fall flexibler Preise ergeben, wenn der Keynes-Effekt nicht funktioniert (Investitionsfalle und Liquiditätsfalle) oder wenn die nominalen Lohnsätze nach unten hin starr sind. Sofern die Gesellschaft den Zustand der Vollbeschäftigung anstrebt, sind wirtschaftspolitische Maßnahmen seitens des Staates erforderlich, denn von alleine erreicht die Volkswirtschaft den Zustand der Vollbeschäftigung nicht.

Wirkungen einer expansiven Geld- und Fiskalpolitik bei flexiblen Lohnsätzen

Wenn sowohl die Preise als auch die Nominallöhne vollkommen flexibel sind, lieg die **neoklassische Variante des makroökonomischen Totalmodells** vor. Sofern es darüber hinaus keine Nachfragedefekte gibt (siehe Abb. 8.6 links), ist sowohl eine expansive Geldpolitik als auch eine expansive Fiskalpolitik mit Blick auf die Höhe des Volkseinkommens vollkommen wirkungslos. Beide wirtschaftspolitischen Maßnahmen führen zwar zu einer Verschiebung der gesamtwirtschaftlichen Güternachfragekurve nach rechts. Da aber bereits Vollbeschäftigung herrscht, unterbleibt eine Steigerung des Volkseinkommens. Ökonomisch lässt sich dies wie folgt erklären:

- Die **Geldmengenerhöhung** – genauer die Erhöhung der nominalen Geldmenge (M↑) – führt bei einem zunächst noch unveränderten Preisniveau zu einer Erhöhung der realen Geldmenge und einer Zinssenkung. Der geringere Zinssatz erhöht die Investitionsnachfrage und damit die gesamtwirtschaftliche Güternachfrage. Damit kommt es auf dem Gütermarkt zu einem Nachfrageüberhang, der einen Anstieg des gesamtwirtschaftlichen Preisniveaus hervorruft. Da die Unternehmen bereits alle vorhandenen Produktionsfaktoren eingesetzt haben, ist eine Steigerung des Güterangebots nicht mehr möglich. Der Anstieg des Preisniveaus ist daher so groß, dass die reale Geldmenge trotz der Erhöhung der nominalen Geldmenge genauso hoch ist wie vor dieser geldpolitischen Maßnahme. Damit bleibt der Zinssatz letztendlich unverändert. Ohne eine Zinssenkung kommt es zu keiner Erhöhung der Investitionsnachfrage. Die Erhöhung der nominalen Geldmenge hat daher nur eine Steigerung des Preisniveaus und des Nominallohnsatzes zur Folge. Die realwirtschaftlichen Größen (Beschäftigung, Investitionsnachfrage, Konsumnachfrage, Zinssatz, gesamte Güternachfrage) bleiben allesamt unverändert.

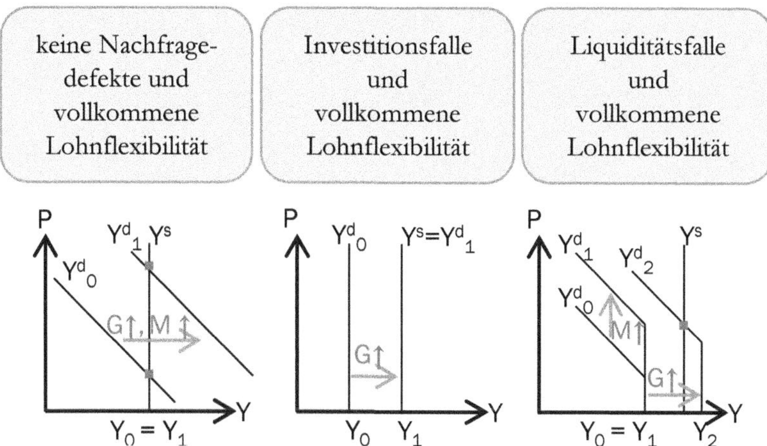

Abb. 8.6: Wirkungen einer expansiven Geld- und Fiskalpolitik bei der neoklassischen Variante des makroökonomischen Totalmodells

- Auch eine **Erhöhung der staatlichen Ausgaben** für Güter (G↑) bewirkt zunächst eine Erhöhung der gesamtwirtschaftlichen Güternachfrage. Damit steigt der Bedarf an Transaktionskasse. Einzelne Wirtschaftseinheiten verkaufen Wertpapiere, um das erforderliche Geld zum Kauf von Gütern zu erhalten. Der Verkauf der Wertpapiere hat einen Rückgang der Wertpapierkurse zur Folge. Daraus resultiert ein Anstieg der effektiven Verzinsung bzw. ein Zinsanstieg. Die höheren Zinsen haben eine Verringerung der Investitionsnachfrage zur Folge. Zudem führt der Nachfrageüberhang auf dem Gütermarkt zu einem Anstieg des gesamtwirtschaftlichen Preisniveaus. Daraus resultiert ein Rückgang der realen Geldmenge inklusive eines Anstiegs des Zinssatzes. Im Ergebnis ist die Zunahme der staatlichen Güternachfrage vom Betrag her genauso groß wie der Rückgang der Investitionsnachfrage. Es kommt daher zu einem **totalen Crowding-out**. Die Erhöhung der staatlichen Güternachfrage ist vom Betrag her genau so groß wie der Rückgang der privaten Investitionen, der sich aus dem Zinsanstieg ergibt. Das Volkseinkommen und die Beschäftigung bleiben daher per Saldo unverändert.

Im Ergebnis kommt es somit in einer Situation ohne Nachfragedefekte und bei vollkommener Flexibilität des Nominallohnsatzes sowohl durch eine expansive geldpolitische Maßnahme als auch durch eine expansive Fiskalpolitik nur zu einem Anstieg des Preisniveaus, aber nicht zu einer Erhöhung des realen Volkseinkommens und der Beschäftigung. Die entscheidende Ursache dafür ist der Umstand, dass es auf dem Arbeitsmarkt wegen der angenommenen Preis- und Nominallohnflexibilität stets zu einer Vollbeschäftigung kommt. Weder die Geldpolitik noch die Fiskalpolitik ist in der Lage, auf dem Arbeitsmarkt eine Steigerung der Beschäftigung hervorzurufen. Damit wird das reale Volkseinkommen angebotsseitig determiniert. Wie im 1. Schritt skizziert, ist eine Situation mit diesen Annahmen kennzeichnend für das Denken der **Klassiker** bzw. der **Neo-**

klassiker. Und die aus diesen Annahmen resultierende Ineffektivität der Geld- und Fiskalpolitik ist für die (Neo-)Klassiker der entscheidende Grund für die Ablehnung von staatlichen Interventionen auf dem Gütermarkt.

Dass aber selbst im Fall von vollkommen flexiblen Preisen und Nominallöhnen wirtschaftspolitische Maßnahmen notwendig sein können, um die Beschäftigung und das Volkseinkommen einer Gesellschaft zu erhöhen, zeigen die mittlere und die rechte Variante in Abb. 8.6. Wenn sich die Volkswirtschaft in der **Investitionsfalle** befindet und die Y^d-Kurve links von der Y^s-Kurve liegt (siehe Abb. 8.6 Mitte mit der Y^d_0-Gerade), gibt es einen dauerhaften Angebotsüberschuss auf dem Arbeitsmarkt, also Unterbeschäftigung bzw. Arbeitslosigkeit. Eine expansive Geldpolitik ist hier wirkungslos, weil die Investitionsnachfrage nicht auf Zinssenkungen reagiert. Nur eine expansive Fiskalpolitik ist in der Lage, die gesamtwirtschaftliche Güternachfrage zu steigern. Die Erhöhung der staatlichen Ausgaben für Güter ist direkt nachfragewirksam. Es kommt dann zwar auch zu einer Erhöhung des Zinssatzes. Diese Erhöhung bleibt aber ohne Folgen für die Investitionsnachfrage, weil die Höhe der Investitionen in der Investitionsfalle definitionsgemäß vollkommen zinsunabhängig ist. Deshalb findet kein zinsinduziertes Crowding-out statt.

Auch im Fall der **Liquiditätsfalle** kann sich ein Unterbeschäftigungsgleichgewicht einstellen, wenn der preisniveauunelastische Teil der Y^d-Kurve links von der Y^s-Kurve liegt (siehe Y^d_0 in Abb. 8.6 rechts). Eine Erhöhung der nominalen Geldmenge hat in diesem Fall keine positiven Auswirkungen auf das Volkseinkommen und das Beschäftigungsniveau, weil der Zinssatz bereits so niedrig ist, dass eine weitere Verringerung des Zinssatzes nicht möglich ist. In einem P-Y-Diagramm bewirkt die expansive Geldpolitik lediglich eine Verschiebung der Y^d-Kurve nach oben (von Y^d_0 nach Y^d_1), ohne dass damit ein Schnittpunkt mit der Y^s-Kurve erreicht werden kann. Auch in der Liquiditätsfalle kann eine Steigerung des Volkseinkommens nur durch eine expansive Fiskalpolitik erreicht werden (Verschiebung der Y^d-Kurve von Y^d_0 nach Y^d_2). Die Staatsausgabensteigerung ist erneut direkt nachfragewirksam und erhöht so die gesamtwirtschaftliche Güternachfrage. Eine Zinssteigerung findet nicht statt, weil die gesamtwirtschaftliche Geldnachfrage vollkommen zinsunelastisch ist. Dies bedeutet: Die LM-Kurve verläuft in einem i-Y-Diagramm horizontal, sodass selbst bei einer Verschiebung der IS-Kurve nach rechts keine Zinssteigerung stattfindet. Die Staatsausgabenerhöhung hat daher wiederum keine Crowding-out-Effekte.

Zusammenfassend gelten somit für die Geld- und Fiskalpolitik in einer Volkswirtschaft mit vollkommen flexiblen Preisen und Nominallöhnen folgende Zusammenhänge:

> Wenn keine Nachfragedefekte vorliegen, haben sowohl die Geldpolitik als auch die Fiskalpolitik keine Auswirkungen auf realwirtschaftliche Größen wie das Volkseinkommen und die Beschäftigung.

Auch ohne staatliche Eingriffe erreicht die Gesellschaft stets den Zustand der Vollbeschäftigung inklusive des damit verbundenen Vollbeschäftigungseinkommens.

Wenn sich die Volkswirtschaft hingegen in der Investitionsfalle oder der Liquiditätsfalle befindet, kann es ein gesamtwirtschaftliches Gleichgewicht mit Unterbeschäftigung geben. In beiden Fällen ist die Geldpolitik unwirksam, weil sie entweder die Zinsen gar nicht senken kann oder weil die Investitionsnachfrage nicht auf eine Zinssenkung reagiert.

Beim Vorliegen von Nachfragedefekten ist nur eine expansive Fiskalpolitik in der Lage, das Volkseinkommen und die Beschäftigung zu steigern. Crowding-out-Effekte finden dabei nicht statt, weil es entweder gar keine Zinssteigerungen gibt (im Fall der Liquiditätsfalle) oder weil die Investitionsnachfrage auf Zinssteigerungen nicht reagiert (im Fall der Investitionsfalle). Die grundlegenden Wirkungszusammenhänge einer expansiven Geldpolitik bzw. einer expansiven Fiskalpolitik und deren Auswirkungen auf die gesamtwirtschaftliche Güternachfrage (Y^d) im Fall flexibler Nominallöhne sind in Abb. 8.7 und 8.8 skizziert.

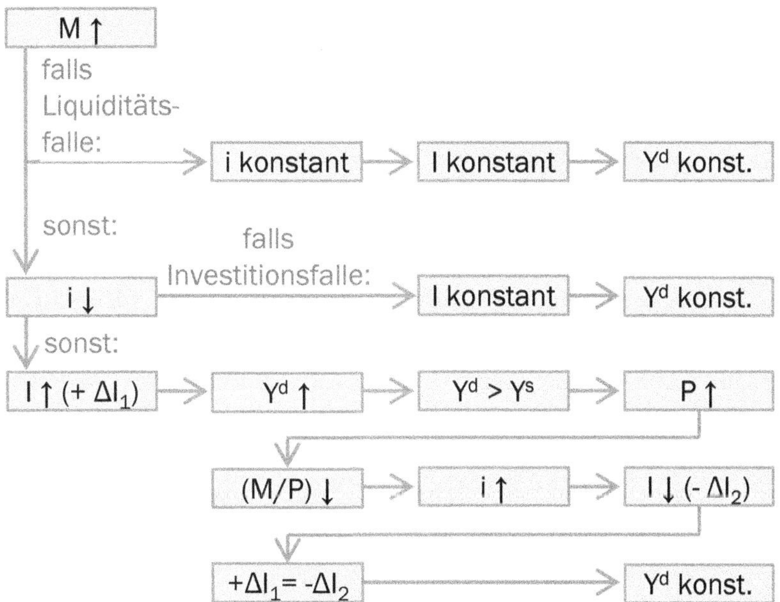

Abb. 8.7: Schematische Darstellung der Wirkungsweise einer expansiven Geldpolitik (M↑) im Fall flexibler Nominallöhne

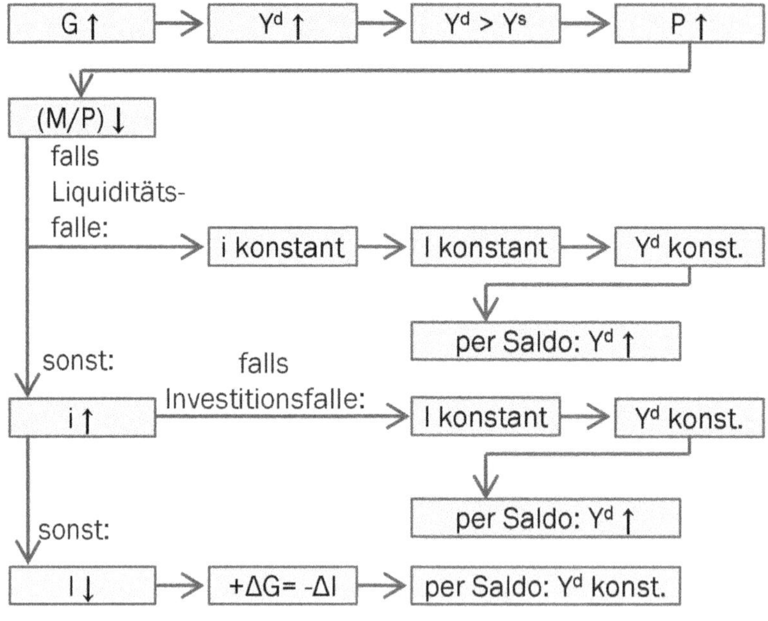

Abb. 8.8: Schematische Darstellung der Wirkungsweise einer expansiven Fiskalpolitik (G↑) im Fall flexibler Nominallöhne

Wirkungen einer expansiven Geld- und Fiskalpolitik bei nach unten starren Lohnsätzen

Den Fall eines nach unten starren Nominallohnsatzes beschreibt die **Keynessche Variante des makroökonomischen Totalmodells**. Bei einem Nominallohnsatz, der nicht unterschritten werden kann, sind Unterbeschäftigungsgleichgewichte noch wahrscheinlicher als in der neoklassischen Variante. Selbst wenn es keine Nachfragedefekte gibt, kann der Schnittpunkt der preiselastischen Y^d-Kurve und der Y^s-Kurve links vom Vollbeschäftigungseinkommen (Y_{vollb}) liegen (siehe Abb. 8.5 unten links). Verantwortlich für ein solches **Unterbeschäftigungsgleichgewicht** ist der nach unten hin starre Nominallohnsatz: Wenn die Volkswirtschaft ein bestimmtes Niveau des nominalen Lohnsatzes erreicht hat und das einmal erreichte Niveau nicht mehr unterschreiten kann, stellt dieser Nominallohnsatz eine Lohnuntergrenze dar (w_u). Falls dann das gesamtwirtschaftliche Preisniveau sinkt (z. B. von P_0 auf P_1 mit $P_1 < P_0$, siehe Abb. 8.9), bewirkt der Preisniveaurückgang bei einem unveränderten Lohnsatz w_u einen Anstieg des Reallohnsatzes ($\frac{w_0}{P_1} > \frac{w_0}{P_0}$). Sofern die Volkswirtschaft vor dem Preisniveauanstieg ein Arbeitsmarktgleichwicht hatte (mit dem Beschäftigungsniveau A_0), kommt es nun zu einem Angebotsüberschuss auf dem Arbeitsmarkt: Der Anstieg des Reallohnsatzes infolge der Preisniveaureduzierung führt dazu, dass das Arbeitsangebot des Haushaltssektors zunimmt, während die Arbeitsnachfrage des Unternehmenssektors zurückgeht. Das gesamtwirtschaftliche Beschäftigungsniveau wird durch die Arbeitsnachfrage der Unternehmen determiniert und liegt bei A_1. Bei dem neuen Reallohnsatz $\frac{w_0}{P_1}$ ist das Arbeitsangebot jedoch größer als die von den Unternehmen nachgefragte Arbeitsmenge. Die Differenz zwischen der angebotenen und der nachgefragten Arbeitsmenge stellt die Höhe der Arbeitslosigkeit dar. Eine Steigerung der Beschäftigung – und damit dann auch des von den Beschäftigten hergestellten Inlandsprodukts bzw. Volkseinkommens – lässt sich in dieser Situation nur erreichen, wenn der Reallohnsatz sinkt und den Angebotsüberschuss auf dem Arbeitsmarkt abbaut.

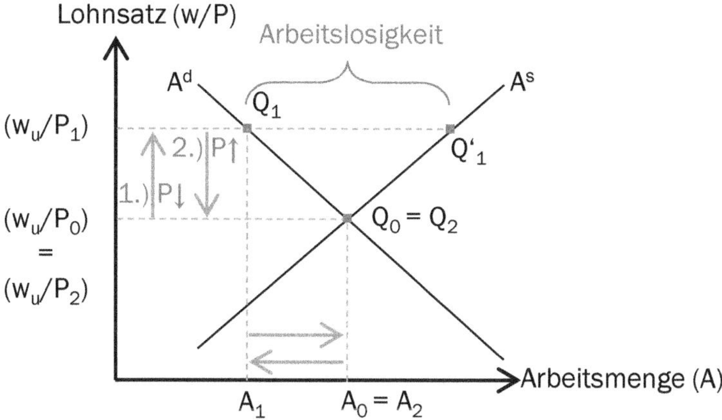

Abb. 8.9: Unterbeschäftigungsgleichgewicht auf dem Arbeitsmarkt bei einem nach unten hin starren Nominallohnsatz (wu) mit P2 = P0 > P1

Sowohl eine expansive Geldpolitik als auch eine expansive Fiskalpolitik können daher nur dann eine Steigerung des Volkseinkommens erreichen, wenn neben der Erhöhung der gesamtwirtschaftlichen Güternachfrage gleichzeitig auch das Preisniveau steigt. Der Anstieg des gesamtwirtschaftlichen Preisniveaus bewirkt dann die erforderliche Reduzierung des Reallohns. Sofern der Preisniveauanstieg ausreichend hoch ist – also mindestens so hoch, dass das ursprüngliche Preisniveau P_0 wieder erreicht wird –, kann die Volkswirtschaft wieder den Zustand der Vollbeschäftigung erreichen ($\frac{w_0}{P_2} = \frac{w_0}{P_0}$ bzw. $P_2 = P_0$). Sofern der Preisniveauanstieg über das ursprüngliche Niveau von P_0 hinausgeht, würde auch der Nominallohnsatz ansteigen, bis $\frac{w_2}{P_2} = \frac{w_0}{P_0}$ gilt und der Zustand der Vollbeschäftigung erreicht ist.

Ausgehend von diesen Vorüberlegungen, können nun die Konsequenzen expansiver wirtschaftspolitischer Maßnahmen im Fall eines nach unten hin starren Nominallohnsatzes untersucht werden. Auch wenn keine Nachfragedefekte vorliegen, kann sich wegen der fehlenden Lohnflexibilität nach unten ein Unterbeschäftigungsgleichgewicht einstellen (siehe Abb. 8.10 mit $Y = Y_0$). In diesem Fall ist sowohl die Geld- als auch die Fiskalpolitik in der Lage, eine Erhöhung des Volkseinkommens und der Beschäftigung zu erreichen. Eine Erhöhung der nominalen Geldmenge führt ebenso wie eine Erhöhung der Staatsausgaben für den Kauf von Gütern zu einer Verschiebung der Y^d-Kurve nach rechts. Wenn die Geldmengenausweitung bzw. die Staatsausgabenerhöhung ausreichend groß sind, kann die Volkswirtschaft damit das Vollbeschäftigungseinkommen ($Y_{Vollb.}$) erreichen (Verschiebung der Y^d-Kurve von Y^d_0 nach Y^d_1 in Abb. 8.10). Nach dem Erreichen des Vollbeschäftigungseinkommens ist eine weitere Erhöhung der Geldmenge oder der Staatsausgaben (z. B. Verschiebung der Y^d-Kurve von Y^d_1 nach Y^d_2) hingegen wirkungslos in Bezug auf eine Erhöhung des Volkseinkommens. Stattdessen haben beide Maßnahmen nur eine Erhöhung des gesamtwirtschaftlichen Preisniveaus zur Folge (von P_1 auf P_2).

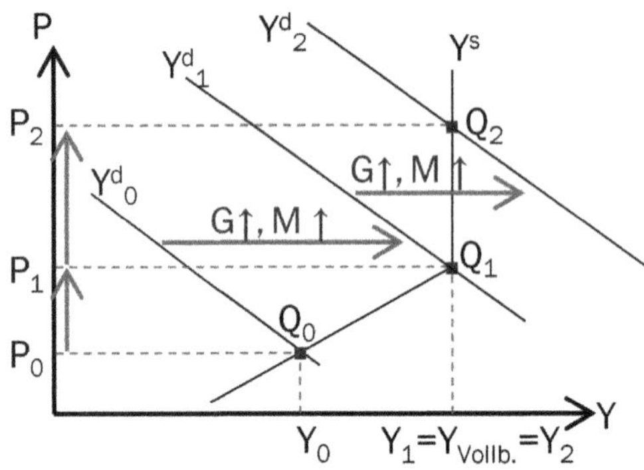

Abb. 8.10: Wirkungen einer expansiven Geldpolitik (M↑) und einer expansiven Fiskalpolitik (G↑) bei der Keynesschen Variante des makroökonomischen Totalmodells ohne Nachfragedefekte

Ökonomisch lassen sich diese Effekte am Beispiel der **expansiven Geldpolitik** wie folgt erklären: Eine Erhöhung der nominalen Geldmenge hat eine Zinssenkung zur Folge. Diese führt zu einer Steigerung der Investitionsnachfrage und damit zu einer Zunahme der gesamtwirtschaftlichen Güternachfrage (auf „Y^d (P_0)" bei Q_0' in Abb. 8.11). Da das gesamtwirtschaftliche Güterangebot zunächst noch unverändert ist, führt die Zunahme der Güternachfrage zu einem Nachfrageüberhang (NÜ) auf dem Gütermarkt, d. h. bei dem Preisniveau P_0 ist die gesamtwirtschaftliche Güternachfrage nach der Geldmengenerhöhung größer als das gesamtwirtschaftliche Güterangebot. Der Nachfrageüberhang führt zu einem Preisniveauanstieg. Der Preisniveauanstieg führt zwar zu einer Reduzierung der realen Geldmenge und damit zu einem Zinsanstieg. Dieser reduziert die Investitionsnachfrage. Der zinsinduzierte Investitionsrückgang ist jedoch geringer als der ursprüngliche Anstieg der Investitionsnachfrage, sodass es nur zu einem **partiellen Crowding-out** kommt. Der Anstieg des gesamtwirtschaftlichen Preisniveaus hat auf dem Arbeitsmarkt eine Verringerung des Reallohnsatzes zur Folge ($P\uparrow \Rightarrow \frac{W}{P}\downarrow$). Die Reallohnsatzsenkung baut den Angebotsüberhang auf dem Arbeitsmarkt ab, sodass es zu einer **Steigerung der Beschäftigung** kommt. Mit der höheren Beschäftigung steigen dann auch das Inlandsprodukt und das Volkseinkommen. Auch bei einer **expansiven Fiskalpolitik** kommt es zu einem Nachfrageüberhang auf dem Gütermarkt, der zu einem Anstieg des gesamtwirtschaftlichen Preisniveaus führt und somit den Reallohnsatz verringert.

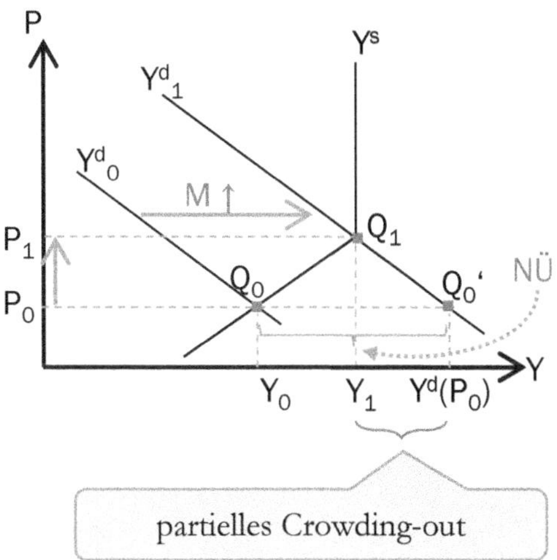

Abb. 8.11: Anpassungsprozesse im Fall einer expansiven Geldpolitik (M↑) bei der Keynesschen Variante des makroökonomischen Totalmodells

Wenn sich die Volkswirtschaft in der **Investitionsfalle** befindet, gelten bezüglich der Wirksamkeit von geld- und fiskalpolitischen Maßnahmen die bisherigen Erkenntnisse: Die Geldpolitik kann keine Steigerung des Volkseinkommens bewirken, weil eine Zinssenkung keinen Anstieg der Investitionsnachfrage bewirken kann. In der Investitionsfalle kann nur die Fiskalpolitik zu einer Erhöhung des Volkseinkommens und der Beschäftigung führen. Die Staatsausgabenerhöhung stellt eine direkte Erhöhung der gesamtwirtschaftlichen Güternachfrage dar. Die höhere Güternachfrage hat einen Nachfrageüberhang auf dem Gütermarkt zur Folge. Dieser Nachfrageüberhang führt zu einem Anstieg des gesamtwirtschaftlichen Preisniveaus. Das höhere Preisniveau verringert den Reallohnsatz, sodass es zu einer höheren Beschäftigung kommt und damit auch zu einer Steigerung des Inlandsprodukts und des Volkseinkommens.

In der **Liquiditätsfalle** kann die Fiskalpolitik in jedem Fall zu einer Steigerung des Volkseinkommens und der Beschäftigung führen. Die Erhöhung der staatlichen Güternachfrage führt zu einem Nachfrageüberhang auf dem Gütermarkt und damit zu einem Anstieg des gesamtwirtschaftlichen Preisniveaus. Dadurch wird der Reallohn geringer, sodass die Beschäftigung steigt. Mit einer steigenden Arbeitsmenge wird ein größeres Inlandsprodukt produziert, sodass neben der Beschäftigung auch das Inlandsprodukt bzw. das Volkseinkommen größer werden. Die Geldpolitik kann diese positiven Effekte nur unter bestimmten Bedingungen hervorrufen: Wenn der preisunelastische Teil der Y^d-Kurve links von der

Y^s-Kurve verläuft, kann eine expansive Geldpolitik das Vollbeschäftigungsgleichgewicht nicht erreichen (siehe Abb. 8.12 links). Die Erhöhung der nominalen Geldmenge führt dann nur zu einer Verschiebung der Y^d-Kurve nach oben (von $Y^d{}_0$ nach $Y^d{}_1$). In diesem Fall hilft nur eine Staatsausgabenerhöhung. Sofern der preisunelastische Teil der Y^d-Kurve hingegen rechts von der Y^s-Kurve verläuft (siehe Abb. 8.12 rechts), führt neben einer Staatsausgabenerhöhung (G↑ mit Verschiebung der Y^d-Kurve von $Y^d{}_0$ nach $Y^d{}_2$) auch eine Erhöhung der nominalen Geldmenge (M↑ mit Verschiebung der Y^d-Kurve von $Y^d{}_0$ nach $Y^d{}_1$) dazu, dass das Volkseinkommen steigt und mit ihm die Beschäftigung.

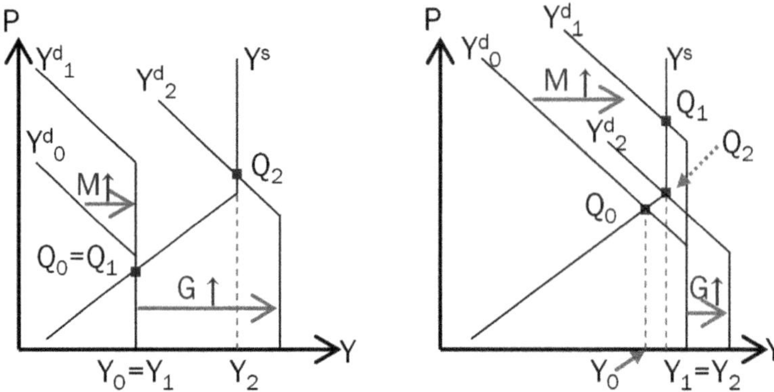

Abb. 8.12: Auswirkungen einer expansiven Geldpolitik (M↑) und einer expansiven Fiskalpolitik (G↑) bei der Keynesschen Variante des makroökonomischen Totalmodells im Fall der Liquiditätsfalle

Zusammenfassend gelten somit für die Geld- und Fiskalpolitik in einer Volkswirtschaft mit vollkommen flexiblen Preisen und nach unten hin starren Nominallöhnen folgende Zusammenhänge:

> Wenn sich die Volkswirtschaft in einem Unterbeschäftigungsgleichgewicht befindet, kann mit einer expansiven Fiskalpolitik in allen hier behandelten Fällen (Investitionsfalle, Liquiditätsfalle und eine Volkswirtschaft ohne Nachfragedefekte) eine Steigerung des Volkseinkommens und der Beschäftigung erreicht werden.

Die Geldpolitik ist dazu hingegen nicht in allen Situationen fähig. Nur wenn die expansive Geldpolitik eine Zinssenkung erreichen kann und die Unternehmen darauf mit einer höheren Investitionsnachfrage reagieren, kann die Geldpolitik zu einer Erhöhung des Volkseinkommens führen. In der Investitionsfalle ist die Geldpolitik daher in jedem Fall wirkungslos. Im Fall einer Liquiditätsfalle ist die Geldpolitik wirksam, wenn sich die Volkswirtschaft noch nicht in dieser Liquiditätsfalle befindet, d. h. wenn der Schnittpunkt der IS-Geraden und der LM-Kurve noch nicht im horizontal verlaufenden Teil der LM-Kurve liegt.

Sowohl bei der Geldpolitik als auch bei der Fiskalpolitik beruht der wirtschaftliche Erfolg dieser Maßnahmen im Fall eines nach unten hin starren Nominallohnsatzes zudem darauf, dass es zu einer Steigerung des gesamtwirtschaftlichen Preisniveaus kommt.

Das höhere Preisniveau verringert den Reallohnsatz und führt damit zu einer größeren Arbeitsnachfrage, die dann auch eine höhere Beschäftigung zur Folge hat. Die grundlegenden Wirkungszusammenhänge einer expansiven Geldpolitik bzw. einer expansiven Fiskalpolitik und deren Auswirkungen auf das gesamtwirtschaftliche Beschäftigungsniveau (A) im Fall von nach unten hin starren Nominallöhnen sind in Abb. 8.13 und 8.14 skizziert. Ein steigendes Beschäftigungsniveau ist dann auch mit einer Steigerung des gesamtwirtschaftlichen Güterangebots (Y^s) bzw. des Inlandsprodukts (Y) verbunden.

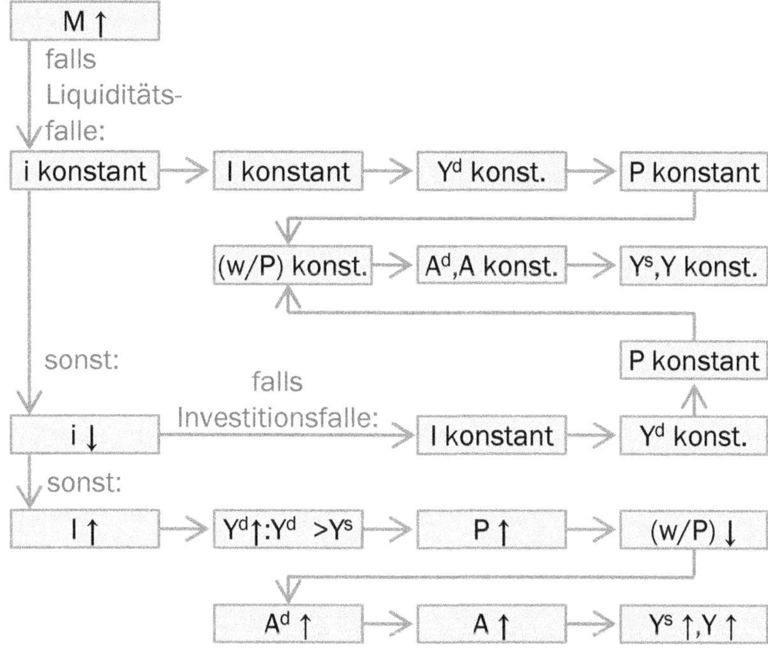

Abb. 8.13: Schematische Darstellung der Wirkungsweise einer expansiven Geldpolitik (M↑) im Fall nach unten hin starrer Nominallöhne

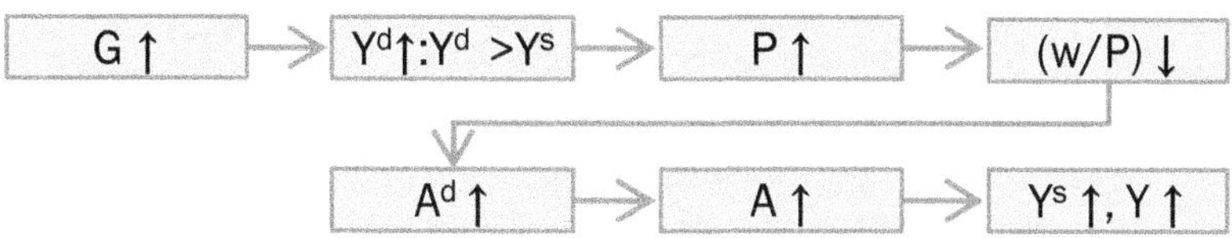

Abb. 8.14: Schematische Darstellung der Wirkungsweise einer expansiven Fiskalpolitik (G↑) im Fall nach unten hin starrer Nominallöhne

Inflation: Fluch oder Segen?

In den vorangegangenen Ausführungen zeigte sich, dass ein Anstieg des Preisniveaus den Reallohn reduziert und der geringere Reallohn zu einem höheren Beschäftigungsniveau führt. Das gesteigerte Beschäftigungsniveau erlaubt die Produktion von mehr Gütern, sodass das Bruttoinlandsprodukt und die Beschäftigung steigen. So gesehen, können höhere bzw. steigende Preise als eine Entwicklung mit positiven realwirtschaftlichen Effekten angesehen werden. Hierbei sind jedoch Grenzen zu beachten.

Inflation beschreibt einen Zustand, in dem die Preise für Güter – allen voran für Konsumgüter – im Laufe der Zeit steigen. In marktwirtschaftlich organisierten Volkswirtschaften kommt es zu einem Anstieg der Preise, wenn die gesamtwirtschaftliche Nachfrage nach Gütern größer ist als deren Angebot, d. h. wenn ein **Nachfrageüberhang** vorliegt. Wenn die gesamtwirtschaftliche Güternachfrage hingegen geringer ist als das gesamtwirtschaftliche Güterangebot, kommt es zu sinkenden Preisen. Dies wird als **Deflation** bezeichnet. Neben diesen nachfrageseitigen Inflationstendenzen gibt es auch angebotsseitige Inflationsursachen. Sie resultieren aus steigenden Produktionskosten. Sofern diese am Markt durchgesetzt werden können, steigen die zu zahlenden Güterpreise, was eine inflationäre Wirkung hat. Wichtig ist in diesem Kontext der Hinweis, dass sich die Begriffe Inflation und Deflation nicht auf die Preisentwicklung einzelner Produkte beziehen, sondern auf die Veränderung des gesamtwirtschaftlichen Preisniveaus. Die **Inflationsrate** gibt an, um wie viele Prozent sich das gesamtwirtschaftliche Preisniveau verändert. Sie wird sowohl jährlich als auch monatlich gemessen.

Eine moderate Inflationsrate hat einen wachstumsfördernden Effekt. Neben dem Wachstumseffekt, der sich aus einem sinkenden Reallohn ergibt, hat ein steigendes Preisniveau in einer Volkswirtschaft eine zweite wachstumserhöhende Konsequenz: Wenn die Verbraucherpreise steigen, steigen die Umsatzerlöse der Unternehmen. Kurzfristig sind die Preise für die meisten Produktionsfaktoren fix, d. h. sie passen sich nicht sofort den höheren Güterpreise an: Die Lohnhöhe wird durch Tarifverträge festgelegt. Diese Verträge haben normalerweise eine Laufzeit von einem Jahr. So bleiben die Nominallöhne während der Laufzeit der Tarifverträge konstant. Gleiches gilt für Miet-, Pacht- und Kreditverträge, die auch längere Laufzeiten als ein Jahr haben können. Zumindest kurzfristig bedeutet eine höhere Inflationsrate daher höhere Gewinne für die Unternehmen. Das erhöht die Rendite von Investitionsprojekten. Die Folge ist ein Anstieg der gesamtwirtschaftlichen Investitionen. Diese erhöhen direkt und über Multiplikatoreffekte die gesamtwirtschaftliche Güternachfrage, an die sich die Unternehmen anpassen. Die Wirtschaft wächst daher, sodass Beschäftigung und Einkommen steigen.

Höhere Güterpreise haben jedoch auch den Nachteil, dass sie die preisliche Wettbewerbsfähigkeit der inländischen Unternehmen im Rest der Welt verschlechtern. Das wirkt sich negativ auf die Exporte des Inlands aus. Wenn die einheimischen Unternehmen weniger exportieren können, passen sie ihre Produktion an. Im Inland kommt es folglich zu einem Rückgang von Produktion und Beschäftigung – das Wirtschaftswachstum lässt nach. Allerdings bewirken höhere Preise im Inland im Fall flexibler Wechselkurse eine **Abwertung** der einheimischen Währung. Das verbessert die preisliche Wettbewerbsfähigkeit der Unternehmen im Inland. Im modelltheoretischen Idealfall gleicht die Abwertung der heimischen Währung den Nachteil der höheren Preise aus, sodass die Exporte unverändert bleiben. In der Realität gibt es jedoch Rigiditäten, sodass der Wechselkurs sich nicht so flexibel anpasst – die Folge sind dann moderate Exportrückgänge, die sich negativ auf das Bruttoinlandsprodukt bzw. Volkseinkommen auswirken.

Ein moderater Anstieg der Güterpreise im Zeitablauf ist daher per Saldo wachstumsförderlich. Allerdings darf der Preisniveauanstieg nicht zu stark ausfallen. Hohe Inflationsraten haben zur Folge, dass die Kaufkraft der Einkommen der privaten Haushalte sinkt. Damit geht die mengenmäßige Nachfrage nach Konsumgütern zurück. Für die Unternehmen, die diese Produkte herstellen, bedeutet das Umsatzeinbußen, an die sie ihre Produktion anpassen. Damit gehen Produktion, Beschäftigung und Einkommen zurück. Noch stärker werden die Wachstumsrückgänge, wenn Sparer wegen der inflationsbedingten Vermögensverluste von Ersparnissen ihr Geld aus dem eigenen Land abziehen und es stattdessen in Ländern mit einer größeren Geldwertstabilität anlegen. Im Fall einer **Kapitalflucht** fehlen im Inland die finanziellen Mittel, um Investitionen zu tätigen. Dadurch wird das Wirtschaftswachstum zusätzlich geschwächt. Wenn schließlich wegen der Kapitalflucht auch noch die finanziellen Mittel für Kredite an den Staat fehlen, kommt es im schlimmsten Fall zu einem **Staatsbankrott** – mit einer erheblichen Einschränkung der wirtschaftlichen Aktivitäten im Inland, also einer schweren **Rezession**.

Die Zentralbank kann durch ihre Geldpolitik auch eine **Deflation** bewirken, also einen Rückgang der Verbraucherpreise im Zeitablauf. Diese Entwicklung wirkt sich negativ auf das Wirtschaftswachstum aus, weil es die weiter oben skizzierten Effekte eines moderat steigenden Preisniveaus umkehrt: Die Reallöhne, die die Unternehmen zahlen, steigen, was in der Regel mit einem Rückgang der Beschäftigung einhergeht. Wenn die Preise für alle Produkte sinken, verschieben viele Verbraucher den Kauf von langlebigen Konsumgütern in die Zukunft: Falls ein hochwertiges Elektrogerät, das jetzt noch einen Preis von 1.000,- Euro hat, im nächsten Jahr nur noch 950,- Euro kostet, lassen sich durch einen späteren Kauf 50,- Euro einsparen. Damit geht jedoch in der Gegenwart die mengenmäßige Nachfrage nach langlebigen Konsumgütern zurück – mit den schon beschriebenen negativen Auswirkungen auf Produktion, Beschäftigung und Bruttoinlandsprodukt bzw. Volkseinkommen.

Diese Zusammenhänge erklären, warum beispielsweise die Europäische Zentralbank (EZB) keine vollständige Preisniveaustabilität anstrebt – das wäre eine Inflationsrate von null. In einer solchen Situation droht ein Abdriften in die Deflation mit den negativen Auswirkungen auf Produktion und Beschäftigung. Gleichzeitig gilt es, einen zu starken Anstieg der Inflationsrate zu verhindern. Die Grenze dafür liegt nach Auffassung der EZB bei einer jährlichen Inflationsrate von zwei Prozent. Auch in den USA, Japan, dem Vereinigten Königreich und Schweden betragen die Inflationsziele der Zentralbanken zwei Prozent. Das bedeutet nicht, dass bei einer Inflationsrate von mehr als zwei Prozent bereits ein Szenario mit massiven Kaufkraftverlusten, Kapitalflucht und Staatsbankrott droht. Eine derartige Entwicklung ist erst zu erwarten, wenn die monatlichen Inflationsraten einen zweistelligen Wert annehmen und dabei von Monat zu Monat größer werden – in diesem Fall liegt eine **Hyperinflation** vor. In der Literatur wird von einer Hyperinflation gesprochen, wenn die monatliche Inflationsrate bei 50 Prozent und mehr liegt.

Wirtschaftspolitische Konsequenzen

In einer geschlossenen Volkswirtschaft mit einem flexiblen gesamtwirtschaftlichen Preisniveau hängt die Wirksamkeit der Geld- und Fiskalpolitik entscheidend davon ab, ob Nachfragedefekte vorliegen (Investitionsfalle oder Liquiditätsfalle) und ob der Nominallohnsatz nach unten hin flexibel ist oder nicht.

In einer Situation ohne Nachfragedefekte und einer vollkommenen Flexibilität des Nominallohnsatzes nach oben und nach unten kann weder eine expansive Geldpolitik noch eine expansive Fiskalpolitik das Volkseinkommen und die Beschäftigung steigern. Die Geld- und die Fiskalpolitik sind mit Blick auf die realwirtschaftlichen Größen (Güternachfrage, Güterangebot, Volkseinkommen, Reallohnsatz, Beschäftigung) vollkommen wirkungslos. Es kommt lediglich zu einer Erhöhung des gesamtwirtschaftlichen Preisniveaus und des Nominallohnsatzes. Die Wirkungslosigkeit staatlicher Eingriffe in die Wirtschaft ist jedoch unproblematisch, weil die Volkswirtschaft von selbst den Zustand der Vollbeschäftigung erreicht und damit auch das Vollbeschäftigungseinkommen. Wirtschaftspolitische Maßnahmen seitens des Staates sind daher gar nicht notwendig. Diese Modellannahmen entsprechen den Vorstellungen der **klassischen** bzw. **neoklassischen Denkrichtung**. Sofern die Realität durch diese Annahmen zutreffend abgebildet wird, sollten geld- und fiskalpolitische Maßnahmen unterbleiben.

Sobald jedoch **Nachfragedefekte** vorliegen, kann es passieren, dass die Volkswirtschaft ein Volkseinkommen produziert, bei dem es selbst im Fall vollkommen flexibler Preise und Nominallöhne zu Arbeitslosigkeit kommt (**neoklassischen Variante** des makroökonomischen Totalmodells mit Nachfragedefekten). Wenn sich die Volkswirtschaft in der Investitionsfalle oder der Liquiditätsfalle befindet, kann sie nur mit Hilfe einer Staatsausgabenerhöhung für Güter die Beschäftigung und das Volkseinkommen steigern. Die Geldpolitik ist in beiden Fällen wirkungslos, weil sie entweder gar nicht in der Lage ist den Zinssatz zu verringern (Liquiditätsfalle) oder weil die Unternehmen auf niedrigere Zinsen nicht mit einer Erhöhung der Investitionsnachfrage reagieren (Investitionsfalle).

Im Fall eines nach unten hin starren Nominallohnsatzes (**Keynesschen Variante** des makroökonomischen Totalmodells) kann es sowohl beim Vorliegen von Nachfrageeffekten als auch in einer Situation ohne einen Nachfragedefekt zu einem dauerhaften Unterbeschäftigungseinkommen mit Arbeitslosigkeit kommen. Eine expansive Fiskalpolitik kann in jedem Fall zu einer Steigerung von Volkseinkommen und Beschäftigung führen. Die Geldpolitik erreicht dies nur, wenn eine Erhöhung der nominalen Geldmenge zu einer Zinssenkung führt und die Unternehmen darauf mit einer Erhöhung der Investitionsnachfrage reagieren.

Insgesamt lässt sich damit festhalten: In einer geschlossenen Volkswirtschaft mit einem flexiblen gesamtwirtschaftlichen Preisniveau kann eine Erhöhung der staatlichen Ausgaben für Güter in allen hier behandelten Fällen der **Unterbeschäftigung** (Investitionsfalle, Liquiditätsfalle, nach unten hin starre Nominallöhne) eine Steigerung der Beschäftigung und des Volkseinkommens bewirken. Die Geldpolitik erreicht dies hingegen nur dann, wenn sich die Volkswirtschaft weder in der Liquiditätsfalle noch in der Investitionsfalle befindet.

Abschließend ist noch auf einen **Zielkonflikt** hinzuweisen: Wie in diesem Kapitel gezeigt wurde, sind wirtschaftspolitische Maßnahmen, die im Fall eines flexiblen gesamtwirtschaftlichen Preisniveaus zu einer Erhöhung des Volkseinkommens und der Beschäftigung führen, stets mit einem Anstieg dieses Preisniveaus verbunden. Im Fall eines nach unten hin starren Nominallohnsatzes ist diese Steigerung sogar zwingend erforderlich, denn nur so lässt sich eine Verringerung des Reallohnsatzes erreichen, die wiederum die Voraussetzung für eine höhere Arbeitsnachfrage und für eine höhere Beschäftigung ist. Daraus ergibt sich ein Konflikt zwischen dem Ziel eines hohen Beschäftigungsgrades bzw. eines hohen Volkseinkommens und dem Ziel der Preisniveaustabilität. Die Gesellschaft muss sich daher entscheiden, ob ihr die Bekämpfung der Arbeitslosigkeit wichtiger ist oder ob sie lieber Preisniveaustabilität – also eine geringe Inflationsrate oder sogar eine Inflationsrate von Null – haben möchte. Unter den hier getroffenen Modellannahmen stehen beide wirtschaftspolitischen Ziele in einem konfliktären Verhältnis.

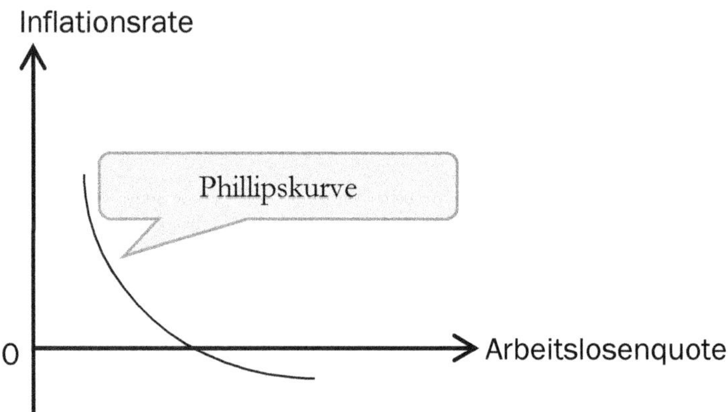

Abb. 8.15: Zielkonflikt zwischen Preisniveaustabilität und hoher Beschäftigung

Dieser Zielkonflikt lässt sich grafisch mit Hilfe einer Abbildung darstellen, an deren Achsen die Inflationsrate und die Arbeitslosenquote abgetragen werden (siehe Abb. 8.15). In dieser Abbildung werden verschiedene Kombinationsmöglichkeiten von Inflationsrate und Arbeitslosenquote eingetragen, die angesichts der dargestellten Zusammenhänge zwischen Preisniveau und Beschäftigungsniveau möglich sind. Im Fall eines steigenden Preisniveaus – also einer hohen Inflationsrate – kann ein hohes Beschäftigungsniveau erreicht werden, also eine geringe Arbeitslosenquote. Bei einem sinkenden Preisniveau – also einer negativen Inflationsrate – führt der damit verbundene Anstieg des Reallohnsatzes zu einem Anstieg der Arbeitslosigkeit, also zu einer hohen Arbeitslosenquote. Werden die daraus resultierenden Kombinationen von Inflationsrate und Arbeitslosenquote miteinander verbunden, ergibt sich daraus die so genannte **Phillips-Kurve**. Der Name dieser Kurve geht auf den Ökonomen Alban W. Phillips zurück, der bei seiner Analyse der britischen Arbeitslosenquoten und Inflationsraten der Jahre 1861 bis 1957 eine Punktwolke herausfand, die diesem stilisierten Verlauf entsprach.

Lernfragen

Welches Phänomen beschreibt der Keynes-Effekt?

☐ Eine Nominallohnsenkung wird durch eine Preisniveausenkung vollständig kompensiert.

☐ In der Investitionsfalle ist eine Geldmengenerhöhung wirkungslos.

☐ Eine Preisniveausenkung wirkt nicht direkt auf die gesamtwirtschaftliche Güternachfrage, sondern nur indirekt über eine Zinssenkung.

Eine Preisniveauerhöhung führt in einem Zins-Volkseinkommen-Diagramm dazu, dass die LM-Gerade ...

- ☐ nach links verschoben wird.
- ☐ nach rechts verschoben wird.

Wenn sich eine geschlossene Volkswirtschaft in der Investitionsfalle befindet, verläuft die gesamtgesellschaftliche Güternachfragekurve in einem Preisniveau-Volkseinkommen-Diagramm ...

- ☐ parallel zur Preisniveau-Achse.
- ☐ parallel zur Volkseinkommens-Achse.

Zu einem Unterbeschäftigungsgleichgewicht kann es kommen, wenn ...

- ☐ der Nominallohnsatz vollkommen flexibel ist.
- ☐ der Wechselkurs fest ist.
- ☐ sich die Volkswirtschaft in der Liquiditätsfalle befindet.

In einer geschlossenen Volkswirtschaft mit einem flexiblen Preisniveau und flexiblen Nominallöhnen ohne Nachfragedefekte führt eine Geldmengenerhöhung dazu, dass ...

- ☐ der Zinssatz sinkt.
- ☐ das Volkseinkommen steigt.
- ☐ das Preisniveau steigt.

Wie kann eine geschlossene Volkswirtschaft, die sich in der Investitionsfalle befindet, im Fall eines flexiblen Preisniveaus und flexiblen Nominallöhnen das Volkseinkommen erhöhen?

- ☐ Durch eine expansive Fiskalpolitik.
- ☐ Durch eine expansive Geldpolitik.

In einer geschlossenen Volkswirtschaft mit einem flexiblen Preisniveau, flexiblen Nominallöhnen und einem Nachfragedefekt führt eine expansive Fiskalpolitik zu ...

- ☐ einem totalen zinsinduzierten Crowding-out.
- ☐ einem partiellen zinsinduzierten Crowding-out.
- ☐ gar keinem zinsinduzierten Crowding-out.

In einer geschlossenen Volkswirtschaft mit einem flexiblen Preisniveau, nach unten hin starren Nominallöhnen und ohne Nachfragedefekte führt eine expansive Geldpolitik zu ...

- ☐ einer Verringerung des gesamtwirtschaftlichen Preisniveaus.
- ☐ einem partiellen zinsinduzierten Crowding-out.
- ☐ einer Erhöhung des Reallohnsatzes.

In einer geschlossenen Volkswirtschaft mit einem flexiblen Preisniveau und nach unten hin starren Nominallöhnen führt eine expansive Fiskalpolitik für den Fall, dass sich die Volkswirtschaft in der Investitionsfalle befindet dazu, dass ...

- ☐ das Preisniveau und der Reallohnsatz steigen.
- ☐ das Preisniveau und die Beschäftigung steigen.
- ☐ die Investitionen und das Volkseinkommen steigen.

In einer geschlossenen Volkswirtschaft mit einem flexiblen Preisniveau und nach unten hin starren Nominallöhnen führt eine expansive Geldpolitik für den Fall, dass sich die Volkswirtschaft in der Liquiditätsfalle befindet dazu, dass ...

- ☐ das Preisniveau und das Volkseinkommen steigen.
- ☐ das Preisniveau konstant bleibt und das Volkseinkommen steigt.
- ☐ das Preisniveau und das Volkseinkommen konstant bleiben.

Welchen grundsätzlichen Zielkonflikt gibt es in einer geschlossenen Volkswirtschaft mit einem flexiblen Preisniveau?

- ☐ Eine Erhöhung der Beschäftigung ist mit einem Anstieg der Reallöhne verbunden.
- ☐ Eine Erhöhung der Beschäftigung ist mit einem Anstieg des Preisniveaus verbunden.
- ☐ Eine Erhöhung des Volkseinkommens ist mit einer Erhöhung der Geldmenge verbunden.

Die Phillips-Kurve beschreibt den Zusammenhang zwischen ...

- ☐ Wirtschaftswachstum und Inflationsrate.
- ☐ Inflationsrate und Arbeitslosenquote.
- ☐ Arbeitslosenquote und Wirtschaftswachstum.

Prüfungstipp

Entscheidend für das Verständnis wirtschaftspolitischer Maßnahmen in einer geschlossenen Volkswirtschaft mit einem flexiblen Preisniveau ist der Umstand, dass Preisniveauänderungen in diesem Modell keinen direkten Einfluss auf die gesamtwirtschaftliche Güternachfrage haben. Eine Verringerung des Preisniveaus hat nur indirekt einen Einfluss auf die Güternachfrage, weil eine Preisniveauverringerung die reale Geldmenge erhöht, was zu einer Zinssenkung führt, die dann zu einer Erhöhung der Investitionsnachfrage führt. Du darfst deshalb hier nicht mikroökonomisch argumentieren.

Schritt 9: Keynesianismus versus Monetarismus

Lernhinweise

Was erwartet mich in diesem Kapitel?

In der Makroökonomie gibt es zwei große Denkschulen, die die theoretischen Grundlagen für wirtschaftspolitische Maßnahmen bilden: den Keynesianismus und den Monetarismus. Die Modelle beider Schulen basieren auf unterschiedlichen Annahmen und Überlegungen zu theoretischen Zusammenhängen. Da die Anhänger der beiden Denkschulen zum Teil komplett divergierende Vorstellungen von makroökonomischen Zusammenhängen haben, gelangen sie auch zu sehr unterschiedlichen wirtschaftspolitischen Empfehlungen. In diesem Kapitel werden die wesentlichen Unterschiede bezüglich der Modellannahmen des Keynesianismus und des Monetarismus dargestellt. Anschließend werden die Grundzüge der daraus resultierenden unterschiedlichen Vorstellungen einer erfolgversprechenden beschäftigungs- und wachstumsfördernden Wirtschaftspolitik skizziert.

Am Ende des Kapitels werden einige Grundlagen der Neuen Politischen Ökonomie vorgestellt. Zentrale Annahme dieser Überlegungen ist die Überzeugung, dass politische Akteure mit ihren Entscheidungen nicht die gesamtgesellschaftliche Wohlfahrt ihres Landes maximieren wollen, sondern danach streben, ihren eignen Nutzen zu maximieren. Das hat u. a. zur Folge, dass in der Geld- und Fiskalpolitik nicht zwingend die wirtschaftspolitischen Entscheidungen getroffen werden, die aus Sicht der Volkswirtschaft geboten sind, um die Wohlfahrt zu steigern.

Welche Schlagwörter lerne ich kennen?

■ Saysches Theorem ■ Quantitätsgleichung ■ säkulare Stagnation ■ Nachfragepolitik ■ Angebotspolitik ■ Two-Handed Approach ■ Neue Politische Ökonomie ■ homo oeconomicus ■ Politiker ■ Stimmenmaximierer ■ Wähler ■ Wahlhelfer ■ Lobbyisten ■ regelgebundene Fiskalpolitik ■ Niskanen-Modell ■ Chefbürokrat

Wofür benötige ich dieses Wissen?

In aktuellen Diskussionen bezüglich der Wahl von geeigneten Instrumenten zur Bekämpfung der Arbeitslosigkeit bzw. zur Steigerung von Wachstum und Beschäftigung herrscht große Uneinigkeit über die richtige Ausgestaltung wirtschaftspolitischer Maßnahmen. Während z. B. angebotsorientierte Wirtschaftspolitiker im Fall einer hohen Arbeitslosigkeit für Lohnsenkungen plädieren, um so die Beschäftigung zu steigern, sind nachfrageorientierte Ökonomen der Ansicht, dass eine Lohnsenkung die Lage am Arbeitsmarkt weiter verschlechtert. Sie fordern stattdessen Lohnsteigerungen, um über daraus resultierende Einkommenszuwächse die Güternachfrage zu erhöhen und so über eine wachsende Nachfrage nach Arbeitskräften auch die Beschäftigung zu steigern. Um zu verstehen, wie Ökonomen zu derart widersprüchlichen Empfehlungen kommen können, ist es notwendig, die unterschiedlichen Modellannahmen zu kennen, auf deren Grundlage diese Empfehlungen basieren.

Dieses Kapitel stellt die grundlegenden Unterschiede zwischen der keynesianisch geprägten und der monetaristisch geprägten Makroökonomie dar sowie die daraus resultierenden Unterschiede zwischen einer nachfrageorientierten und einer angebotsorientierten Wirtschaftspolitik.

Modelltheoretische Unterschiede zwischen Keynesianismus und Monetarismus

Zwischen den modelltheoretischen Grundlagen der keynesianisch und der monetaristisch geprägten Makroökonomie gibt es eine Vielzahl von Unterschieden. Diese beziehen sich vor allem auf die Funktionsweise einzelner Märkte und Marktinterdependenzen, die Bedeutung von Preisen und die Rolle von Erwartungen.

Ein erstes Unterscheidungsmerkmal zwischen Keynesianern und Monetaristen betrifft die Rolle von **Preisen**. Monetaristen gehen davon aus, dass das Angebot und die Nachfrage auf jedem Markt vom Preis des gehandelten Gutes abhängen. Sofern der Preis vollkommen flexibel ist, kommt es stets zu einem Ausgleich von Angebot und Nachfrage. Sämtliche Märkte befinden sich daher in den Modellen des Monetarismus im Gleichgewicht, d. h. sie sind preisgeräumt. Keynesianer sind hingegen der Ansicht, dass die Preise für Güter und für Produktionsfaktoren, also z. B. der Lohnsatz, zumindest kurzfristig konstant bzw. nach unten hin starr sind. Dies hat zur Folge, dass es zu dauerhaften Angebotsüberschüssen kommen kann. Auf dem Arbeitsmarkt äußert sich der Umstand eines nicht hinreichend flexiblen Preises für den Faktor Arbeit dann in einer Arbeitslosigkeit.

Marktungleichgewichte in Form eines Nachfrageüberhangs oder eines Angebotsüberschusses können sich in keynesianisch geprägten Modellen auch dadurch ergeben, dass die Nachfrage oder das Angebot nicht von den Preisen des betreffenden Gutes abhängen. Ein Beispiel dafür ist der Ausgleich von Ersparnissen und Investitionen. Wie bei den Ausführungen zum Gütermarkt gezeigt, hängt die Höhe der Investitionen in der keynesianischen Makroökonomie vom Zinssatz ab [$I = I(i)$], während die Höhe der Ersparnisse vom Volkseinkommen abhängt [$S = S(Y)$]. Damit ist nicht unmittelbar garantiert, dass die Höhe der Investitionen mit der Höhe der Ersparnisse übereinstimmt. Bei Monetaristen hängen hingegen nicht nur die Investitionen, sondern auch die Ersparnisse von der Höhe des Zinssatzes ab. Dabei gilt: Mit steigendem Zinssatz nimmt die Höhe der Ersparnisse zu, weil der steigende Zinssatz den Anreiz zur Bildung von Ersparnissen erhöht. Damit lässt sich ein **Kapitalmarkt** abbilden, bei dem das zinsabhängige Kapitalangebot [$S = S(i)$] auf die zinsabhängigen Investitionen trifft [$I = I(i)$]. Diese

Investitionsnachfrage stellt die Kapitalnachfrage dar. In Kombination mit der Annahme, dass der Zinssatz als Preis für Kapital vollkommen flexibel ist, ergibt sich damit automatisch ein Ausgleich von Investitionen und Ersparnissen (siehe Abb. 9.1). Eine Situation, bei der die gesamtwirtschaftlichen Ersparnisse größer sind als die Investitionen, ist daher für Monetaristen nicht denkbar. Auch die damit verbundenen Nachfrageprobleme, die in einem keynesianischen makroökonomischen Modell auftauchen können, sind im Monetarismus annahmegemäß ausgeschlossen.

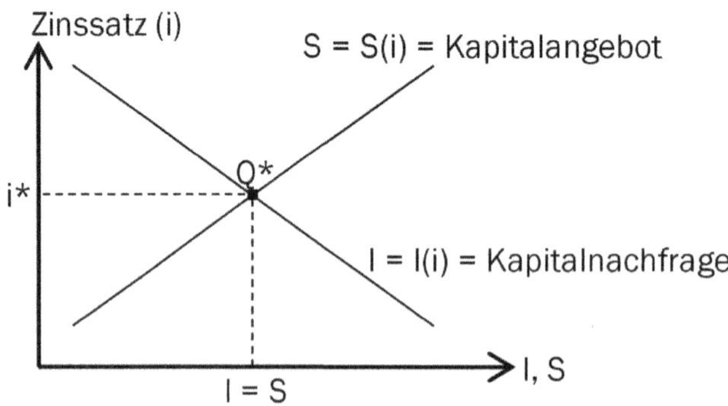

Abb. 9.1: Der Kapitalmarkt in der monetaristisch geprägten Makroökonomie

Die unterschiedliche Bedeutung, die Preisen zugeschrieben wird, zeigt sich auch auf dem Gütermarkt. In keynesianischen Modellen hängt die Höhe der Konsumnachfrage von der Höhe des Einkommens ab. Damit hängt auch die Güternachfrage vom Einkommen ab. Für Monetaristen ist hingegen die Höhe des Preises entscheidend für die Konsumnachfrage. Das Einkommen spielt nur eine untergeordnete Rolle. Während für die Keynesianer dabei das laufende Einkommen eines bestimmten Jahres relevant ist, orientieren sich die Konsumenten in der monetaristischen Theorie an ihrem **Lebenszeiteinkommen**, also an dem Einkommen, das sie während ihrer gesamten Lebenszeit voraussichtlich erzielen werden. Dies führt dann zu einer Konsumglättung: Selbst wenn das aktuelle Einkommen eines bestimmten Jahres abrupt sinken sollte, reagieren die Konsumenten nur mit einem moderaten Rückgang der Konsumnachfrage in diesem Jahr, weil das Lebenszeiteinkommen davon kaum beeinträchtigt wird. Dies hat zur Folge, dass die Konsumnachfrage im Zeitablauf für Monetaristen wesentlich **stabiler** ist als für Keynesianer.

Die Stabilität des Gütermarktes bzw. die Realisierung des Gütermarktgleichgewichts ergibt sich zudem aus dem so genannten **Sayschen Theorem**. Das Saysche Theorem lässt sich kurz gefasst durch die These „Jedes Angebot schafft sich seine Nachfrage" beschreiben. Dieses Theorem basiert auf dem Umstand, dass der Unternehmenssektor mit einer bestimmten Gütermenge immer auch ein entsprechend hohes Faktoreinkommen generiert. Wenn beispielsweise neue Güter im Wert von 10.000 Euro produziert werden, entstehen gleichzeitig Faktoreinkommen – also Lohneinkommen, Zinseinkommen, Gewinne, Miet- und Pachteinkommen – in Höhe von 10.000 Euro. Diese Einkommen werden vollständig für den Kauf von Gütern verwendet – entweder direkt für den Erwerb von Konsumgütern oder indirekt über die Bildung von Ersparnissen für den Kauf von Investitionsgütern. Angebotsüberschüsse können somit nicht entstehen, weil das in Geldeinheiten ausgedrückte Güterangebot genauso groß ist wie das in Geldeinheiten ausgedrückte Einkommen, und Letzteres stets für den Erwerb von Gütern verwendet wird.

Auch die **Investitionsnachfrage** ist nach Ansicht der Monetaristen wesentlich stabiler als bei den Keynesianern. Für beide Theorien spielen die Produktivität des Faktors Kapital und die damit verbundenen Renditeerwartungen eine entscheidende Rolle für die Beantwortung der Frage, ob eine Investition durchgeführt werden soll oder nicht. Das Entscheidungskalkül ist dabei identisch: Eine bestimmte Investition lohnt sich immer dann, wenn die erwartete Rendite größer ist als der herrschende Marktzinssatz. Der entscheidende Unterschied zwischen Monetaristen und Keynesianern betrifft jedoch die Faktoren, die die erwartete Rendite beeinflussen. Für die Monetaristen wird die erwartete Rendite letztendlich durch die Produktionstechnologie bestimmt. Diese Technologie determiniert die Menge der zusätzlichen Güter, die hergestellt werden können, wenn ein Investitionsprojekt durchgeführt wird. In Kombination mit dem Marktpreis für dieses Gut lässt sich der zusätzliche Erlös ermitteln. Nach Abzug der Produktionskosten verbleibt ein Gewinn, aus dem sich die Rendite berechnen lässt. Wird zudem davon ausgegangen, dass die Produktionstechnologien zumindest kurzfristig konstant sind, so ist auch die erwartete Rendite einer Investition konstant. Die Investitionsfunktion [I = I(i)] ist folglich kurzfristig konstant, d. h. es besteht ein stabiler Zusammenhang zwischen der Höhe des Zinssatzes und der Höhe der Investitionen. In der keynesianisch geprägten Theorie wird die erwartete Rendite nicht nur von der Produktionstechnologie bestimmt, sondern auch von den **Absatzerwartungen**. Diese können sich abrupt ändern. Im Fall einer kurzfristigen Verschlechterung der Erwartungen über die zukünftige gesamtwirtschaftliche Entwicklung und die damit verknüpften Absatzerwartungen kommt es zu einer abrupten Reduzierung der Investitionsnachfrage, weil die Unternehmen befürchten, dass sie die mit der Investition zusätzlich produzierbaren Güter nicht verkaufen können. Der Zusammenhang zwischen der Höhe der Investitionen und der Höhe des Zinssatzes ist daher instabil, weil kurzfristig veränderte Zukunftserwartungen zu einer abrupten Veränderung der Investitionsnachfrage führen.

Ein weiterer zentraler Unterschied betrifft die Bedeutung der Geldpolitik für die reale Wirtschaft. In der keynesianischen Makroökonomie kann eine expansive Geldpolitik, wie in den vorangehenden Kapiteln gezeigt, über eine Zinssenkung und eine damit verbundene Investitionssteigerung zu einer dauerhaften Erhöhung des Volkseinkommens und der Beschäftigung führen. In der monetaristischen Makroökonomie hat eine Erhöhung der Geldmenge hingegen keine dauerhaften realwirtschaftlichen Effekte. Hintergrund dieser Ansicht ist die so genannte **Quantitätsgleichung**. Diese Gleichung stellt den Zusammenhang zwischen dem Geldangebot und der Geldnachfrage zur Finanzierung der gesamtwirtschaftlichen Tauschaktivitäten dar. Das Geldangebot wird dabei mit M bezeichnet. Das Volumen der gesamtwirtschaftlichen Tauschaktivitäten setzt sich zusammen aus der gehandelten Gütermenge und dem Preisniveau (P). Aus Gründen der Vereinfachung wird das Volkseinkommen (Y) dabei als Größe für das mengenmäßige Tausch- bzw. Handelsvolumen herangezogen. Schließlich gibt es in der Quantitätsgleichung noch die Umlaufgeschwindigkeit des Geldes (U). Sie gibt an, wie häufig eine Geldeinheit innerhalb eines Jahres für den Kauf von Gütern verwendet wird. Wenn also beispielsweise das reale Volkseinkommen 10.000 Gütereinheiten beträgt (Y = 10.000), das Preisniveau gleich eins ist (P = 1) und jede Geldeinheit viermal im Jahr für die Finanzierung eines Güterkaufs verwendet wird (U = 4), dann benötigt die Volkswirtschaft eine Geldmenge in Höhe von 2.500 Geldeinheiten (M = 2.500), um die insgesamt anfallenden Gütertransaktionen zu finanzieren. Die Quantitätsgleichung stellt diesen Zusammenhang zwischen der erforderlichen Geldmenge und den Tausch- bzw. Handelsaktivitäten dar und lautet: $M \cdot U = Y \cdot P$. Wird nun angenommen, dass die Umlaufgeschwindigkeit des Geldes konstant ist und das Volkseinkommen unabhängig vom Geldmarkt ist – also aus Sicht des Geldmarktes eine exogene und damit ebenfalls konstante Größe ist –, so hat eine Erhöhung der Geldmenge um beispielsweise 10 % eine Erhöhung des Preisniveaus um ebenfalls 10 % zur Folge. Die Erhöhung der Geldmenge hat somit nur eine inflationserhöhende Wirkung. Selbst wenn die Geldmengenerhöhung kurzfristig eine Steigerung der Güternachfrage zur Folge hat, bewirkt die höhere Nachfrage einen Preisniveauanstieg. Dieser reduziert den Reallohn der Beschäftigten, sodass diese höhere Nominallöhne fordern. Mit dem steigenden Preisniveau sinkt die Güternachfrage, und mit dem steigenden Nominallohn die Arbeitsnachfrage. Im Ergebnis führt dies dazu, dass die anfängliche Steigerung von Produktion und Beschäftigung wieder zurückgeht und die Beschäftigung und das Güterangebot letztendlich unverändert bleiben. Eine Steigerung von Volkseinkommen und Beschäftigung lässt sich daher nicht erreichen. Die höhere Inflationsrate hat somit keinen Rückgang der Arbeitslosigkeit zur Folge. Die **Phillips-Kurve** verläuft daher in der monetaristischen Makroökonomie in einem Inflationsraten-Arbeitslosenquoten-Diagramm parallel zur Achse der Inflationsrate.

Aus der Umformung der Quantitätsgleichung resultiert zudem eine Aussage über die **Geldnachfrage** in der monetaristischen Makroökonomie: $M = \frac{1}{U} \cdot Y \cdot P$. Geld wird folglich nur zur Finanzierung von ökonomischen Transaktionen nachgefragt. Die monetaristische Makroökonomie kennt somit lediglich das Transaktionsmotiv der Geldnachfrage. Eine zinsabhängige Geldnachfrage gibt es hingegen nicht. Wird nun noch davon ausgegangen, dass es bei der Höhe des Volkseinkommens keine kurzfristigen abrupten Schwankungen gibt, so erweist sich die Geldnachfrage als stabil. In der keynesianischen Makroökonomie gibt es hingegen auch eine zinsabhängige Geldnachfrage, die aus der Unsicherheit über die zukünftige Entwicklung der Wertpapierkurse resultiert. Dies hat zur Folge, dass die Geldnachfrage in der keynesianischen Makroökonomie nicht stabil ist, denn die Erwartungen über die Höhe der zukünftigen Wertpapierkurse können sich schlagartig ändern, was dann auch eine abrupte Veränderung der gesamtwirtschaftlichen Geldnachfrage zur Folge hat.

Die Bedeutung der bereits mehrfach angesprochenen **Erwartungen** stellt einen weiteren Unterschied zwischen Keynesianern und Monetaristen dar. Monetaristen gehen davon aus, dass die wirtschaftlichen Akteure – also vor allem die Konsumenten und die Unternehmer – relativ stabile Erwartungen bezüglich der zukünftigen wirtschaftlichen Entwicklungen haben. Sie kennen die relevanten wirtschaftlichen Zusammenhänge und können daher auch die zukünftigen wirtschaftlichen Entwicklungen relativ gut einschätzen. Daher gibt es bezüglich der zukünftigen Wirtschaftsentwicklung keine abrupten Erwartungsänderungen. In der keynesianischen Makroökonomie kann es hingegen sehr plötzlich zu erheblichen Änderungen bezüglich der zukünftigen Entwicklungen von Absatzchancen, Wertpapierkursen und Beschäftigungschancen kommen. Hieraus resultieren abrupte Verhaltensänderungen, die zu einer instabilen Entwicklung der makroökonomischen Größen führen können. Diese unterschiedlichen Annahmen zur Erwartungsbildung haben dann auch Auswirkungen auf den Erfolg einzelner wirtschaftspolitischen Maßnahmen. In der monetaristischen Makroökonomie hat eine expansive Geldpolitik keine realwirtschaftlichen Effekte, weil die Wirtschaftsakteure die Quantitätsgleichung kennen und deshalb wissen, dass eine fünfprozentige Geldmengenerhöhung zu einer Erhöhung des Preisniveaus um fünf Prozent führt. Sie passen daher ihre Nominallohnforderungen an, sodass der Reallohn unverändert bleibt. Damit bleibt das Beschäftigungsniveau konstant. In der keynesianischen Makroökonomie kann die Geldmengenerhöhung hingegen eine Steigerung von Volkseinkommen und Beschäftigung erreichen, sofern sich die Volkswirtschaft weder in der Investitions- noch in der Liquiditätsfalle befindet.

Ein weiterer Unterschied in monetaristischen und keynesianischen gesamtwirtschaftlichen Modellen betrifft die Bedeutung von **Marktinterdependenzen**. Bei Monetaristen ist jeder einzelne Markt im Gleichgewicht, sofern der Preis vollkommen flexibel ist. Für den Arbeitsmarkt bedeutet dies, dass eine Lohnsatzflexibilität automatisch für Vollbeschäftigung sorgt – unabhängig davon, was auf anderen Märkten geschieht. Keynesianer berücksichtigen hingegen Marktinterdependenzen: Wenn es auf dem Arbeitsmarkt wegen eines Angebotsüberschusses zu einer Lohnsenkung kommt, hat dies eine Verringerung der Einkommen der privaten Haushalte zur Folge. Ein Rückgang des verfügbaren Einkommens der Haushalte bewirkt eine Verringerung der privaten Konsumnachfrage. Damit sinkt der Anreiz der Unternehmen, Güter herzustellen und anschließend auf dem Markt anzubieten. Folglich sinkt die Produktion, was dann auch die Nachfrage nach Arbeitskräften einschränkt. Dies führt auf dem Arbeitsmarkt zu einem weiteren Beschäftigungsrückgang, also zur Arbeitslosigkeit. Während die Höhe des Beschäftigungsniveaus bei den Monetaristen also von der Höhe des Lohnsatzes anhängt, ist das Ausmaß der Beschäftigung bei den Keynesianern auch von der effektiven Güternachfrage abhängig.

Ein letzter relevanter Unterschied betrifft die Frage, ob die menschlichen Bedürfnisse begrenzt oder unbegrenzt sind. Monetaristen gehen, so wie auch die neoklassische Haushaltstheorie, davon aus, dass die Bedürfnisse des Menschen unbegrenzt sind. In der keynesianischen Theorie sind die menschlichen Bedürfnisse hingegen begrenzt, d. h. bei steigendem Einkommen kommt es zu **Sättigungstendenzen**. Dies hat weitreichende Konsequenzen für den Ausgleich von Güterangebot und Güternachfrage in hoch entwickelten Volkswirtschaften. Wenn es im Zuge der wirtschaftlichen Entwicklung zu einem Anstieg von Produktivität und Volkseinkommen kommt, erhöht sich damit auch der materielle Wohlstand der Menschen. Sofern Sättigungstendenzen bestehen, hat dies zur Folge, dass ein immer größerer Teil des Volkseinkommens gespart wird. In einer wenig entwickelten Volkswirtschaft wäre dies unproblematisch, weil der gesamtgesellschaftliche Produktionsapparat relativ klein ist, sodass es noch hinreichend viele Investitionsmöglichkeiten gibt. Der durch die Bildung von Ersparnissen hervorgerufene Nachfrageausfall kann dann durch eine Investitionstätigkeit der Unternehmen kompensiert werden. Wenn jedoch in einer hoch entwickelten Volkswirtschaft hohe Ersparnisse auf einen bereits umfangreichen Produktionsapparat treffen, gibt es weniger lohnende Investitionsmöglichkeiten. Zudem müssen die Unternehmen damit rechnen, dass es ihnen wegen der bestehenden Sättigungstendenzen nicht mehr gelingt, ihr Güterangebot zu einem kostendeckenden Marktpreis verkaufen zu können. Auch dies wirkt sich negativ auf die Investitionsbereitschaft aus. Im Ergebnis besteht somit die Gefahr, dass das Investitionsvolumen geringer ist als die Höhe der Ersparnisse. Damit fällt die gesamtwirtschaftliche Güternachfrage geringer aus als das Güterangebot. Die Unternehmen reagieren darauf mit einer Reduzierung des Produktionsniveaus. Der wirtschaftliche Wachstumsprozess kommt somit zum Erliegen. Ende der 1930er Jahre prägte der Ökonom Alvin Hansen für dieses Phänomen den Begriff **„säkulare Stagnation"**. In den monetaristischen Überlegungen taucht dieses Phänomen nicht auf, weil die Bedürfnisse der Menschen annahmegemäß unbegrenzt sind. Sofern es wegen einer hohen Sparneigung zu einem hohen Sparvolumen kommt, erhöht dies das Kreditangebot und senkt somit den Zinssatz. Darauf reagieren die Unternehmen mit höheren Investitionen. Absatzgrenzen gibt es dabei nicht. Hohe Ersparnisse sind folglich für die monetaristische Makroökonomie kein Problem. Im Gegenteil: Hohe Ersparnisse erlauben hohe Investitionen, sodass der Kapitalbestand der Volkswirtschaft wächst. Damit werden die Produktionsmöglichkeiten der Gesellschaft größer. Für die Bürger bedeutet dies ceteris paribus ein höheres Bruttoinlandsprodukt und damit einen höheren individuellen Wohlstand.

Insgesamt geht die monetaristische Makroökonomie von einer hohen Stabilität des privaten Sektors aus. Zudem kommt es über die bereits skizzierten Annahmen zur Flexibilität der Preise auf allen Märkten zu einer Markträumung und damit auch zu einer Vollbeschäftigung. Angesichts der Stabilität der Märkte sehen Monetaristen keine Veranlassung für staatliche Eingriffe in die Wirtschaftsabläufe. In der keynesianischen Makroökonomie gibt es auf den Märkten hingegen eine Reihe von Defekten: nach unten hin starre Nominallöhne, eine Investitions- und eine Liquiditätsfalle sowie abrupte Änderungen der Erwartungen. Märkte sind somit instabil und tendieren auch nicht automatisch zu einem Vollbeschäftigungsgleichgewicht. Aus diesen Unterschieden in der Theoriebildung resultieren unterschiedliche wirtschaftspolitische Empfehlungen.

Unterschiede zwischen nachfrageorientierter und angebotsorientierter Wirtschaftspolitik

Aus den divergierenden Modellrahmen, innerhalb derer sich die Keynesianer und die Monetaristen bewegen, ergeben sich weit reichende Unterschiede bezüglich der Maßnahmen zur Bekämpfung der Arbeitslosigkeit und zur Steigerung des Wirtschaftswachstums.

Für die **Keynesianer** ist die Ursache für eine wirtschaftliche Schwäche mit einer entsprechend hohen Arbeitslosigkeit eine zu geringe gesamtwirtschaftliche Güternachfrage. Der durch die Bildung von Ersparnissen hervorgerufene **Nachfrageausfall** wird nicht durch entsprechend hohe Investitionen kompensiert. Die geringe Güternachfrage äußert sich dann in einem geringen Beschäftigungsniveau. Arbeitslosigkeit ist folglich auf eine zu geringe Güternachfrage zurückzuführen. Wenn das Bruttoinlandsprodukt und die Beschäftigung erhöht werden sollen, muss die gesamtwirtschaftliche Güternachfrage gesteigert werden. Der Staat kann dies z. B. über eine Verbesserung der Anreize zur Durchführung von Investitionen erreichen und zu diesem Zweck die Zinsen senken. Alternativ kann der Staat selbst die Nachfrage nach Gütern erhöhen, indem er direkt Sachgüter und Dienstleistungen nachfragt. Eine höhere Güternachfrage lässt sich auch indirekt erreichen, wenn der Staat seine Transferleistungen an einkommensschwache Personen erhöht, sodass diese Personen ihre Nachfrage nach Konsumgütern steigern. Eine Erhöhung der gesamtwirtschaftlichen Güternachfrage lässt sich zudem durch Änderungen im Steuerrecht erreichen, indem die steuerliche Belastung von Personen mit geringen Einkommen – und einer hohen Konsumquote – verringert wird. Wenn das verfügbare Einkommen dieser Personen durch höhere Freibeträge und andere Steuererleichterungen erhöht wird, ist wegen der geringen Sparquote von einkommensschwachen Personen mit einer höheren Konsumnachfrage zu rechnen.

Eine Wirtschaftspolitik, die derartige Maßnahmen zur Steigerung der gesamtwirtschaftlichen Güternachfrage durchführt, wird als **Nachfragepolitik** bezeichnet.

Lohnsenkungen werden dabei als kontraproduktiv angesehen, weil sie die Einkommen der Konsumenten verringern und somit über eine nachlassende Güternachfrage einen wirtschaftlichen Abschwung weiter beschleunigen.

Für die **Monetaristen** stellt sich das Problem eines Nachfragemangels nicht, weil annahmegemäß alle Märkte stets preisgeräumt sind. Wenn es dauerhafte Angebotsüberschüsse geben sollte, die sich beispielsweise auf dem Arbeitsmarkt in Form von Arbeitslosigkeit äußern, so sind diese Angebotsüberschüsse darauf zurückzuführen, dass der Preis für das betreffende Gut nicht hinreichend flexibel ist, also nicht stark genug sinken kann. Arbeitslosigkeit ist keine Konsequenz einer zu geringen Güternachfrage, sondern Ursache von Tarif- und Mindestlöhnen, die nicht unterschritten werden dürfen. Wenn das Bruttoinlandsprodukt und die Beschäftigung erhöht werden sollen, muss nicht an der Nachfrageseite angesetzt werden, sondern an der Angebotsseite. Dabei ist es notwendig, die Produktions- und Angebotsbedingungen für die Unternehmen zu verbessern, damit diese mehr investieren und mehr Beschäftigte einstellen. Konkrete Ansatzpunkte dafür sind eine Flexibilisierung des Arbeitsmarktes (z. B. eine Lockerung des Kündigungsschutzes, ein Ausbau der Leiharbeit und der Verzicht auf tarifliche oder gesetzliche Mindestlöhne), eine zurückhaltende Lohnpolitik der Tarifparteien, der generelle Abbau staatlicher Vorschriften sowie Steuersenkungen für Unternehmen (z. B. die Reduzierung von Sozialversicherungsbeiträgen, eine Verbesserung der steuerlichen Absetzbarkeit von Investitionen und der Verzicht auf eine Vermögensteuer). Auch die Erleichterung und Förderung von Unternehmens- und Existenzgründungen kann Produktion und Beschäftigung steigern. Zudem wird die Privatisierung staatlicher Unternehmen empfohlen, weil den privaten Wirtschaftsakteuren eine höhere Effizienz zugetraut wird als staatlichen Akteuren. Generell plädieren Monetaristen für eine Reduzierung staatlicher Eingriffe in das Wirtschaftsleben. Der Staat soll sich auf wenige Kernaufgaben konzentrieren (z. B. Setzung eines rechtlichen Rahmens, Garantie der inneren und äußeren Sicherheit, Bereitstellung reiner öffentlicher Güter) und ansonsten wirtschaftliche Aktivitäten den Märkten überlassen.

Eine Wirtschaftspolitik, die derartige Maßnahmen zur Verbesserung der Angebotsbedingungen der Unternehmen und zur Steigerung des gesamtwirtschaftlichen Güterangebots durchführt, wird als **Angebotspolitik** bezeichnet.

Die Bewertung der Fiskal- und der Geldpolitik unterscheidet sich in beiden wirtschaftspolitischen Grundüberzeugungen fundamental.

- In der Nachfragepolitik der **Keynesianer** spielt eine expansive **Fiskalpolitik** die entscheidende Rolle. Sie wirkt unmittelbar nachfrageerhöhend und ist vor allem in Zeiten pessimistischer Zukunftserwartungen (Investitionsfalle) ein wirksames Instrument zur Steigerung von Volkseinkommen und Beschäftigung. In Zeiten eines wirtschaftlichen Abschwungs soll der Staat daher kreditfinanzierte Staatsausgabenerhöhungen durchführen. Die damit verbundenen Schulden sollen in der Phase eines wirtschaftlichen Aufschwungs zurückgezahlt werden. Eine expansive Geldpolitik kann ebenfalls das Volkseinkommen und die Beschäftigung erhöhen. Sie versagt jedoch, wenn sich die Volkswirtschaft in der Liquiditäts- oder der Investitionsfalle befindet. Zudem wirkt sie – anders als die Erhöhung der staatlichen Güternachfrage – nicht sofort, sondern erst mit einer gewissen zeitlichen Verzögerung, weil die Unternehmen nicht unmittelbar mit höheren Investitionen auf eine Zinssenkung reagieren. Das wirksamste Instrument der nachfrageorientierten Wirtschaftspolitik ist somit die expansive Fiskalpolitik.
- Die Angebotspolitik der **Monetaristen** spricht sich gegen einen konjunkturabhängigen Einsatz der Fiskal- und Geldpolitik aus. Eine expansive Fiskalpolitik hat keinen realwirtschaftlichen Effekt, weil der Gütermarkt ebenso wie der Kapitalmarkt stets preisgeräumt ist. Wenn der Staat auf private Ersparnisse zugreift, verdrängt er damit private Investitionen, sodass die gesamtwirtschaftliche Güternachfrage per Saldo konstant bleibt. Langfristig ist eine kreditfinanzierte Staatsausgabenerhöhung sogar wachstumsdämpfend, weil sie private Investitionen reduziert und damit den Kapitalbestand der Volkswirtschaft langsamer wachsen lässt. Monetaristen sprechen sich daher für eine Reduzierung der Staatsausgaben aus, weil die damit verbundenen Steuersenkungen die Angebotsbedingungen der Unternehmen verbessern. Zudem plädieren sie für einen Abbau der staatlichen Verschuldung. Dies reduziert die staatlichen Zinsausgaben und damit auch die notwendigen Steuereinnahmen. Zudem führt eine geringere staatliche Kreditaufnahme zu einem Rückgang der Kapitalnachfrage, was zu einem sinkenden Zinssatz und zu steigenden Investitionen führt. Die zentrale Steuerungsgröße der staatlichen Wirtschaftspolitik ist folglich die **Geldmenge** – daher auch die Bezeichnung Monetarismus für diese makroökonomische Denkschule. Die Geldpolitik sollte jedoch nicht konjunkturabhängig (also diskretionär bzw. kurzfristig) eingesetzt werden, sondern sich an der langfristigen Entwicklung des realen Bruttoinlandsprodukts bzw. Volkseinkommens orientieren. Dadurch lassen sich inflationäre Tendenzen verhindern.

Insgesamt zeigt sich also, dass sich die Nachfrage- und die Angebotspolitik in den meisten Detailfragen der Wirtschaftspolitik diametral gegenüberstehen. Dies erklärt dann auch die Schärfe, die sich in wirtschaftspolitischen Diskussionen ergibt, wenn Vertreter beider Denkschulen aufeinander treffen. In der Wirtschaftspolitik wird dieser Konflikt dadurch entschärft, dass häufig ein Mix aus Nachfrage- und Angebotspolitik angewendet wird. Die Überlegung, dass letztendlich sowohl Maßnahmen zur Stärkung der gesamtwirtschaftlichen Nachfrage als auch zur Verbesserung der Angebotsbedingungen erforderlich sind, wird auch als „**Two-Handed-Approach**" bezeichnet. Dieser Ansatz trägt dem Umstand Rechnung, dass viele Maßnahmen zur Verbesserung der Angebotsbedingungen Zeit benötigen. Beispiele sind eine Verbesserung des Bildungsniveaus der Arbeitskräfte durch Weiterbildungsmaßnahmen, die Umsetzung langfristiger Investitionsvorhaben in Unternehmen und der Strukturwandel hin zu einer Dienstleistungsgesellschaft. Zur Abmilderung der damit einhergehenden Nachfrageschwächen sind flankierende Maßnahmen zur Stabilisierung der gesamtwirtschaftlichen Nachfrage notwendig. Im Two-Handed-Approach stehen die Nachfrage- und Angebotspolitik somit nicht in einem unversöhnlichen Widerspruch zueinander, sondern sie ergänzen sich gegenseitig.

Neue Politische Ökonomie

In den bisherigen Ausführungen wurde implizit davon ausgegangen, dass die für die Wirtschaftspolitik verantwortlichen Akteure das Ziel verfolgen, die wirtschaftspolitischen Maßnahmen zu ergreifen, die das Bruttoinlandsprodukt bzw. Volkseinkommen und die Beschäftigung so weit wie möglich steigern. Auch wenn über den Weg zur Erreichung dieses Zieles gestritten wird – vor allem zwischen Keynesianern und Monetaristen –, herrscht über das Ziel Einigkeit. Die für die Wirtschaftspolitik verantwortlichen Akteure – allen voran die Politiker, aber auch die in der Verwaltung tätigen Bürokraten – verfolgen mit ihren Entscheidungen also annahmegemäß die gesamtgesellschaftliche Wohlfahrt und keine eigenen Interessen. Sie handeln so gesehen altruistisch.

Die Annahme eines altruistischen Verhaltens ist jedoch in der Volkswirtschaft eine sehr ungewöhnliche Verhaltensannahme. Von Konsumenten bzw. privaten Haushalten wird angenommen, dass sie mit allen ihren Entscheidungen danach streben, den eigenen Nutzen zu maximieren. Unternehmen agieren als Gewinnmaximierer, weil sie so ihr Einkommen maximieren können, was den Unternehmenseigentümern wiederum ein größeres Konsumniveau erlaubt und damit einen höheren Nutzen generiert. Wenn also private Wirtschaftsakteure stets ihre eigenen Interessen verfolgen, wäre zu erwarten, dass sie dieses Verhalten auch an den Tag legen, wenn sie als Politiker tätig werden. Tatsächlich übernahm Anthony Downs Ende der 1950er Jahren diese Überlegungen und untersuchte, welche Konsequenzen sich ergeben, wenn für politische Akteure angenommen wird, dass sie mit ihren Entscheidungen den eigenen Nutzen maximieren wollen. Dazu wird das Verhaltensmodell des **homo oeconomicus**, das ein Kernelement der ökonomischen Theorie ist, auf politische Entscheidungsprozesse übertragen.

Zentrale Annahme dieses Verhaltensmodells ist, dass Menschen unter Berücksichtigung aller Vor- und Nachteile unter verschiedenen Handlungsalternativen die Handlungsoption auswählen, die ihnen persönlich den größten Nettonutzen erbringt. Handlungen werden daher nur durchgeführt, wenn deren zusätzlicher Nutzen (Grenznutzen) größer ist als die damit verbundenen Kosten (Grenzkosten). Bei Anwendung dieser Entscheidungsregel maximiert der homo oeconomicus seinen Nutzen. Alle individuellen Entscheidungen und Handlungen basieren somit auf rein privaten Motivationen. Die Neue Politische Ökonomie geht davon aus, dass dieses Entscheidungskalkül auch für Politiker und Wähler gilt.

Für die **Politiker** wird angenommen, dass sie mit ihren politischen Aktivitäten Einkommen, Macht und Prestige anstreben. Es geht Politikern somit nicht um die Maximierung der gesellschaftlichen Wohlfahrt oder zumindest darum, die Wohlfahrt der Gesellschaft zu erhöhen, sondern einzig und allein darum, ihren eigenen Nutzen zu maximieren. Um diese Ziele zu erreichen, müssen Politiker in das Parlament gewählt werden und am besten auch die Regierung übernehmen – sie streben also politische Ämter an. Downs geht deshalb davon aus, dass Politiker bzw. Parteien das Verhalten eines **Stimmenmaximierers** an den Tag legen: „Um ihre privaten Ziele zu erreichen, treten sie mit jenen politischen Programmen hervor, von denen sie sich den größten Gewinn an Stimmen versprechen, so wie die Unternehmer aus dem entsprechenden Beweggrund diejenigen Waren produzieren, von denen sie sich den höchsten Gewinn versprechen" (Downs 1968, S. 289). Üblicherweise wird angenommen, dass das Streben nach politischen Ämtern und nach Stimmenmaximierung identisch sind. Daher steht die Stimmenmaximierung im Zentrum der Modelle der Neuen Politischen Ökonomie.

Auch die **Wähler** sind Akteure, die durch politisches Handeln ihren individuellen Nutzen maximieren wollen. Dies bedeutet, dass ein Wähler der Partei seine Stimme gibt, von der er im Fall einer Regierungsübernahme den größten Nettonutzen erwartet. Der Nettonutzen ergibt sich aus den Maßnahmen, die eine Partei verspricht und von der ein individueller Wähler profitiert (also z. B. die Höhe der Ausgaben für Straßen, Gesundheit, Bildung und eine digitale Infrastruktur), sowie von der Steuerbelastung, die sich für diesen Wähler ergibt, wenn eine bestimmte Partei gewählt wird und ihr Wahlprogramm umsetzt.

Für alle politischen Akteure wird folglich angenommen, dass sie die Maximierung ihres eigenen Nutzens anstreben. Dies hat zur Folge, dass die politischen Akteure das ökonomische Prinzip anwenden und sich in dem Sinne rational verhalten, dass sie versuchen, mit einer gegebenen Menge an Mitteln einen möglichst hohen Grad der individuellen Bedürfnisbefriedigung zu erreichen.

In einer Welt mit **vollkommenen Informationen** ist davon auszugehen, dass Parteien gewählt werden, die den Willen der Mehrheit der Bevölkerung berücksichtigen: Im Fall vollkommener Informationen kennen die Politiker annahmegemäß alle Wünsche und Ziele der Wähler. Die Wähler wissen ihrerseits ganz genau, welche individuellen Kosten und Nutzen ihnen entstehen, wenn eine bestimmte Partei die Regierung übernimmt. Unter diesen Annahmen erreicht die Partei, deren Programm von mindestens 50 Prozent der Wahlberechtigten als vorteilhaft eingestuft wird, die Regierungsmehrheit – und ihre Mitglieder erhalten die mit der Regierungsübernahme verbundenen Vorteile (also politische Ämter, die ihnen Einkommen, Macht und Prestige bescheren).

Die Annahme der vollkommenen Information ist für die Analyse realer politischer Prozesse jedoch nicht realistisch. In realen politischen Prozessen kennen die Politiker nicht die Wünsche der Wähler, und die Wähler haben ihrerseits keine vollständige Kenntnis darüber, welche Vor- und Nachteile sie durch die Entscheidung für eine bestimmte Partei haben werden. Aus diesen Informationsdefiziten ergeben sich eine Reihe von Konsequenzen, von denen hier nur zwei kurz skizziert werden sollen: die Existenz von Wahlhelfern und von Lobbyisten.

Im Fall von **unvollständigen Informationen** sind sich viele Wähler nicht darüber im Klaren, von welcher Partei sie persönlich den größten Nettonutzen zu erwarten haben. Dies macht es für die Politiker attraktiv, **Wahlhelfer** einzusetzen. Deren erste Aufgabe ist es, andere Wähler davon zu überzeugen, dass die Entscheidung für die Partei des betreffenden Politikers den größten Nettonutzen für den Wähler zur Folge hat. Außerdem kennen die Politiker nicht die Wünsche der Wähler. Die zweite Aufgabe der Wahlhelfer besteht deshalb darin, Informationen über die Wählerwünsche zu gewinnen und diese den Politikern mitzuteilen.

Der Einsatz von Wahlhelfern ist jedoch für die Politiker mit Kosten verbunden. Angesichts knapper Ressourcen müssen sich Politiker auf eine begrenzte Zahl von Wahlhelfern beschränken. Dies hat zur Folge, dass nicht alle Personen politisch gleich wichtig sind. Personen, die andere Wähler im Sinne eines Politikers beeinflussen können, sind für den Politiker wichtiger als die Personen, die keine oder nur wenige Wähler beeinflussen können. Gleiches gilt für die Berücksichtigung der Informationen über die Wählerwünsche. Politiker werden eher auf die Personen hören, von denen sie glauben, dass sie die Interessen vieler Wähler kennen als auf Personen, die nur die Wünsche weniger Wähler repräsentieren.

Der Umstand, dass die Beschaffung und Verarbeitung von Informationen mit Kosten verbunden sind, hat darüber hinaus zur Folge, dass der Einfluss auf politische Entscheidungen von der Fähigkeit abhängt, diese Kosten zu tragen. Politiker und Wahlhelfer, die über ein hohes Einkommen bzw. Vermögen verfügen, können durch die ressourcenintensive Überzeugungsarbeit mehr Wähler auf ihre Seite bringen. Die Einflussmöglichkeiten auf politische Entscheidungen sind daher von Bürger zu Bürger unterschiedlich. Und das bedeutet wiederum, dass sich politische Entscheidungen nicht automatisch an den Präferenzen aller Wahlberechtigten orientieren, sondern primär an den Präferenzen derjenigen, die über hohe Einkommen verfügen und bereit sind, die Kosten einer Beeinflussung von Politikern zu tragen.

Wahlhelfer sind dabei von **Lobbyisten** zu unterscheiden. Auch Lobbyisten beeinflussen politische Entscheidungen. Während die Wahlhelfer von den Politikern eingesetzt und gegebenenfalls auch von ihnen bezahlt werden, sind Lobbyisten aus Eigeninteresse aktiv. Sie versuchen durch ihre Beeinflussung der Politiker eine Entscheidung herbeizurufen, die ihnen selbst nutzt. Dieses Ziel erreichen sie, indem sie die Politiker davon überzeugen, dass eine bestimmte Maßnahme von mehr Wählern gewünscht als abgelehnt wird, sodass die Maßnahme für den Politiker einen Zugewinn an Stimmen zur Folge hat. Eine Aktivität als Lobbyist verlangt dabei den Einsatz knapper Ressourcen. Der ökonomische Anreiz, sich als Lobbyist zu betätigen, hängt wiederum von dem zu erwartenden Nettonutzen ab, der mit einer Beeinflussung der Politik verbunden ist. Wenn es eine kleine Gruppe von Menschen gibt, die im Fall einer erfolgreichen Beeinflussung einer politischen Entscheidung einen relativ hohen Einkommenszuwachs erwarten kann, lohnt sich die Finanzierung von Lobbyisten für die Mitglieder dieser Gruppe. Wenn es sich hingegen um eine große Gruppe von wirtschaftlichen Akteuren handelt, für die eine Einflussnahme auf politische Entscheidungen nur einen geringen finanziellen Vorteil nach sich zieht, ist nicht zu erwarten, dass sich diese Gruppe zusammenschließt und Lobbyaktivitäten finanziert.

Ein Beispiel dafür sind die Subventionen der Landwirtschaft. Von ihr profitieren die in der Landwirtschaft tätigen Personen. In entwickelten Volkswirtschaften wie Deutschland macht die Landwirtschaft jedoch nur einen sehr geringen Anteil aller Beschäftigten aus. Die finanziellen Lasten dieser Subventionen werden von den Steuerzahlern getragen. Sie müssen mit ihren Steuern die Subventionen der Landwirtschaft finanzieren. Sinnvoller wäre es für sie, wenn preiswertere Agrarprodukte aus dem Ausland importiert werden und dafür die heimische Landwirtschaft nicht mehr subventioniert werden müsste. Dies würde jedoch für die in der Landwirtschaft beschäftigten Personen einen Arbeitsplatz- und Einkommensverlust bedeuten. Das von der Neuen Politischen Ökonomie vorhersehbare Ergebnis sieht daher wie folgt aus: Diejenigen, die ihr Einkommen in der Landwirtschaft verdienen, sind bereit, Lobbyisten zu finanzieren, die sich für den Erhalt oder sogar Ausbau von Agrarsubventionen einsetzen. Da diese Personengruppe relativ klein ist, würde es auffallen, wenn sich einzelne Personen nicht an der Finanzierung der Lobbyaktivitäten beteiligen und sich stattdessen als Trittbrettfahrer verhalten – also von den Lobbyaktivitäten profitieren, sich aber nicht an deren Finanzierung beteiligen. Für den einzelnen Steuerzahler ist der finanzielle Vorteil, der sich aus der Abschaffung der Subventionen in Kombination mit einer Marktöffnung für ausländische Anbieter ergibt, hingegen nur gering. Also ist auch die Bereitschaft, sich an der Finanzierung einer entsprechenden Lobbyaktivität zu beteiligen, gering. Im Ergebnis kommt es zu Agrarsubventionen, obwohl sie nur einer kleinen Minderheit der Bevölkerung nützen.

Wenn Wahlhelfer und Lobbyisten Einfluss auf politische Entscheidungen nehmen, ist die Gefahr groß, dass die daraus resultierenden (wirtschafts)politischen Entscheidungen nicht mehr der Wohlfahrt der gesamten Gesellschaft dienen, sondern den Partialinteressen einzelner Personengruppen. Die Gefahr, dass an der Wiederwahl interessierte Politiker Entscheidungen treffen, die aus Sicht der Volkswirtschaft nicht optimal sind, wird in der praktischen Ausgestaltung der Wirtschaftspolitik zumindest teilweise berücksichtigt. Dazu nur zwei Beispiele.

Mit Bick auf die **Geldpolitik** besteht die Gefahr, dass politische Entscheider im Vorfeld einer Wahl eine expansive Geldpolitik betreiben, um so die Produktion, die Beschäftigung und die Einkommen der Bevölkerung zu steigern. Kurzfristig ist zu erwarten, dass der wirtschaftspolitisch induzierte Wachstumsschub die Wiederwahlchancen der amtierenden Regierung erhöht. Mittel- und langfristig droht jedoch eine höhere Inflationsrate mit den am Ende des 8. Kapitels beschriebenen ökonomischen Nachteilen. Um dies zu verhindern, haben die entwickelten Industrienationen **unabhängige Zentralbanken**. Das bedeutet: Die Zentralbank eines Landes hat einen klaren politischen Auftrag, z. B. die Inflationsrate auf zwei Prozent zu begrenzen. Die Politik – also die Regierung und das Parlament – haben keine Einflussmöglichkeiten auf die geldpolitischen Maßnahmen der Zentralbank.

Mit Blick auf die **Fiskalpolitik** besteht die Gefahr, dass eine amtierende Regierung zur Sicherung ihrer Wiederwahl Wahlgeschenke verteilt. So könnte sie beispielsweise die Renten und das Arbeitslosengeld vor einer Wahl erhöhen, Schulen bauen lassen und gleichzeitig die Steuersätze bei der Einkommensteuer senken. Für die Wahlberechtigten bedeutet dies eine Erhöhung ihres verfügbaren Einkommens. Das erlaubt ein höheres Konsumniveau und damit auch einen höheren Nutzen, was die Chancen einer Wiederwahl der amtierenden Regierung erhöht. Allerdings resultiert daraus ein Anstieg der Staatsverschuldung. Die in der Zukunft lebenden Menschen, die jetzt noch gar nicht als Wähler existieren, müssen diese Wahlgeschenke bezahlen, d. h. sie müssen die Zins- und Tilgungszahlungen später durch höhere Steuern finanzieren. Um zu hohe jährliche staatliche Finanzierungsdefizite und die daraus resultierenden staatlichen Schulden zu verhindern, haben viele Länder fiskalpolitische Regeln eingeführt. Ein Beispiel für eine solche **regelgebundene Fiskalpolitik** ist z. B. die Vorgabe, dass die jährliche staatliche Kreditaufnahme nur so hoch sein darf wie die Investitionen des Staates oder dass der Staatshaushalt ohne Einnahmen aus Krediten auszugleichen ist – letzteres gilt beispielsweise in Deutschland im Rahmen der grundgesetzlichen **Schuldenbremse**. Ein anderes Beispiel sind die so genannten **Maastricht-Kriterien**. Danach darf das gesamtstaatliche Finanzierungsdefizit eines Staates nicht höher sein als 3 Prozent des Bruttoinlandsprodukts. Der staatliche Schuldenstand darf 60 Prozent des Bruttoinlandsprodukts nicht überschreiten.

Es gibt also institutionelle Regelungen, die möglichen Fehlentwicklungen entgegenwirken, die sich aus den Entscheidungen von stimmenmaximierenden Politikern ergeben. Doch selbst wenn die politischen Entscheidungen sich durch derartige institutionelle Rahmenbedingungen stärker an der gesamtgesellschaftlichen Wohlfahrt orientieren, ist noch zu berücksichtigen, dass auch in der Verwaltung, die die politischen Entscheidungen umsetzt, eigeninteressierte Akteure tätig sind. Die Konsequenzen, die sich ergeben, wenn bei den in der Bürokratie tätigen Personen die Annahme des homo oeconomicus unterstellt wird, zeigt sich beispielhaft im sogenannten **Niskanen-Modell** (vgl. Niskanen 1971).

In diesem Modell wird davon ausgegangen, dass die Politik Leistungen von der Bürokratie erhält. Politiker fragen dabei eine bestimmte Leistung bei der Bürokratie nach, also z. B. eine jährliche Menge an neu zu bauenden Kilometern Straße. Jeder Kilometer Straße stiftet der Gesellschaft einen bestimmten Nutzen. Entsprechend dem aus der Mikroökonomie bekannten Gesetz vom abnehmenden Grenznutzen gilt jedoch, dass der zusätzliche Nutzen, den ein neuer Kilometer stiftet, mit jedem Kilometer geringer wird. Wenn also z. B. der erste neu zu bauende Straßenkilometer einen gesellschaftlichen Zusatznutzen in Höhe von 100.000 Euro stiftet, sind es beim zweiten Kilometer nur noch 95.000 Euro, beim dritten 90.000 Euro und so weiter. Die Politiker sind bereit, für jeden Kilometer Straße einen bestimmten maximalen Geldbetrag zu bezahlen. Annahmegemäß stimmt diese maximale Zahlungsbereitschaft mit dem Grenznutzen des Outputs überein. Die Politik kennt also den in Geldeinheiten ausgedrückten gesamtgesellschaftlichen Nutzen eines zusätzlichen Straßenkilometers und sie ist bereit, einen Preis zu zahlen, der diesem Nutzen entspricht. Die Politiker streben somit im Niskanen-Modell die Optimierung der gesamtgesellschaftlichen Wohlfahrt an.

Den Politikern steht eine Bürokratie gegenüber, die diese Leistung anbietet. An der Spitze einer öffentlichen Behörde steht der **Chefbürokrat**. Er bietet die von den Politikern gewünschte Leistung an. Ziel des Chefbürokraten ist die Maximierung seines eigenen Nutzens. Der Nutzen hängt dabei in positiver Weise von der Höhe des Budgets ab, über das der Chefbürokrat verfügt. Dies lässt sich u. a. damit begründen, dass ein hohes Budget viel Macht und Ansehen bedeutet und dass mit der Verantwortung für ein größeres Budget das persönliche Einkommen wächst. Ziel des Chefbürokraten ist daher ein möglichst hohes Budget. Daraus ergibt sich ein Optimierungsproblem: das dem Chefbürokraten zur Verfügung gestellte Budget ist zu maximieren unter der Nebenbedingung, dass die Zahlungsbereitschaft der Politiker dieses Budget finanzieren kann. In dem Modell gibt es zwei weitere zentrale Annahmen. Zum einen kennt nur der Chefbürokrat die tatsächlichen Kosten, die mit dem Bau von Straßen verbunden sind. Den Politikern sind diese Kosten nicht bekannt. Zum anderen bietet die Bürokratie stets eine Alles-oder-Nichts-Entscheidung an. Das bedeutet: Wenn der Chefbürokat der Politik anbietet, 10 Kilometer Straße zu bauen, kann die Politik dieses Angebot annehmen und finanzieren oder ablehnen.

Unter den getroffenen Annahmen führt die individuelle Nutzenmaximierung des Chefbürokraten dazu, dass das Budget der Verwaltung – gemessen an den anfallenden Kosten und dem gesamtgesellschaftlichen Nutzen – zu groß ausfällt. Dies lässt sich mit Hilfe eines Beispiels zeigen. Die Politik wünscht den Bau von Straßen. Die Höhe der Grenzkosten der Produktion und des gesellschaftlichen Grenznutzens – und damit auch der Höhe der maximalen Zahlungsbereitschaft der Politiker – sind in Abb. 9.2 dargestellt. Die Bürokratie produziert ihre Leistung zu den geringsten möglichen (Grenz)Kosten, es gibt also keine Ineffizienzen durch unproduktive Produktionsverfahren.

Kilometer Straße	Grenznutzen	Gesamt-nutzen	Grenzkosten	Gesamt-kosten	gesell. Netto-nutzen
1.	100.000	100.000	70.000	70.000	+ 30.000
2.	95.000	195.000	75.000	145.000	+ 50.000
3.	90.000	285.000	80.000	225.000	+ 60.000
4.	85.000	370.000	85.000	310.000	+ 60.000
5.	80.000	450.000	90.000	400.000	+ 50.000
6.	75.000	525.000	95.000	495.000	+ 30.000
7.	70.000	595.000	100.000	595.000	0
8.	65.000	660.000	105.000	700.000	- 40.000

Abb. 9.2: Bestimmung des optimalen Budgets der Bürokratie, Angaben in Euro

Der aus gesamtgesellschaftlicher Sicht optimale Umfang der neu zu bauenden Straßen liegt bei vier Kilometern. Dieser vierte Kilometer verursacht Grenzkosten in Höhe von 85.000 Euro und er stiftet einen gesellschaftlichen Grenznutzen in Höhe von 85.000 Euro. Der gesamtgesellschaftliche Nettonutzen dieser vier Kilometer beträgt 60.000 Euro – ein höherer Wert ist unter den getroffenen Annahmen nicht möglich. Der Bau des fünften Kilometers ist aus Sicht der Gesellschaft nicht mehr sinnvoll. Er verursacht zusätzliche Kosten in Höhe von 90.000 Euro, stiftet aber nur einen zusätzlichen Nutzen in Höhe von 80.000 Euro. Dennoch weitet ein nutzenmaximierender Chefbürokrat sein Angebot weiter aus. Die aus seiner Sicht optimale Menge liegt dort, wo die Gesamtkosten (und damit die

Höhe des Budgets) am höchsten sind und gerade noch durch die gesamte Zahlungsbereitschaft der Politiker gedeckt werden. Dies ist bei sieben Kilometern der Fall, denn die Politik ist bereit, die damit verbundenen Gesamtkosten in Höhe von 595.000 Euro zu bezahlen, weil der gesamte Bruttonutzen dieses Straßenangebots 595.000 Euro beträgt. Die Gesellschaft bezahlt die daraus resultierende Nutzenmaximierung des Chefbürokraten mit einer gesamtgesellschaftlichen Nutzeneinbuße: Anstelle eines gesellschaftlichen Nettonutzens in Höhe von 60.000 Euro im Fall von vier Kilometern Straße liegt der in Geldeinheiten ausgedrückte Nettonutzen der Gesellschaft nun bei null Euro.

Bei einer nutzenmaximierenden Bürokratie und Politikern, die die Kosten der Produktion einer öffentlichen Leistung nicht kennen, entscheidet sich die Bürokratie somit für ein Leistungsangebot, das gemessen an den gesellschaftlichen Präferenzen und den tatsächlichen Produktionskosten zu groß ist. Es gibt jedoch **Lösungsansätze**, die diese Problematik entschärfen. Mögliche Instrumente sind eine Steigerung der Transparenz über die Kosten der Produktion durch ein leistungsfähiges Controlling oder Benchmark-Vergleiche (was geben andere Länder bzw. Regionen für die öffentliche Leistung aus), eine stärkere Kontrolle der Bürokratie durch Landes- bzw. Bundesrechnungshöfe oder durch unabhängige Stellen, wie z. B. dem Bund der Steuerzahler, oder schließlich das Aufbrechen des Monopols der Bürokratie durch eine Vergabe der Leistungserbringung durch private Anbieter.

Im Ergebnis ist somit Folgendes festzuhalten: Wenn die für die Wirtschaftspolitik eines Landes zuständigen Akteure nicht die Maximierung der gesamtgesellschaftlichen Wohlfahrt anstreben, sondern ihren eigenen Nutzen maximieren wollen, ergeben sich für die Geld- und Fiskalpolitik zusätzliche Herausforderungen. Von zentraler Bedeutung ist es, die Anreize für die handelnden Akteure – also vor allem für die Politiker und die Bürokraten – so auszugestalten, dass das individuelle Interesse von Politikern und Bürokraten mit dem Interesse der gesamten Gesellschaft möglichst weitgehend übereinstimmt. Wenn dies nicht möglich ist, müssen institutionelle Vorkehrungen getroffen werden, die die Entscheidungs- und Einflussmöglichkeiten von Politik und Bürokratie begrenzen – z. B. durch eine Geldpolitik in den Händen einer unabhängigen Zentralbank oder eine regelgebundene Fiskalpolitik.

Lernfragen

Welche Gleichung beschreibt ein Kapitalmarktgleichgewicht in der monetaristischen Makroökonomie?

- ☐ I(i) = S(Y)
- ☐ I(i) = S(P)
- ☐ I(i) = S(i)

Wie lautet die Kernaussage des Sayschen Theorems?

- ☐ Jedes Angebot schafft sich seine Nachfrage.
- ☐ Jede Nachfrage schafft sich ihr Angebot.
- ☐ Jede Geldmengensteigerung führt nur zu einer höheren Inflationsrate.

Was ist der zentrale Unterschied zwischen der keynesianischen und der monetaristischen Investitionsnachfrage? Bei der keynesianischen Investitionsnachfrage gibt es ...

- ☐ abrupte technologische Sprünge.
- ☐ abrupte Änderungen der Absatzerwartungen.
- ☐ Spekulationsblasen mit hohen Schwankungen der Preise für Kapitalbestände.

Wie lautet die Quantitätsgleichung im Rahmen der monetaristischen Makroökonomie?

- ☐ $M \cdot P = L_S + L_T$
- ☐ $Y \cdot P = M$
- ☐ $M \cdot U = Y \cdot P$

Das Phänomen der „säkularen Stagnation" gehört zur ...

- ☐ keynesianischen Makroökonomie.
- ☐ monetaristischen Makroökonomie.

Die Aufhebung von gesetzlichen oder tariflichen Mindestlöhnen ist eine Forderung, die zur ...

- ☐ Nachfragepolitik gehört.
- ☐ Angebotspolitik gehört.

Welche der folgenden Maßnahmen gehört nicht zur Nachfragepolitik?

- ☐ Eine Erhöhung des Steuerfreibetrags für kinderreiche Familien.
- ☐ Eine Erhöhung des Kindergeldes.
- ☐ Eine Privatisierung staatlicher Unternehmen.

Welche der folgenden Maßnahmen gehört nicht zur Angebotspolitik?

- ☐ Eine Senkung der Besteuerung von Unternehmen.
- ☐ Eine Erhöhung der staatlichen Ausgaben für Sachgüter und Dienstleistungen.
- ☐ Eine Lockerung des Kündigungsschutzes.

Welche der folgenden Kombinationen von wirtschaftspolitischen Maßnahmen gehört am ehesten zum „Two-Handed-Approach"?

- ☐ Steuererleichterungen für Investitionen und staatlich finanzierte Beschäftigungsprogramme.
- ☐ Erhöhung der Transferleistungen an einkommensschwache Personen und ein kreditfinanziertes Konjunkturprogramm.
- ☐ Senkung der Unternehmenssteuern und Lockerung des Kündigungsschutzes.

Die Neue Politische Ökonomie geht davon aus, dass Politiker mit ihren Entscheidungen ...

- ☐ das Bruttoinlandsprodukt der Volkswirtschaft maximieren wollen.
- ☐ ihren eigenen Nutzen maximieren wollen.
- ☐ die gesamtgesellschaftliche Wohlfahrt maximieren wollen.

Im Niskanen-Modell wird die gesamtgesellschaftliche Wohlfahrt nicht maximiert, weil ...

- ☐ die Bürokratie ihre Leistung nicht zu den geringstmöglichen Produktionskosten anbietet.
- ☐ die Politiker sich als Stimmenmaximierer verhalten.
- ☐ Lobbyisten ihre Partialinteressen durchsetzen können.
- ☐ der Chefbürokrat das Budget, das ihm die Politik bewilligt, maximieren will.

Welche Maßnahme bietet sich an, damit wirtschaftspolitische Entscheidungen, die von an ihrer Wiederwahl interessierten Politikern getroffen werden, sich stärker an den volkswirtschaftlichen Notwendigkeiten orientieren? Die Einführung ...

- ☐ einer regelgebundenen Fiskalpolitik.
- ☐ eines Mindestlohns.
- ☐ von Importzöllen.

Prüfungstipp

Die theoretischen Grundlagen des Keynesianismus – und damit der nachfrageorientierten Wirtschaftspolitik – wurden in den vorangehenden Kapiteln ausführlich dargestellt. Die Grundlagen des Monetarismus – und damit der angebotsorientierten Wirtschaftspolitik – basieren sehr stark auf der Funktionsweise einzelner Märkte. Zur Vertiefung der Kenntnisse der monetaristisch geprägten Makroökonomie lohnt sich deshalb der Blick in die einschlägigen Lehrbücher der Mikroökonomie.

Schritt 10:

Fazit und Ausblick

Die Makroökonomie zeichnet sich dadurch aus, dass sie nicht nur einzelne Märkte isoliert voneinander betrachtet, sondern das Zusammenspiel verschiedener Märkte aufgreift und Marktinterdependenzen berücksichtigt. Die hier vorgestellten makroökonomischen Zusammenhänge haben eine Reihe solcher **Interdependenzen** und deren Auswirkungen auf die gesamte Volkswirtschaft behandelt. Wenn sich der Geldmarkt beispielsweise in der Liquiditätsfalle befindet, hat die damit verbundene Unmöglichkeit, den Zinssatz weiter zu senken, Auswirkungen auf die Investitionen bzw. die Investitionsnachfrage und damit auf den Gütermarkt. Sofern die Investitionsnachfrage für ein Gütermarkgleichgewicht zu gering ist, die Investitionen also geringer sind als gesamtwirtschaftliche Ersparnisse ($I < S$), führt dies seitens der Unternehmen zu einer Verringerung der Güterproduktion und damit auch zu einer Reduzierung der Nachfrage nach Arbeitskräften, sodass es zur Arbeitslosigkeit kommt. Ein »Defekt« auf dem Geldmarkt hat somit über den Gütermarkt auch Auswirkungen auf den Arbeitsmarkt. Ein weiteres Beispiel für derartige Interdependenzen ergibt sich im Fall einer offenen Volkswirtschaft. Dort hat eine Abwertung der heimischen Währung (Devisenmarkt) Auswirkungen auf die Exporte und Importe der heimischen Volkswirtschaft (Gütermarkt). Die damit verbundene Änderung der gesamtwirtschaftlichen Güternachfrage hat dann wiederum Konsequenzen für die Nachfrage nach Arbeitskräften (Arbeitsmarkt).

Die auf Keynes zurückgehende Makroökonomie berücksichtigt diese Interdependenzen. Sie unterscheidet sich damit von den Modellen der (Neo-)Klassiker, die sich lediglich auf einzelne Märkte konzentrieren. Darüber hinaus gehen (neo-)klassische Modelle von vollkommen flexiblen Preisen für Güter und Produktionsfaktoren aus. Alle Märkte sind dadurch preisgeräumt, d. h. die Preisflexibilität sorgt dafür, dass das Angebot auf einem Markt stets mit der Nachfrage auf diesem Markt übereinstimmt. Geprägt von den Geschehnissen rund um die 1929 ausgebrochene Weltwirtschaftskrise hielt Keynes eine **Modifizierung** der (neo-)klassischen **Modellannahmen** für erforderlich. Seine entscheidenden Änderungen der Modellannahmen waren die Möglichkeit einer Liquiditätsfalle (die Zinsen sind nicht vollkommen flexibel, weil sie nicht weiter gesenkt werden können), die Möglichkeit einer Investitionsfalle (die Investitionsnachfrage reagiert nicht auf eine Zinssenkung, also auf eine Preisänderung für den Faktor Kapital) und schließlich nach unten hin starre Nominallöhne. Unter diesen geänderten Modellannahmen kann es zu einem **dauerhaften Unterbeschäftigungsgleichgewicht** kommen, also zu einem Gleichgewicht auf dem Geld- und dem Gütermarkt, bei dem es auf dem Arbeitsmarkt zu Arbeitslosigkeit kommt. Arbeitslosigkeit resultiert vor allem aus dem Umstand, dass die gesamtwirtschaftliche Güternachfrage geringer ist als das Güterangebot, das sich im Fall einer Vollbeschäftigung herstellen lässt ($Y^d < Y^s_{Vollb.}$).

Um aus einem Unterbeschäftigungsgleichgewicht herauszukommen, ist es erforderlich, die gesamtwirtschaftliche Güternachfrage zu steigern. Zentraler Ansatzpunkt dafür sind die **Investitionen**. Wenn es dem Staat gelingt, durch eine Erhöhung der nominalen Geldmenge den Zinssatz zu verringern, kommt es zu einer Steigerung der Investitionsnachfrage. Dies bedeutet eine Erhöhung der gesamtwirtschaftlichen Güternachfrage. Wenn die Zinssenkung groß genug ist, kann die Volkswirtschaft die gesamtwirtschaftliche Güternachfrage über eine Erhöhung der Investitionsnachfrage soweit steigern, dass sie das Vollbeschäftigungseinkommen erreicht. Die Geldpolitik versagt jedoch, wenn eine weitere Zinssenkung nicht mehr möglich ist (die Volkswirtschaft befindet sich in der Liquiditätsfalle) oder wenn die Unternehmen so pessimistisch sind, dass sie selbst bei einer Senkung der Zinsen ihre Investitionen nicht erhöhen (die Volkswirtschaft befindet sich in der Investitionsfalle). In beiden Fällen kann der Staat das Volkseinkommen und die Beschäftigung nur durch eine **expansive Fiskalpolitik** steigern. Dies gilt sowohl in einem Modell mit einem festen gesamtwirtschaftlichen Preisniveau als auch in einem gesamtwirtschaftlichen Modell mit einem flexiblen Preisniveau. In einer offenen Volkswirtschaft kann die Volkswirtschaft die gesamtwirtschaftliche Güternachfrage darüber hinaus durch eine Steigerung der Exporte erhöhen. Dies setzt eine Abwertung der heimischen Währung voraus, die sich z. B. durch eine Senkung der Zinsen im Inland – also eine expansive Geldpolitik – erreichen lässt.

Die Kernaussage der auf Keynes zurückgehenden Makroökonomie lautet also wie folgt: Wenn es in einer Volkswirtschaft Nachfragedefekte gibt und/oder wenn der Nominallohnsatz nach unten hin starr ist, kann sich ein dauerhaftes Unterbeschäftigungsgleichgewicht ergeben, aus dem die Volkswirtschaft ohne ein staatliches Eingreifen nicht herauskommt. Die Geldpolitik entfaltet dabei nur eine begrenzte Wirksamkeit und versagt in den Fällen der Investitionsfalle sowie der Liquiditätsfalle. Die Fiskalpolitik ist hingegen auch bei diesen Nachfragedefekten in der Lage, das Volkseinkommen und die Beschäftigung zu erhöhen.

Die hier vorgestellten Ausführungen zu den Grundlagen der Makroökonomie haben so einen relativ weitreichenden Überblick über das Zusammenspiel von Geld-, Güter-, Arbeits- und Devisenmärkten vermittelt. Makroökonomische Modelle decken jedoch noch eine ganze Menge weiterer Fragestellungen ab, die hier aus Platzgründen nicht behandelt werden konnten. Hierzu zählt z. B. die Frage, welche Konsequenzen eine expansive Fiskalpolitik auf die Staatsfinanzen hat – vor allem auf das jährliche Staatsdefizit – und welche realwirtschaftlichen Konsequenzen sich bei unterschiedlichen Finanzierungsformen (Steuerfinanzierung oder Kreditfinanzierung) ergeben. Nicht behandelt wurde hier eine expansive Fiskalpolitik in Form einer Steuersenkung. Ebenfalls unberücksichtigt musste die Frage bleiben, welche realwirtschaftlichen Konsequenzen aus einer restriktiven Geldpolitik (also einer Verringerung der nominalen Geldmenge) und einer restriktiven Fiskalpolitik (also einer Reduzierung der staatlichen Ausgaben für Güter oder auch einer Erhöhung der Steuersätze) resultieren. Die Berechnung einzelner Multiplikatoren, die die Auswirkungen einer Staatsausgaben- oder auch Geldmengenerhöhung berechnen, wurde nur rudimentär im 2. Schritt durchgeführt. Schließlich konnte hier im Rahmen eines Modells mit einem flexiblen gesamtwirtschaftlichen Preisniveau nur der Fall einer geschlossenen Volkswirtschaft behandelt werden. Selbstverständlich lassen sich die Analysen auch auf eine offene Volkswirtschaft ausweiten, wobei dann noch zwischen einem kleinen Land (Änderungen von wirtschaftlichen Größen des Landes haben keinen Einfluss auf die wirtschaftlichen Variablen in anderen Ländern) und einem großen Land (Änderungen von wirtschaftlichen Größen des Landes führen zu Änderungen der ökonomischen Variablen im Ausland) zu unterscheiden ist. Den Lesern, die sich mit diesen Themen intensiver beschäftigen möchten, sei dafür das Lehrbuch von Hans-Werner Wohltmann empfohlen. Dort werden auf rund 565 Seiten alle angesprochenen, aber hier nicht behandelten Aspekte ausführlich diskutiert.

Lösungen

Schritt 1: Grundlegende Begriffe

In der Makroökonomie besteht die wichtigste ökonomische Aktivität von privaten Haushalten darin, ...

☐ Wertpapiere zu kaufen.

■ Konsumgüter zu erwerben.

☐ Investitionen zu tätigen.

In der Volkswirtschaftslehre zeichnet sich ein theoretisches Gleichgewicht dadurch aus, dass ...

☐ es in der Realität niemals erreicht werden kann.

☐ es die Veränderungen im Zeitablauf beschreibt.

■ Marktangebot und Marktnachfrage übereinstimmen.

Welche der folgenden Größen ist entscheidend für den Unterschied zwischen Bruttoinlandsprodukt und Bruttonationaleinkommen?

■ Aus dem Ausland bezogene Einkommenszahlungen.

☐ Die vom Staat geleisteten Subventionen.

☐ Die gesamtwirtschaftlichen Abschreibungen.

Welche Dimension haben reale Größen?

■ Mengeneinheiten.

☐ Geldeinheiten pro Mengeneinheit.

☐ Geldeinheiten.

Die Gleichung $S = 0{,}25 \cdot Y$ mit S = Ersparnisse und Y = Volkseinkommen ist eine ...

☐ Definitionsgleichung.

■ Verhaltensgleichung.

☐ alternative Formulierung für die gesamtwirtschaftliche Investitionsnachfrage.

Eine exogene Größe ist eine Größe, die von dem betrachteten Modell ...

☐ erklärt wird.

■ nicht erklärt wird.

☐ nur erklärt wird, wenn das Modell ein Gleichgewicht im methodischen Sinne besitzt.

Eine komparativ-statische Analyse vergleicht Marktgleichgewichte ...

☐ zu unterschiedlichen Zeitpunkten.

☐ in unterschiedlichen Volkswirtschaften.

■ mit unterschiedlichen exogenen Variablen.

Monetaristen sind davon überzeugt, dass eine Erhöhung der Geldmenge ...

■ das Preisniveau erhöht.

☐ die Beschäftigung erhöht.

☐ die Steuerbelastung verringert.

Schritt 2: Der Gütermarkt

In der Makroökonomie passt sich ...

☐ die gesamtwirtschaftliche Güternachfrage an das gesamtwirtschaftliche Güterangebot an.

■ das gesamtwirtschaftliche Güterangebot an die gesamtwirtschaftliche Güternachfrage an.

Der Basiskonsum ist eine ...

■ exogene Größe.

☐ endogene Größe.

Das fundamental psychologische Gesetz von Keynes besagt, dass eine Einkommenssteigerung zu einer ...

☐ proportionalen Erhöhung der Konsumausgaben führt.

■ unterproportionalen Erhöhung der Konsumausgaben führt.

☐ überproportionalen Erhöhung der Konsumausgaben führt.

Bei einer gesamtwirtschaftlichen marginalen Konsumneigung von 0,75 führt eine Erhöhung des Volkseinkommens um 100 Euro dazu, dass ...

☐ die Investitionen um 75 Euro steigen.

☐ die gesamtwirtschaftliche Güternachfrage um 75 Euro steigt.

■ die Ersparnisse um 25 Euro steigen.

Wenn die gesamtwirtschaftliche Güternachfrage geringer ist als das gesamtwirtschaftliche Güterangebot, kommt es zu ...

☐ ungeplanten Ersparnissen.

■ ungeplanten Investitionen.

☐ ungeplanten Steuermindereinnahmen.

In einer geschlossenen Volkswirtschaft ohne staatliche Aktivitäten lässt sich ein Gütermarktgleichgewicht durch folgende Bedingung beschreiben:

■ Investitionen = Ersparnisse.

☐ Investitionen = Basiskonsum + einkommensabhängiger Konsum.

☐ Exporte = Importe.

Bei einer marginalen Konsumneigung von 50 Prozent hat der Investitionsmultiplikator in einer geschlossenen Volkswirtschaft ohne staatliche Aktivitäten folgenden Wert:

☐ 1,5

■ 2,0

☐ 4,0

Wenn der Staat Steuern erhebt, wirkt dies wie ...

☐ eine zusätzliche Nachfragesteigerung.

■ ein zusätzlicher Nachfrageausfall.

In einer geschlossenen Volkswirtschaft mit staatlichen Aktivitäten führt eine kreditfinanzierte Staatsausgabenerhöhung um 100 Euro zu einer gesamtwirtschaftlichen Güternachfragesteigerung von ...

☐ weniger als 100 Euro.

☐ genau 100 Euro.

■ mehr als 100 Euro.

Bei zinsabhängigen Investitionen führt eine Erhöhung des Zinssatzes zu einer ...

☐ Erhöhung der Investitionsnachfrage.

■ Verringerung der Investitionsnachfrage.

Wenn der Zinssatz steigt, verlangt ein Gütermarktgleichgewicht, dass ...

■ das Volkseinkommen geringer wird.

☐ das Volkseinkommen größer wird.

In einem Zins-Volkseinkommen-Diagramm bedeutet ein Punkt über der IS-Geraden einen ...

■ Angebotsüberschuss auf dem Gütermarkt.

☐ Nachfrageüberhang auf dem Gütermarkt.

Wenn sich eine Volkswirtschaft in der Investitionsfalle befindet, verläuft die IS-Gerade in einem Zins-Volkseinkommen-Diagramm ...

■ parallel zur Zins-Achse.

☐ parallel zur Volkseinkommens-Achse.

Eine Verringerung der Staatsausgaben führt in einem Zins-Volkseinkommen-Diagramm dazu, dass die IS-Gerade ...

■ nach links verschoben wird.

☐ nach rechts verschoben wird.

☐ unverändert bleibt, weil der Zinssatz unverändert ist.

Schritt 3: Der Geldmarkt

Bei der Geldnachfrage aus Transaktionszwecken besteht zwischen dem Inlandsprodukt und der Transaktionskasse ein ...

■ proportionaler Zusammenhang.

☐ unterproportionaler Zusammenhang.

☐ überproportionaler Zusammenhang.

Wenn der Zinssatz steigt, hat dies für die gesamtwirtschaftliche Geldnachfrage aus Spekulationszwecken im Normalfall folgende Konsequenz: Die Nachfrage nach Spekulationskasse ...

■ geht zurück.

☐ bleibt konstant.

☐ nimmt zu.

Wenn der Wertpapierkurs steigt, hat dies für die gesamtwirtschaftliche Geldnachfrage aus Spekulationszwecken im Normalfall folgende Konsequenz: Die Nachfrage nach Spekulationskasse ...

☐ geht zurück.

☐ bleibt konstant.

■ nimmt zu.

Eine Volkswirtschaft befindet sich in der Liquiditätsfalle, wenn der Zinssatz ...

■ besonders niedrig ist.

☐ besonders hoch ist.

Wenn der Zinssatz steigt, verlangt ein Geldmarktgleichgewicht, dass ...

☐ das Volkseinkommen geringer wird.

■ das Volkseinkommen größer wird.

In einem Zins-Volkseinkommen-Diagramm bedeutet ein Punkt über der LM-Geraden einen ...

■ Angebotsüberschuss auf dem Geldmarkt.

☐ Nachfrageüberhang auf dem Geldmarkt.

Wenn sich eine Volkswirtschaft in der Liquiditätsfalle befindet, verläuft die LM-Gerade in einem Zins-Volkseinkommen-Diagramm ...

☐ parallel zur Zins-Achse.

■ parallel zur Volkseinkommens-Achse.

Eine Verringerung der Geldmenge führt in einem Zins-Volkseinkommen-Diagramm dazu, dass die LM-Gerade ...

■ nach links verschoben wird.

□ nach rechts verschoben wird.

□ unverändert bleibt, weil der Zinssatz unverändert ist.

Nach der Modern Monetary Theory wird Geld dadurch geschaffen, dass ...

□ ein Sparer eine Staatsanleihe erwirbt.

□ die Zentralbank ihren Leitzins reduziert.

■ der Staat eine Ausgabe tätigt und diese durch eine Überweisung der Zentralbank bezahlt.

Schritt 4: Wirtschaftspolitik in einer geschlossenen Volkswirtschaft mit festem Preisniveau (IS-LM-Modell)

Bei einer normal verlaufenden IS-Geraden und LM-Geraden führt eine Geldmengenerhöhung dazu, dass ...

□ der Zinssatz und das Volkseinkommen steigen.

□ der Zinssatz steigt und das Volkseinkommen sinkt.

■ der Zinssatz sinkt und das Volkseinkommen steigt.

Bei einer normal verlaufenden IS-Geraden und LM-Geraden führt eine Staatsausgabenerhöhung dazu, dass ...

■ der Zinssatz und das Volkseinkommen steigen.

□ der Zinssatz steigt und das Volkseinkommen sinkt.

□ der Zinssatz sinkt und das Volkseinkommen steigt.

Wenn sich die Volkswirtschaft in der Liquiditätsfalle befindet, führt eine Geldmengenerhöhung dazu, dass ...

□ der Zinssatz steigt.

□ der Zinssatz sinkt.

■ der Zinssatz konstant bleibt.

Wenn sich die Volkswirtschaft in der Liquiditätsfalle befindet, führt eine Staatsausgabenerhöhung dazu, dass ...

□ der Zinssatz und das Volkseinkommen konstant bleiben.

■ der Zinssatz konstant bleibt und das Volkseinkommen steigt.

☐ der Zinssatz steigt und das Volkseinkommen konstant bleibt.

Welche wirtschaftspolitische Maßnahme sollte der Staat ergreifen, wenn sich die Volkswirtschaft in der Investitionsfalle befindet?

☐ Eine expansive Geldpolitik.

■ Eine expansive Fiskalpolitik

Schritt 5: Devisenmarkt, Wechselkurse und Außenbeitrag

Welche der folgenden Aktivitäten führt zu einem Angebot von US-Dollar?

☐ Ein europäischer Konsument erwirbt einen PKW aus den USA.

■ Ein amerikanischer Importeur erwirbt einen PKW aus Deutschland.

☐ Ein deutscher Sparer erwirbt eine US-Staatsanleihe.

Eine Abwertung des Euros bedeutet, dass der in Euro ausgedrückte Preis für einen US-Dollar ...

☐ sinkt.

■ steigt.

Bei einem Devisenbilanzsaldo von Null hat ein Importüberschuss folgende Konsequenz:

☐ Es kommt zu einem Nettokapitalexport.

■ Es kommt zu einem Nettokapitalimport.

☐ Es kommt zu einem Leistungsbilanzüberschuss.

Eine Normalreaktion des Außenbeitrags bedeutet, dass die Aufwertung der heimischen Währung zu einer ...

☐ Verbesserung des heimischen Handelsbilanzsaldos führt.

■ Verschlechterung des heimischen Handelsbilanzsaldos führt.

Schritt 6: Wirtschaftspolitik in einer offenen Volkswirtschaft mit festem Preisniveau (IS-LM-Z-Modell)

Das Inland wird als kleines Land angesehen, wenn ...

■ makroökonomische Veränderungen im Inland keinen Einfluss auf ökonomische Variablen im Ausland haben.

□ makroökonomische Veränderungen im Ausland keinen Einfluss auf ökonomische Variablen im Inland haben.

□ das inländische Bruttoinlandsprodukt weniger als zehn Prozent des ausländischen Bruttoinlandsprodukts beträgt.

Die Zentralbank eines Landes betreibt eine Neutralisierungspolitik, wenn ...

□ das gesamtwirtschaftliche Preisniveau im Zeitablauf konstant bleibt.

■ die Erhöhung der ausländischen Komponente der Geldmenge durch eine Reduzierung der inländischen Komponente kompensiert wird.

□ die Wachstumsrate der heimischen Geldmenge mit der Wachstumsrate des nominalen Bruttoinlandsprodukts übereinstimmt.

Wenn die Nettokapitalimporte des Inlands zunehmen, bedeutet dies ceteris paribus ...

■ einen Angebotsüberschuss auf dem Devisenmarkt.

□ einen Nachfrageüberhang auf dem Devisenmarkt.

□ ein Zahlungsbilanzdefizit.

Wenn der inländische Zinssatz steigt, verlangt ein Devisenmarktgleichgewicht, dass ...

■ das inländische Volkseinkommen steigt.

□ das inländische Volkseinkommen sinkt.

In einem Zins-Volkseinkommen-Diagramm bedeutet ein Punkt unter der Z-Geraden einen ...

□ Angebotsüberschuss auf dem Devisenmarkt.

■ Nachfrageüberhang auf dem Devisenmarkt.

Eine Abwertung der heimischen Währung führt in einem Zins-Volkseinkommen-Diagramm dazu, dass die Z-Gerade ...

☐ nach links verschoben wird.

■ nach rechts verschoben wird.

☐ unverändert bleibt, weil der Zinssatz unverändert ist.

Bei einer vollkommenen Kapitalmobilität verläuft die Z-Gerade in einem Zins-Volkseinkommen-Diagramm ...

☐ parallel zur Zins-Achse.

■ parallel zur Volkseinkommens-Achse.

Bei festen Wechselkursen führt eine expansive Geldpolitik dazu, dass das inländische Volkseinkommen ...

☐ größer wird.

■ konstant bleibt.

☐ nur dann steigt, wenn die internationale Kapitalmobilität relativ groß ist.

Bei festen Wechselkursen und einer hohen Kapitalmobilität hat eine expansive Fiskalpolitik einen ...

■ positiven Sekundäreffekt.

☐ negativen Sekundäreffekt.

☐ vollständigen Crowding-out-Effekt.

Bei festen Wechselkursen und einer geringen Kapitalmobilität kommt es im Fall einer expansiven Fiskalpolitik zu ...

☐ einer Erhöhung der inländischen Geldmenge.

■ einer Verringerung der inländischen Geldmenge.

Bei flexiblen Wechselkursen kommt es im Fall einer expansiven Geldpolitik im Gesamtergebnis zu ...

☐ einem Zinsanstieg und einer Aufwertung der heimischen Währung.

☐ einem Zinsanstieg und einer Abwertung der heimischen Währung.

■ einem Zinsrückgang und einer Abwertung der heimischen Währung.

Bei flexiblen Wechselkursen und einer hohen Kapitalmobilität hat eine expansive Fiskalpolitik zur Folge, dass die heimische Währung ...

■ aufgewertet wird.

□ abgewertet wird.

Bei flexiblen Wechselkursen und einer hohen Kapitalmobilität hat eine expansive Fiskalpolitik zur Folge, dass die LM-Gerade ...

□ nach links verschoben wird.

□ nach rechts verschoben wird.

■ nicht verschoben wird.

Bei flexiblen Wechselkursen und einer geringen Kapitalmobilität hat eine expansive Fiskalpolitik zur Folge, dass erst die IS-Gerade nach rechts verschoben wird und dann ...

■ die Z-Gerade nach rechts und die IS-Gerade ein zweites Mal nach rechts.

□ die Z-Gerade nach rechts und die IS-Gerade nach links.

□ die Z-Gerade nach links und die IS-Gerade nach links.

Schritt 7: Der Arbeitsmarkt

Die Arbeitsnachfrage eines gewinnmaximierenden Unternehmens entspricht ...

□ dem Grenzprodukt des Faktors Arbeit.

■ dem Wertgrenzprodukt des Faktors Arbeit.

□ dem Grenzleid der Arbeitnehmer.

Ein Rückgang des Arbeitsangebots führt auf dem Arbeitsmarkt im Fall eines vollkommen flexiblen Nominallohnsatzes zu ...

□ einer Zunahme der Beschäftigung und einem Anstieg des Lohnsatzes.

□ einem Rückgang der Beschäftigung und einem Rückgang des Lohnsatzes.

■ einem Rückgang der Beschäftigung und einem Anstieg des Lohnsatzes.

Bei einem nach unten hin starren Nominallohnsatz führt der Rückgang des gesamtwirtschaftlichen Preisniveaus auf dem Arbeitsmarkt ...

☐ zu einem dauerhaften Nachfrageüberhang.

■ zu einem dauerhaften Angebotsüberschuss.

☐ zur Vollbeschäftigung.

Bei einer neoklassischen Produktionsfunktion hat der Faktor Arbeit ...

☐ positive und steigende Grenzerträge.

☐ positive und konstante Grenzerträge.

■ positive und abnehmende Grenzerträge.

Bei einem vollkommen flexiblen Nominallohnsatz verläuft die gesamtwirtschaftliche Güterangebotskurve in einem Preisniveau-Volkseinkommen-Diagramm ...

■ parallel zur Achse des Preisniveaus.

☐ parallel zur Achse des Volkseinkommens.

Bei einem nach unten hin starren Nominallohnsatz verläuft die gesamtwirtschaftliche Güterangebotskurve in einem Preisniveau-Volkseinkommen-Diagramm ...

☐ vollkommen preisunelastisch.

■ teilweise preiselastisch.

☐ vollkommen preiselastisch.

Bei einem nach unten hin starren Nominallohnsatz kommt es zu ...

☐ einem partiellen Crowding-Out.

■ einem Sperrklinken-Effekt.

☐ einem Gleichgewichtslohn, der größer ist als das Wertgrenzprodukt des Faktors Arbeit.

Schritt 8: Wirtschaftspolitik in einer geschlossenen Volkswirtschaft mit flexiblem Preisniveau

Welches Phänomen beschreibt der Keynes-Effekt?

□ Eine Nominallohnsenkung wird durch eine Preisniveausenkung vollständig kompensiert.

□ In der Investitionsfalle ist eine Geldmengenerhöhung wirkungslos.

■ Eine Preisniveausenkung wirkt nicht direkt auf die gesamtwirtschaftliche Güternachfrage, sondern nur indirekt über eine Zinssenkung.

Eine Preisniveauerhöhung führt in einem Zins-Volkseinkommen-Diagramm dazu, dass die LM-Gerade ...

■ nach links verschoben wird.

□ nach rechts verschoben wird.

Wenn sich eine geschlossene Volkswirtschaft in der Investitionsfalle befindet, verläuft die gesamtgesellschaftliche Güternachfragekurve in einem Preisniveau-Volkseinkommen-Diagramm ...

■ parallel zur Preisniveau-Achse.

□ parallel zur Volkseinkommens-Achse.

Zu einem Unterbeschäftigungsgleichgewicht kann es kommen, wenn ...

□ der Nominallohnsatz vollkommen flexibel ist.

□ der Wechselkurs fest ist.

■ sich die Volkswirtschaft in der Liquiditätsfalle befindet.

In einer geschlossenen Volkswirtschaft mit einem flexiblen Preisniveau und flexiblen Nominallöhnen ohne Nachfragedefekte führt eine Geldmengenerhöhung dazu, dass ...

□ der Zinssatz sinkt.

□ das Volkseinkommen steigt.

■ das Preisniveau steigt.

Wie kann eine geschlossene Volkswirtschaft, die sich in der Investitionsfalle befindet, im Fall eines flexiblen Preisniveaus und flexiblen Nominallöhnen das Volkseinkommen erhöhen?

■ Durch eine expansive Fiskalpolitik.

☐ Durch eine expansive Geldpolitik.

In einer geschlossenen Volkswirtschaft mit einem flexiblen Preisniveau, flexiblen Nominallöhnen und einem Nachfragedefekt führt eine expansive Fiskalpolitik zu ...

☐ einem totalen zinsinduzierten Crowding-out.

☐ einem partiellen zinsinduzierten Crowding-out.

■ gar keinem zinsinduzierten Crowding-out.

In einer geschlossenen Volkswirtschaft mit einem flexiblen Preisniveau, nach unten hin starren Nominallöhnen und ohne Nachfragedefekte führt eine expansive Geldpolitik zu ...

☐ einer Verringerung des gesamtwirtschaftlichen Preisniveaus.

■ einem partiellen zinsinduzierten Crowding-out.

☐ einer Erhöhung des Reallohnsatzes.

In einer geschlossenen Volkswirtschaft mit einem flexiblen Preisniveau und nach unten hin starren Nominallöhnen führt eine expansive Fiskalpolitik für den Fall, dass sich die Volkswirtschaft in der Investitionsfalle befindet dazu, dass ...

☐ das Preisniveau und der Reallohnsatz steigen.

■ das Preisniveau und die Beschäftigung steigen.

☐ die Investitionen und das Volkseinkommen steigen.

In einer geschlossenen Volkswirtschaft mit einem flexiblen Preisniveau und nach unten hin starren Nominallöhnen führt eine expansive Geldpolitik für den Fall, dass sich die Volkswirtschaft in der Liquiditätsfalle befindet dazu, dass ...

☐ das Preisniveau und das Volkseinkommen steigen.

☐ das Preisniveau konstant bleibt und das Volkseinkommen steigt.

■ das Preisniveau und das Volkseinkommen konstant bleiben.

Welchen grundsätzlichen Zielkonflikt gibt es in einer geschlossenen Volkswirtschaft mit einem flexiblen Preisniveau?

☐ Eine Erhöhung der Beschäftigung ist mit einem Anstieg der Reallöhne verbunden.

■ Eine Erhöhung der Beschäftigung ist mit einem Anstieg des Preisniveaus verbunden.

☐ Eine Erhöhung des Volkseinkommens ist mit einer Erhöhung der Geldmenge verbunden.

Die Phillips-Kurve beschreibt den Zusammenhang zwischen ...

☐ Wirtschaftswachstum und Inflationsrate.

■ Inflationsrate und Arbeitslosenquote.

☐ Arbeitslosenquote und Wirtschaftswachstum.

Schritt 9: Keynesianismus versus Monetarismus

Welche Gleichung beschreibt ein Kapitalmarktgleichgewicht in der monetaristischen Makroökonomie?

☐ $I(i) = S(Y)$

☐ $I(i) = S(P)$

■ $I(i) = S(i)$

Wie lautet die Kernaussage des Sayschen Theorems?

■ Jedes Angebot schafft sich seine Nachfrage.

☐ Jede Nachfrage schafft sich ihr Angebot.

☐ Jede Geldmengensteigerung führt nur zu einer höheren Inflationsrate.

Was ist der zentrale Unterschied zwischen der keynesianischen und der monetaristischen Investitionsnachfrage? Bei der keynesianischen Investitionsnachfrage gibt es ...

☐ abrupte technologische Sprünge.

■ abrupte Änderungen der Absatzerwartungen.

☐ Spekulationsblasen mit hohen Schwankungen der Preise für Kapitalbestände.

Wie lautet die Quantitätsgleichung im Rahmen der monetaristischen Makroökonomie?

☐ $M \cdot P = L_S + L_T$

☐ $Y \cdot P = M$

■ $M \cdot U = Y \cdot P$

Das Phänomen der „säkularen Stagnation" gehört zur ...

■ keynesianischen Makroökonomie.

☐ monetaristischen Makroökonomie.

Die Aufhebung von gesetzlichen oder tariflichen Mindestlöhnen ist eine Forderung, die zur ...

☐ Nachfragepolitik gehört.

■ Angebotspolitik gehört.

Welche der folgenden Maßnahmen gehört nicht zur Nachfragepolitik?

☐ Eine Erhöhung des Steuerfreibetrags für kinderreiche Familien.

☐ Eine Erhöhung des Kindergeldes.

■ Eine Privatisierung staatlicher Unternehmen.

Welche der folgenden Maßnahmen gehört nicht zur Angebotspolitik?

☐ Eine Senkung der Besteuerung von Unternehmen.

■ Eine Erhöhung der staatlichen Ausgaben für Sachgüter und Dienstleistungen.

☐ Eine Lockerung des Kündigungsschutzes.

Welche der folgenden Kombinationen von wirtschaftspolitischen Maßnahmen gehört am ehesten zum „Two-Handed-Approach"?

■ Steuererleichterungen für Investitionen und staatlich finanzierte Beschäftigungsprogramme.

☐ Erhöhung der Transferleistungen an einkommensschwache Personen und ein kreditfinanziertes Konjunkturprogramm.

☐ Senkung der Unternehmenssteuern und Lockerung des Kündigungsschutzes

Die Neue Politische Ökonomie geht davon aus, dass Politiker mit ihren Entscheidungen ...

☐ das Bruttoinlandsprodukt der Volkswirtschaft maximieren wollen.

■ ihren eigenen Nutzen maximieren wollen.

□ die gesamtgesellschaftliche Wohlfahrt maximieren wollen.

Im Niskanen-Modell wird die gesamtgesellschaftliche Wohlfahrt nicht maximiert, weil ...

□ die Bürokratie ihre Leistung nicht zu den geringstmöglichen Produktionskosten anbietet.

□ die Politiker sich als Stimmenmaximierer verhalten.

□ Lobbyisten ihre Partialinteressen durchsetzen können.

■ der Chefbürokrat das Budget, das ihm die Politik bewilligt, maximieren will.

Welche Maßnahme bietet sich an, damit wirtschaftspolitische Entscheidungen, die von an ihrer Wiederwahl interessierten Politikern getroffen werden, sich stärker an den volkswirtschaftlichen Notwendigkeiten orientieren? Die Einführung ...

■ einer regelgebundenen Fiskalpolitik.

□ eines Mindestlohns.

□ von Importzöllen.

Glossar

Abwertung

Ein niedrigerer Preis für eine Einheit einer ausländischen Währung – aus Sicht Europas z. B. einem US-Dollar – bedeutet, dass ein Dollar weniger wert ist. Es wird daher von einer Abwertung des US-Dollar gesprochen.

Aufwertung

Ein höherer Preis für eine Einheit einer ausländischen Währung – aus Sicht Europas z. B. einem US-Dollar – bedeutet, dass ein Dollar mehr wert ist. Es wird daher von einer Aufwertung des US-Dollar gesprochen. Das Spiegelbild eines teureren US-Dollar ist ein weniger wertvoller Euro, also eine Abwertung des Euro.

Ausland

Das Ausland umfasst in der Sprache der Ökonomen alle natürlichen und juristischen Wirtschaftseinheiten, die ihren Wohnsitz bzw. ihren Unternehmensstandort nicht im Inland haben. Entscheidend für die Zuordnung zum Inland oder zum Ausland ist nicht die Nationalität, sondern ausschließlich der Wohn- bzw. Standort.

Außenbeitrag

Der Außenbeitrag eines Landes ist definiert als die Differenz zwischen den Exporten und Importen des Landes. Bei einem positiven Außenbeitrag liegt ein Exportüberschuss vor, d. h. der Wert der Exporte ist größer als der Wert der Importe.

Basiskonsum

Der Basiskonsum ist der Konsum, der unabhängig von der Höhe des Volkseinkommens besteht. Der Basiskonsum, der auch autonomer Konsum genannt wird, kann als eine Art physisches und kulturelles Existenzminimum angesehen werden.

Crowding-out-Effekt

Der Crowding-out-Effekt beschreibt Fälle, in denen eine wirtschaftspolitische Maßnahme, die die gesamtwirtschaftliche Güternachfrage steigern soll, Nebenwirkungen hat, die zu einer Reduzierung der gesamtwirtschaftlichen Güternachfrage führen. Wenn diese Nebenwirkungen die ursprüngliche Nachfragesteigerung komplett ausgleichen, liegt ein totales Crowding-out vor, ansonsten wird von einem partiellen Crowding-out gesprochen.

Deflation

Eine Deflation liegt vor, wenn das gesamtwirtschaftliche Preisniveau im Zeitablauf geringer wird.

Devisen

Devisen sind ausländische Währungseinheiten, aus Sicht der Europäer z. B. US-Dollar.

Einkommenseffekt, primärer

Der primäre Einkommenseffekt beschreibt die direkten Auswirkungen, die eine wirtschaftspolitische Maßnahme auf das Volkseinkommen hat.

Einkommenseffekt, sekundärer

Der sekundäre Einkommenseffekt beschreibt die Folgewirkungen, die eine wirtschaftspolitische Maßnahme zusätzlich zu dem primären Einkommenseffekt auf das Volkseinkommen hat.

Fiskalpolitik

Die Fiskalpolitik bezeichnet Veränderungen der gesamtwirtschaftlichen Güternachfrage durch den Staat. Eine Erhöhung der Staatsausgaben für Güter und Dienstleistungen wird als expansive Fiskalpolitik bezeichnet.

fundamental psychologisches Gesetz

Das fundamental psychologische Gesetz bezeichnet den Umstand, dass eine Erhöhung des verfügbaren Einkommens nur zu einer unterproportionalen Erhöhung der Konsumausgaben führt.

Geldpolitik

Die Geldpolitik bezeichnet Veränderungen der gesamtwirtschaftlichen Geldmenge durch die Zentralbank eines Landes. Eine Erhöhung der nominalen Geldmenge wird als expansive Geldpolitik bezeichnet.

Güternachfragekurve, gesamtwirtschaftliche

Die gesamtwirtschaftliche Güternachfragekurve gibt im Fall eines flexiblen Preisniveaus alle Kombinationen des gesamtwirtschaftlichen Preisniveaus und des Volkseinkommens an, bei denen der Geldmarkt und der Gütermarkt gleichzeitig im Gleichgewicht sind.

Inflation

Eine Inflation liegt vor, wenn das gesamtwirtschaftliche Preisniveau im Zeitablauf steigt. Das bedeutet vor allem, dass die Verbraucherpreise auf gesamtwirtschaftlicher Ebene steigen.

Inlandsprodukt

Das Inlandsprodukt entspricht dem Wert aller Sachgüter und Dienstleistungen, die von den Inländern innerhalb eines Jahres hergestellt werden. Unter den hier getroffenen Annahmen stimmt das Inlandsprodukt mit dem Volkseinkommen überein.

Investitionen

Investitionen stellen eine Erhöhung des gesamtwirtschaftlichen Kapitalbestands dar.

Investitionsfalle

Eine Volkswirtschaft befindet sich in der Investitionsfalle, wenn eine Zinssenkung nicht zu einer Erhöhung der Investitionen führt, weil die Unternehmen extrem pessimistische Erwartungen bezüglich der zukünftigen Absatzchancen haben.

Investitionsmultiplikator

Der Investitionsmultiplikator gibt an, um wie viele Einheiten sich das Inlandsprodukt erhöht, wenn die Investitionsnachfrage um eine Einheit steigt.

IS-Gerade

Die IS-Gerade stellt alle Kombinationen von Volkseinkommen und Zinssätzen dar, die auf dem Gütermarkt für ein Gleichgewicht sorgen.

Kapitalbilanz

Die Kapitalbilanz ist eine Teilbilanz der Zahlungsbilanz eines Landes und erfasst dessen Kapitalimporte und Kapitalexporte, also Direktinvestitionen, Wertpapierkäufe und die Kreditvergabe zwischen Ländern.

Keynes-Effekt

Der Keynes-Effekt besagt, dass eine Veränderung des Preisniveaus keinen direkten Einfluss auf die gesamtgesellschaftliche Güternachfrage hat, sondern nur einen indirekten Effekt. Dieser resultiert aus einer Veränderung der realen Geldmenge, die zu einer Zinsänderung führt und damit die Investitionsnachfrage verändert.

Liquiditätsfalle

Die Liquiditätsfalle beschreibt den Umstand, dass die Zinsen in einer Volkswirtschaft ein Niveau erreicht haben, das nicht mehr weiter gesenkt werden kann.

LM-Kurve

Die LM-Kurve stellt alle Kombinationen von Volkseinkommen und Zinssätzen dar, die auf dem Geldmarkt für ein Gleichgewicht sorgen.

marginale Konsumneigung

Die marginale Konsumneigung gibt an, wie viel Prozent einer Einkommenserhöhung für Konsumausgaben verwendet werden.

Nachfragedefekt

Im Fall eines flexiblen Preisniveaus wird von einem Nachfragedefekt gesprochen, wenn der Keynes-Effekt versagt. Dies ist der Fall, wenn sich die Volkswirtschaft in der

Investitionsfalle oder der Liquiditätsfalle befindet.

Nettokapitalimport

Der Nettokapitalimport ist die Differenz zwischen dem gesamten Kapitalimport und dem gesamten Kapitalexport einer Volkswirtschaft.

Neutralisierungspolitik

Wenn die Zentralbank eine Veränderung ihres Devisenbestands (ausländische Komponente der Zentralbankgeldmenge) vollständig durch eine Veränderung der inländischen Komponente der Zentralbankgeldmenge kompensiert, wird diese Maßnahme als Neutralisierungspolitik bezeichnet.

Normalreaktion des Außenbeitrags

Von einer Normalreaktion des Außenbeitrags wird gesprochen, wenn eine Abwertung der heimischen Währung zu einer Verbesserung des Außenbeitrags führt, weil der Exportwert steigt und der Importwert sinkt bzw. nur geringfügig zunimmt.

Spekulationskasse

Die Geldmenge, die die Wirtschaftssubjekte gespart haben, aber aus Angst vor Kursverlusten in Form von Geld halten, heißt Spekulationskasse.

Sperrklinken-Effekt

Der Sperrklinken-Effekt beschreibt den Umstand, dass ein einmal erreichtes Nominallohnniveau nicht mehr unterschritten wird. Im Fall einer Verringerung des gesamtwirtschaftlichen Preisniveaus führt dies zu einem „Knick“ in der gesamtwirtschaftlichen Güterangebotsfunktion.

Staatsausgabenmultiplikator

Der Staatsausgabenmultiplikator gibt an, um wie viele Einheiten sich das Inlandsprodukt erhöht, wenn die staatliche Güternachfrage um eine Einheit steigt.

Transaktionskasse

Die Geldmenge, die für die Abwicklung der Güterkäufe benötigt wird, heißt Transaktionskasse.

Volkseinkommen

Das Volkseinkommen ist die Summe der gesamten Wertschöpfung aller Inländer (also aller natürlichen und juristischen Wirtschaftseinheiten, die ihren Wohnsitz bzw. ihren Unternehmensstandort im Inland haben). Unter den hier getroffenen Annahmen stimmt das Volkseinkommen mit dem Inlandsprodukt überein.

Vollkommene Kapitalmobilität

Vollkommene Kapitalmobilität bedeutet, dass inländische und ausländische Wertpapiere vollkommene Substitute darstellen. Damit wird der inländische Zinssatz vollständig durch den Zins im Ausland determiniert.

Wechselkurs

Der Wechselkurs ist der Preis für eine Devise. Er wird auf dem Devisenmarkt bestimmt.

Zahlungsbilanz

Die Zahlungsbilanz erfasst sämtliche ökonomischen Transaktionen zwischen den inländischen und ausländischen Wirtschaftseinheiten, die innerhalb eines Jahres stattfinden.

Z-Gerade

Die Z-Gerade stellt alle Kombinationen von Volkseinkommen und Zinssätzen dar, die auf dem Devisenmarkt für ein Gleichgewicht sorgen.

Wichtige Lehrbücher und Literatur

Lehrbücher, die ich kennen sollte

Aus der großen Zahl vertiefender Lehrbücher sei auf fünf Werke hingewiesen. Die optimale Ergänzung des hier vorliegenden Textes ist das Lehrbuch von **Hans-Werner Wohltmann**. Wie bereits in der Einführung erwähnt, hat mich dieses Lehrbuch maßgeblich geprägt, sodass auch die Ausführungen dieses einführenden Textes auf den Darstellungen von Wohltmann basieren. Auf rund 565 Seiten finden die Leser dort vertiefende Ausführungen zu sämtlichen hier behandelten Themen. Zudem behandelt Wohltmann makroökonomische Zusammenhänge bei flexiblen Preisen in der offenen Volkswirtschaft und geht dabei sowohl auf den Fall des kleinen als auch des großen Landes ein. Die Darstellungen von Wohltmann eignen sich zudem hervorragend zum Selbststudium.

Ein Standardwerk aus Deutschland, das mittlerweile auch in andere Sprachen übersetzt wurde, ist das Lehrbuch von **Bernhard Felderer** und **Stefan Homburg**. Bereits in der 9. Auflage erschienen, wird dieses Lehrbuch an vielen Universitäten eingesetzt. Felderer und Homburg gehen auf die verschiedenen makroökonomischen Theorien ein (klassisch-neoklassisch, Keynesianisch, neokeynesianisch, neukeynesianisch und neuklassisch) und arbeiten die damit verbundenen wirtschaftspolitischen Implikationen heraus. Besonders empfehlenswert für die mathematisch interessierten Leser ist der knapp 100 Seiten umfassende mathematische Anhang.

Bereits in der 8. Auflage erschienen und damit ebenfalls ein Standardwerk, ist das Lehrbuch von **Lothar Funk**, **Dieter Voggenreiter** und **Carsten Wesselmann**. Behandelt wird dort das makroökonomische Grundmodell einer geschlossenen Volkswirtschaft. Dieses Lehrbuch zeichnet sich dadurch aus, dass es die grundlegenden Konzepte, die der Makroökonomie quasi vorgelagert sind (kreislauftheoretische Zusammenhänge bzw. volkswirtschaftliche Gesamtrechnung, gesamtwirtschaftliche Produktionsfunktionen, Produktivitätsfortschritte und Arbeitsmarkt), ausführlich darstellt. Leser, denen diese Aspekte in dem hier vorliegenden Text fehlen, können diese Lücke mit dem Lehrbuch von Funk, Voggenreiter und Wesselmann schließen.

Schließlich sind noch zwei internationale Standardwerke zu erwähnen, die seit Jahren auch auf Deutsch vorliegen. Bei dem ersten Werk handelt es sich um das zu Recht als internationales Standardwerk der Makro- und Mikroökonomie untertitelte Lehrbuch von **Paul Samuelson** und **William D. Nordhaus**. Die Makroökonomie wird in der zweiten Hälfte ihres mehr als 1.000 Seiten umfassenden Einführungsbuches in die Volkswirtschaftslehre behandelt. Verständlich geschrieben, präsentieren Samuelson und Nordhaus eine Einführung in die Makroökonomie, die auch Themen wie Konjunkturzyklen und Wirtschaftswachstum abdeckt. Als internationaler Klassiker der Makroökonomie gilt das Lehrbuch von **N. Gregory Mankiw**, das in zahlreiche Sprachen übersetzt worden ist. Auf rund 750 Seiten wird ein umfassender Überblick über alle relevanten makroökonomischen Themen gegeben. Zahlreiche Fallstudien und aktuelle Daten unterstützen die Ausführungen, bei denen auch auf die letzte Finanz- und Wirtschaftskrise eingegangen wird.

Arnold, Lutz: Makroökonomik, 6. Aufl., Tübingen 2020.

Blanchard, Olivier/Illing, Gerhard: Makroökonomie, 8. Aufl., München u.a. 2021.

Downs, Anthony: Ökonomische Theorie der Demokratie, Tübingen 1968.

Ehnts, Dirk: Modern Monetary Theory and European Macroeconomics, London 2016

Ehnts, Dirk, und Michael Paetz: Wie finanzieren wir die Corona-Schulden?, in: Wirtschaftsdienst, 101. Jg., 2021, S. 200–206.

Felderer, Bernhard/Homburg, Stefan: Makroökonomik und neue Makroökonomik, 9. Aufl., Berlin u.a. 2005.

Flaschel, Peter et al: Keynesianische Makroökonomik – Zins, Beschäftigung, Inflation und Wachstum, 3. Aufl., Berlin u.a. 2012.

Funk, Lothar/Voggenreiter, Dieter/Wesselmann, Carsten: Makroökonomik, 8. Aufl., Stuttgart 2008.

Gärtner, Manfred/Lutz, Matthias: Makroökonomik flexibler und fester Wechselkurse, 4. Aufl., Berlin u.a. 2009.

Görgens, Egon/Ruckriegel, Karlheinz: Makroökonomik, 10. Aufl., Stuttgart 2007.

Krompardt, Jürgen: Grundlagen der Makroökonomie, 3. Aufl., München 2006.

Mankiw, N. Greory: Makroökonomik, 7. Aufl., Stuttgart 2017.

Mussel, Gerhard: Einführung in die Makroökonomik, 11. Aufl., München 2013.

Niskanen, William A.: Bureaucracy and Representative Government, Chicago 1971.

Samuelson, Paul A./Nordhaus, William D.: Volkswirtschaftslehre, 5. Aufl., München 2016.

Stiglitz, Joseph E./Walsh, Carl E.: Makroökonomie – Band II zur Volkswirtschaftslehre, 4. Aufl., München 2013.

Trautwein, Hans-Michael: Makroökonomik, 4. Aufl., Edewecht 2018.

Wohltmann, Hans-Werner: Grundzüge der makroökonomischen Theorie, 7. Aufl., München 2016

Stichwortverzeichnis

L

M

N

O

P

Q

R